植民地期台湾の銀行家・木村 匡

波形昭一

ゆまに書房

木村匡と愛馬巌手号(大正15年3月於台北)
(『木村匡君口演集』小林清蔵編・発行、1927年)

目　次

ii

口絵　木村匡と愛馬巌手号（大正15年 3 月於台北）

はじめに …………………………………………………………… 1

第 1 章　生い立ちと文部省入省
　　1-1　生い立ちと青年期の日々 ………………………………… 11
　　1-2　文部省入りの経緯 ………………………………………… 26
　　1-3　文部省での活動 …………………………………………… 29

第 2 章　台湾総督府官僚への転身と活動
　　2-1　文部省から台湾総督府へ ………………………………… 41
　　2-2　植民地官僚としての活動 ………………………………… 51
　　2-3　台湾総督府を退官 ………………………………………… 55

第 3 章　三十四銀行台北支店長・台湾総支配人としての活動
　　3-1　銀行家への転身 …………………………………………… 67
　　3-2　不良債権整理の強行 ……………………………………… 70
　　3-3　マスメディア対応の苦心 ………………………………… 75
　　3-4　支店経営の立て直し ……………………………………… 81
　　3-5　練達の銀行家へ …………………………………………… 86

第 4 章　台湾商工・台湾貯蓄両行の合同と頭取就任
　　4-1　三度目の台湾行き ………………………………………… 91
　　4-2　台湾貯蓄銀行と台湾商工銀行の設立経緯 ……………… 93
　　　　　4-2-1　台湾貯蓄銀行の設立経緯 ……………………… 93
　　　　　4-2-2　台湾商工銀行の設立経緯 ……………………… 95
　　4-3　新・台湾商工銀行の成立と頭取就任 …………………… 101

目 次 iii

第5章　台湾商工銀行の経営戦略と業容

5−1　木村頭取の銀行経営姿勢 …………………………… 115

5−2　積極的な店舗展開と人事異動 ……………………… 117

5−3　内地コルレス網の開拓・拡張 ……………………… 126

5−4　預金・貸出金の増進とその構造 …………………… 128

　　5−4−1　預金 ……………………………………… 128

　　5−4−2　貸出金 ………………………………… 136

　　5−4−3　本支店間の資金調整 …………………… 140

5−5　損益状況と利益金処分 ……………………………… 146

第6章　銀行合同の失敗と頭取退任

6−1　銀行合同の経緯と合同後の経営不振 ……………… 153

6−2　援助問題と巨額不良債権の発覚 …………………… 163

6−3　巨額不良債権の整理と頭取退任 …………………… 167

第7章　台湾における社会活動—大正協会を事例に—

7−1　大正協会の設立と台湾同化会問題 ………………… 175

7−2　大正協会の設立経緯と活動 ………………………… 183

7−3　台湾議会設置請願運動と大正協会 ………………… 191

第8章　帰郷後、晩年における社会活動

8−1　帰郷、桃生郡北村村長に就任 ……………………… 199

8−2　㈱仙都ビルの設立と三越の仙台進出 ……………… 209

8−3　吉田高等女学校初代校長に就任 …………………… 220

8−4　東北振興運動から国民精神総動員運動へ ………… 223

　　8−4−1　宮城県町村長会長として東北振興運動の舵とり …… 223

　　8−4−2　桃生郡連合青年団長として国民精神総動員運動へ … 228

第9章　驚異の著述・論述活動

9-1　自由民権運動期の論説 …………………………………… 235

9-2　『森先生伝』に込めた敬慕の情 …………………………… 242

9-3　「朗読演説」と著述・論述活動 …………………………… 250

おわりに ……………………………………………………………… 257

木村匡　著述・論述目録 …………………………………………… 267

索引 …………………………………………………………………… 291

はじめに

　ある同業者（日本金融史研究者）の集まる研究会で、「銀行家って何だろうね、共同研究のテーマにしてもいいよね」といった素朴かつ意表をつく会話が交わされたことがあった。結局は共同研究の実現にはいたらなかったが、このときの会話は思いのほか筆者を刺激した。それまで考えてもみなかった「植民地の銀行家って何だろう」との思いに駆られたからである。これが本書執筆のそもそもの動機である。本論に立ち入る前に、植民地期台湾の銀行家として木村匤を分析対象とするにいたった、その根拠について述べておきたい。

　世間一般で「何々家」というとき、つぎの二つが無意識のうちに使い分けされている。①家と②家がそれである。①家は徳川家、前田家、岩崎家など歴史的な名門・名家あるいは家系の類である。②家は作家、画家、建築家、登山家、落語家などのように、ある特殊能力を要する職業を表し、かつその道に長じた人物に授与された社会的呼称である。われわれが問題としている「銀行家」は②家に近いが、どこか響きが違う。どこが違うのだろうか。作家や落語家はなんら抵抗感なく日常的によく使われる言葉であるが、銀行家という言葉は通常あまり耳にしない。だから、「銀行家とは？」との疑問が湧くのでもあろう。また、作家や落語家は組織にくみしない個人的イメージなのに対して、銀行家は組織に深くかかわりつつ、しかも個人的イメージを強く主張する概念である。「政治家」もこれにやや近似しているが、銀行家よりもはるかに日常化している。さらに銀行家は、世間一般でいう銀行マン、いわんや侮蔑的な意味合いの「銀行屋」とは違うし、また単なる銀行の経営者（頭取や取締役）とも違うように感じられる。銀行経営者であるには違いないのだが、あえて「家」をつけて「銀行家」と呼ぶのには、特別の意味合

いが込められているように思われる。しかし、その「意味合い」をどう理解すべきかが意外と難しい。

『広辞苑』には、銀行家は「銀行業を営む者」とあるが、これでは埒があかない。そこで一つの便法として、「銀行家」の三文字をタイトル中に含む論文をネット検索し（CiNii Articlesによる）、明治期〜昭和初期に活躍した銀行家を抽出してみると、安田善次郎、池田成彬、井上準之助、高橋是清、岩下清周、深井英五、渋沢栄一、豊川良平、中上川彦次郎などの名が並ぶ。また、加藤俊彦『日本の銀行家 大銀行の性格とその指導者』（中公新書、1970年）では中上川彦次郎、池田成彬、串田万蔵、佐々木勇之助、安田善次郎の5名がとりあげられている。井上、高橋、深井などの日銀・大蔵系および岩下を除けば他のほとんどは財閥系であり、いずれもその総帥として、あるいは社会的指導者として歴史にその名を遺した人物である。これらの人物が「銀行家」と呼ばれることになんら違和感はないし異論もない。ただ、なにを基準にこれらの人物がセレクトされたのかが、いずれの論文ないし著書でも判然としないのである。「銀行家とは？」などという疑問は、それ以上問いただしてみる性質のものではないのであろうか。

こうした疑問への解答は難しいが、一つの解答例として、土屋清「銀行家」（有沢広巳ほか編『経済主体性講座』第3巻第4章、中央公論社、1960年）が参考となろう。土屋氏は「銀行家」の条件を語るにさきだってまず、わが国経済の近代化に果たした銀行の役割は欧米先進諸国に比べて格段に大きく、それゆえに銀行経営にあたる銀行家（頭取や役員）の経済界における指導者的役割は高く評価され、また社会的にも尊敬されたと述べ、そうした銀行家モデルとして安田善次郎、渋沢栄一、池田成彬の3名をとりあげている。そのうえで、「銀行家」の3条件として、①他人の大切な資金を預かる銀行のトップとして社会的に尊敬されるにふさわしい人格者であること、②銀行の営利性を超えてその公共性を十分に認識・確保する大きな器量を有していること、③銀行が反社会的な経営に陥った場合、これを是正する能力に長けて

いること、を強調している。

　さて、この３条件を基準にわれわれの本題である「植民地期台湾の銀行家」を抽出しなければならないが、そのための第一段階の作業として、「植民地期台湾の銀行家」を「植民地期台湾の銀行頭取経験者（日本人に限定）」と読みかえ、かれらの銀行経営の経歴（支店長以上の経歴）を比較したのが表０−１である。台湾銀行の頭取のような内地からの天下り組（頭取退任後は内地に帰還するか、他の植民地の銀行・会社役員に転じる者）にはおよそ「植民地」の臭いがしないのでこれを除き、地場の台湾で生き抜き、役員在任期間が20年以上の頭取経験者を抽出すると、荒井泰治[1]、山下秀実[2]、邨松一造[3]、木村匡、坂本素魯哉[4]、古賀三千人[5]の６名をあげることができる。このなかから銀行家というより事業家に近い荒井、山下、古賀を除けば、邨松、木村、坂本の３名が残る。この３名はいずれも、台湾における近代的銀行業を育んだ者として「植民地期台湾の銀行家」というにふさわしい。邨松と坂本は

１）　荒井泰治は1861（文久元）年、仙台伊達藩の弓術師範荒井盛行の長男として生まれる。80年東京に出て中江兆民の仏学塾に学び、翌81年より『東京横浜毎日新聞』、『東京興論新誌』などの記者活動をおこないつつ自由民権運動に傾注し、立憲改進党（82年結党、総理・大隈重信）の本部書記長に就く。86年、同郷人の日本銀行副総裁富田鉄之助に請われて同行に入る。89年、富田が蔵相松方正義との意見対立で同行総裁（88年総裁に就任）を辞任したのに殉じて荒井も辞職。のち鐘淵紡績(株)・東京商品取引所・富士紡績(株)の各支配人を経て、99年横浜サミュエル・サミュエル（三美路）商会台北支店長として渡台。同年、金子圭介、山下秀実らと台湾貯蓄銀行を設立し、頭取に就任。その後多数の会社設立に関係し、とくに1907年設立の鹽水港製糖(株)には深く関わり17年まで取締役社長を務めた。1911〜18年、貴族院議員（多額納税者議員）。25年、木村匡のあとを継ぎ台湾商工銀行頭取となったが、27年に死去。編著書に『泰西立憲国政治攬要』（編訳、尚成堂、1885年）、『銀行誌』上下（青梅堂、1888年）、『日本政治年鑑』第一回（日本政治年鑑社、1889年）、第二回（金港堂書籍、1890年）などがあり、また伝記に奥山十平・新井一郎編『荒井泰治伝』（明文社、1916年）がある。関連文献として『台湾日日新報』1899年11月25日「台湾貯蓄銀行頭取」、江村「貴族院議員荒井泰治氏」（『実業之台湾』第26号、1911年）、大園市蔵編『台湾人物誌』（谷沢書店、1916年）322頁、古山省吾編『中央之旧仙台藩人譚』（宮城県顕揚会、1917年）135

表0-1　台湾における銀行頭取経験者（日本人のみ）の銀行役員在任状況

役員名	銀行名 役員名	就任		退任		銀行名 役員名	就任		退任		銀行名 役員名	就任	
添田寿一	台銀・頭	1899	6	1901	11	台銀・監	1925	9	1929	7			
柳生一義	台銀・副	1899	6	1901	11	台銀・頭	1901	11	1916	1			
荒井泰治	貯銀a・頭	1899	11	1912	上	商銀・監	1910	6	1912	6	商銀・取	1912	下
山下秀実	貯銀a・取	1899	11	1912	上	商銀・頭	1910	6	1912	6	商銀・取	1912	6
邨松一造	台銀・支	1899	-	1911	-	商銀・配	1915	上	-	-	貯銀b・常	1922	上
						商銀・常	1915	下	1923	上	商銀・監	1923	下
木村匡	三四・配	1901	6	1905	10	貯銀a・取 商銀・監	1911	7	1912	6	商銀・頭	1912	6
											貯銀b・常	1922	上
坂本素魯哉	彰銀・配	1905	下	1911	上	彰銀・取	1911	下	1914	上	彰銀・専	1914	下
中川小十郎	台銀・副	1912	9	1920	8	台銀・頭	1920	8	1925	8			
古賀三千人	商銀・監	1912	6	1920	上	商銀・取	1920	下	1926	下	貯銀b・取	1922	上
桜井鉄太郎	台銀・頭	1916	1	1920	8								
坂本信道	台銀・支	1918	下	1925	上	商銀・常	1925	下	1928	上	彰銀・取	1937	上
						貯銀b・監	1928	下	-	-			
森広蔵	台銀・副	1923	3	1925	8	台銀・頭	1925	8	1927	8			
島田茂	台銀・理	1927	3	1927	8	台銀・頭	1927	8	1934	5			
荒木正次郎	台銀・理	1927	3	1937	1	商銀・頭	1940	下	1945	上			
保田次郎	台銀・頭	1935	4	1939	5								
水津彌吉	台銀・頭	1939	5	1944	5								
與田四郎	台銀・配	-	-	1940	上	商銀・専	1940	下	1944	上	商銀・副	1944	下
上山英三	台銀・副	1942	5	1944	5	台銀・頭	1944	5	1945	9			

出典：同史編纂室編『台湾銀行史』（1964年）付録、56〜58頁、同行編『台湾商工銀行誌』（1916年）38頁、同
　　23〜27頁、同史編纂委員会編『彰化商業銀行六十年史』（台中：同行、1967年）56頁付表、台湾新民報社
備考1：台銀＝台湾銀行、彰銀＝彰化銀行、商銀＝台湾商工銀行、三四＝三十四銀行台北支店、貯銀a＝1899年
備考2：頭＝頭取、副＝副頭取、理＝理事、専＝専務取締役、常＝常務取締役、取＝取締役、監＝監査役、配
備考3：木村匡の「三四・配」は三十四銀行の台湾総支配人・台北支店長期のみで、京都支店長期（1905年11

退任	銀行名・役員名	就任	退任	銀行名・役員名	就任	退任	役員在任期間（年）		
							頭取	その他	計
							2	4	6
							15	2	17
923 上	貯銀b・頭	1922 上	1927 上	商銀・頭	1925 下	1927 上	20	14	34
	商銀・監	1923 下	1924 下				2	19	21
1918 7									
1927 下	貯銀b・頭	1928 上	1936 下	商銀・頭	1937 上	1940 上	11	15	26
1928 上									
1925 11	貯銀b・監	1923 上	1927 下				13	10	23
1922 下									
1937 下	彰銀・頭	1938 上	1938 下				1	23	24
							5	8	13
1936 下	商銀・頭	1927 上	1936 下				9	28	37
							4		4
1938 上	彰銀・専	1938 下	1940 下	彰銀・頭	1941 上	1945 下	4	14	18
							2	2	4
							7	1	8
							5	10	15
							4		4
							5		5
1945 上	商銀・頭	1945 下	-	-			1	5	6
							1	2	3

行編『台湾商工銀行十年誌』（1920年）6～7頁、施炳訓編『第一銀行四十年誌』（台北：台湾第一銀行、1951年）
編『改訂台湾人士鑑』（1937年）、興南新聞社編『台湾人士鑑』（1943年）および各銀行営業報告書等により作成。
設立の台湾貯蓄銀行、貯銀b＝1921年設立の台湾貯蓄銀行。
＝支配人、支＝支店長。
月～1910年10月）は含まない。木村以外の頭取経験者についても台湾以外での役員経歴は含まない。

6

1896年日本銀行台北出張所の開設にともない渡台し、以後、一貫して台湾の銀行経営に携わった生粋の銀行家といってよい。しかし、銀行業に長年かかわったというだけでは、「銀行家」の条件としてなにかもの足りない。それを超える、なにか社会的な影響力ないし存在感のようなもの、つまり土屋清氏のいう②条件が必要である。そのように考えると、最終的には木村匡をもって「植民地期台湾の銀行家」とするのが最適な選択であろう。

ところで、木村匡を研究対象にとりあげたのは、実は叙上の理由からだけではない。筆者はかつて、「金融危機下の台湾商工銀行」（石井寛治・杉山和雄編『金融危機と地方銀行―戦間期の分析―』東京大学出版会、2001年）なる論文をものしたことがある。植民地の金融危機を問うとき、従来はいわゆる台湾銀行問題の分析がお定まりのコースであったが、これに対して拙稿の分析視角は、台湾銀行のような国策的特殊銀行ではなく地場の普通銀行をとりあげることによって、新しい論点を求めることにあった。

分析視角の云々はさておき、1920年代に危機状況に陥った台湾商工銀行を

　　～139頁、城南「本島成功者荒井泰治君」（『実業之台湾』第91号、1917年）、木村匡「前台湾商工銀行頭取荒井泰治氏を追憶す（昭和二年三月四日台湾商工銀行支店長会議の席上に於て）」（小林清蔵編『木村匡君口演集』1927年、255～263頁）、「荒井泰治氏の長逝」（『宮城縣人』第3巻第4号、1927年、9～11頁）、『河北新報』1927年3月6日・今泉篁洲（談）「少青年時代の荒井氏の事ども」、奥山十平「荒井泰治」（石森芳男編『郷土人物伝』宮城県教育会、1929年、123～129頁）、鈴木喜代松編『先代顕彰録』（人事通信社、1953年）180頁、衆議院・参議院編『議会制度七十年史　貴族院・参議院議員名鑑』（1960年）177頁などを参照。

2）　山下秀実は1847（弘化4）年に鹿児島藩士山下半右衛門の長男として生まれる。熊本県書記官、同県警部長、京都・大阪両府警部長を歴任後、95年に渡台。台湾駅伝社、台湾日日新報社、帝国製糖（株）など多数の事業経営に携わった台湾在住の代表的日本人実業家の一人。台中在住。1930年死去。上野寛永寺谷中墓地に墓碑がある。大園市蔵編、前掲『台湾人物誌』98頁、参照。

3）　邨松一造は1866（慶応2）年に静岡県士族橋本富貴の長男として生まれ、のち邨松家の家督を継ぐ。大蔵省属を振り出しに、96年日本銀行台北出張所の上席行員として渡台。99年、台湾銀行設立にともない同行に転じ、基隆・台南各支店長などを歴任後、1911年に台北製糖（株）専務取締役となる。さらに15年台湾商工銀

分析する過程で、筆者としては当然ながら、当時における同行の最高経営責任者であった頭取木村匡に大きな関心を寄せ、その関連資料の収集と解析に当たった。そして、その過程で木村匡に大量の著述類（本書巻末の「木村匡著述・論述目録」を参照されたい）が存在することを知ったのだが、それらを通覧して感じられた彼の人物像は単なる銀行頭取のイメージをはるかに超えるものであった。たしかに彼の人生のど真ん中は、三十四銀行台湾総支配人や台湾商工銀行頭取などの銀行家人生であった。しかし、それだけでは完結しないものが木村匡の歴史には詰め込まれていた。本書が「植民地期台湾に生きた銀行家・木村匡」を本テーマとしながらも、彼の生い立ちから晩年までをも含む生涯史として描いたゆえんは、ここにある。

　と同時に、木村匡の生涯を語るにあたって、いま一つ見落とすことのできない事柄がある。彼の生涯（1860～1940年）は、その始まりが幕末・維新期であり、終わりが十五年戦争の只中であったということである。いいかえれば、19世紀後半から20世紀前半にかけて展開された日本の近代化とその崩壊

　　行常務取締役に就任したのち、台湾貯蓄銀行頭取を経て37年台湾商工銀行頭取。
　　没年不詳。関連文献として上村健堂編『台湾事業界と中心人物』（台湾案内社、
　　1919年）218～219頁、林進発編『台湾官紳年鑑』（民衆公論社、1932年）306頁、
　　台湾新民報社編『改訂台湾人士鑑』（1937年）357頁、など参照。
4）　坂本素魯哉は1868（明治元）年、高知県長岡郡亀岩村（現南国市）に生まれる。
　　政治家の志魯雄は実弟。関西法律学校（関西大学の前身）と明治法律学校（明治
　　大学の前身）に学び、1896年日本銀行に入る。同年11月、同行台北出張所の開設
　　にともない渡台し、99年台湾銀行に転ずる。1905年に彰化銀行が設立されるとそ
　　の支配人となり、その後、取締役、専務取締役として同行の発展に尽くし24年頭
　　取に就任。この間、台中実業協会長、台湾総督府評議会員、衆議院議員（高知県
　　選出）などを歴任。1938年死去、墓地は郷里の亀岩中谷にある。なお、素魯哉の
　　呼び名はソロヤが一般的であるが、『台湾日日新報』1916年9月29日「無絃琴」に
　　よれば、正式にはソロサイだという。ただ、素魯哉の出生県で編集された高知新
　　聞社編『高知県百科事典』（1976年）や高知県人名事典刊行委員会編『高知県人名
　　事典　新版』（高知新聞社、1999年）にはソロヤとされているので、本書でもこれ
　　に従った。
5）　古賀三千人は1869年、福岡県遠賀郡若松の農家に生まれる。日本土木会社での

への過程で、木村匡の人生は演じられたのである。そうした時代でなければ、「植民地期台湾に生きた銀行家・木村匡」はそもそも存在しえなかったであろう。その意味で木村匡の生涯は「日本近代史の投影」でもあったということができる。

　本題に入る前にあらかじめ、木村匡に関する二つの先行研究についてふれておきたい。[6]一つは、高野史惠「日據時期日台官紳的另外交流方式―以木村匡為例（1895‐1925）―」（中文、台湾国立成功大学台湾文学研究所・碩士論文［修士論文］、2008年8月）である。高野論文は、管見のかぎり木村匡を分析対象とした研究の嚆矢であり、台湾および日本の諸文献を詳しく踏査したうえで論じた、若手研究者の意欲的な研究成果である。戦前植民地期の台湾と日本に関する近年の研究動向には目を見張るものがあるが、高野論文もこうした時代潮流の所産といえよう。高野論文は主に、総督府官吏としての木村匡が統治初期の台湾において実業教育の扶植に努めたことを分析したのち、退官後、大正期における大正協会と崇聖会をとおした木村匡の「日台融和」活動とその本質的ねらいを究明することをめざしたものである。もう一つの先行研究は卞鳳奎『日治時期台湾留学日本医師之探討』（博揚文化出版社、2011年）第2章「日治時期日本官紳與台湾士紳的交流―以木村匡與洪以南為例―」である。この研究は、植民地期台湾における日本への医学留学生・洪長庚を素

　　土木作業員を経験したのち96年有馬組員として渡台。さらに沢井組に移り、1906
　　年古賀組を立ち上げる。台北・基隆間鉄道改築工事、台湾縦貫鉄道敷設工事のほ
　　か多くの土木建築工事を請け負い、打狗を営業拠点に台湾における土木建築業界
　　の重鎮的存在となる。12年より台湾商工銀行の監査役・取締役を務め、27年、荒
　　井泰治死去のあとを継ぎ頭取に就任。この間の20年、福岡県より衆議院議員（憲
　　政会）に選出される。関連文献に岡村巴城「台湾新進の人材（二）」（『実業之台
　　湾』第61号、1914年）、大園編、前掲『台湾人物誌』251頁、林進発編、前掲『台
　　湾官紳年鑑』209頁、衆議院・参議院編『議会制度七十年史　衆議院議員名鑑』
　　（1962年）195頁参照。
6）　先行研究の情報と論文入手の便宜をはかってくださった台湾中央研究院台湾史
　　研究所の鍾淑敏先生ならびに陳家豪氏のご厚意に対して、この場をかりて衷心よ

はじめに　9

材に洪以南一家と木村匡との親密な交際関係を論じたものである。[7]

　ただ、これら両研究では木村匡の中軸的活動をなす「銀行家」については立ち入った分析はなされておらず、また文部省官吏期の活動、および内地へ帰還後の社会活動も分析の対象外とされている。とはいえ、当方も木村匡研究を手がけるものとして、両研究から大きな刺激を覚えるとともに学ぶところが多かった。なお、日本語で著された木村匡関係の研究を筆者は寡聞にして知らない。以下、日本の近代史を植民地期台湾の銀行家として生きぬいた木村匡の生涯を、①生い立ちから文部省入省にいたる時期（1860～1885年）、②文部省官吏の時期（1885～1895年）、③台湾総督府官僚の時期（1895～1900年）、④三十四銀行台湾総支配人の時期（1901～1905年）、⑤台湾貯蓄銀行支配人・台湾商工銀行頭取の時期（1911～1925年）、⑥郷里北村村長・宮城県町村長会長の時期（1927～1940年）の時代展開にそって考察していきたい。

り感謝申し上げたい。

7)　洪以南（1871～1927年）は台北艋舺の資産家で、かつ博識・風流に富む名高い書家として知られた。台北弁務署参事、台北庁参事、淡水区長、淡水信用組合長などを歴任。その長男・長庚（1893～1966年）は京都の第一高等小学校、第五中学校を経て府立大阪医科大学へ進み、のち東京帝国大学より医学博士の学位を授与され、台北大稲埕圓環に眼科医院を構えた眼科医師。関連文献として、鷹取田一郎編『台湾列紳伝』（台湾総督府、1916年）44～45頁、興南新聞社編『台湾人士鑑』（1943年）147頁、許雪姫（總策畫）『台湾歴史辞典』（行政院文化建設委員会、2004年）586～587頁などを参照。

第1章　生い立ちと文部省入省

1-1　生い立ちと青年期の日々

　木村匡は、1860（安政7・万延元）年2月19日[1]、陸奥国陸前（現宮城県）桃生郡北村大沢に仙台藩士・木村景直（1822〈文政5〉～1888年）と妻・高子の次男として生まれた。生地北村は仙台平野の北半部（松島丘陵以北）に当たる仙北平野にあり、県内有数の水田稲作地帯である。明治期以降の数次にわたる町村制改正を経て、現在の地名は石巻市北村である。また匡が生まれた1860年は、日米修好通商条約の批准書交換のために、かの万延元年遣米使節団の一行が渡米した、いわば日本の歴史が近世から近代へ転換する大画期をなした年である。

　木村家の遠祖は、伊達政宗による葛西大崎一揆鎮圧（1591〈天正19〉年[2]）に加わり戦功を挙げながらも、葛西軍（敗軍）の残党に討たれて戦死した武

1）　木村匡の生年を1859（安政6）年とする文献もある。たとえば菅原敬介（翠）『旭山物語』（石巻日日新聞社、1961年）81頁、河南町誌編纂委員会編『河南町誌』下（1971年）106頁、宮城県桃生郡河南町北村大沢行政区会編『大沢のあゆみ』（1997年）15頁などがそれであるが、本書では戸籍謄本に記載されている「万延元年貳月拾九日」によることにした。ただし、安政から万延への改元は安政7年3月18日（西暦1860年4月8日）であるから、正確には万延元年に2月19日はない。したがって、これを安政7年2月19日と読み替えて西暦（太陽暦）に引き直すと、木村匡の生誕年月日は1860年3月11日ということになるが、本書では戸籍謄本の記載をそのまま西暦表示で使うことにした。なお、戸籍謄本の入手経緯については本書の第4章脚注47および「おわりに」を参照されたい。

2）　葛西大崎一揆の鎮圧は、1590（天正18）年、陸奥国葛西・大崎地方に葛西・大崎両氏の旧臣と農民による一揆が起き、その翌年、豊臣秀吉から徹底的な一揆鎮

12

将・木村上野重景といわれる。重景の次男景興は父の戦死で流落の幼少期を過ごしたが、政宗の代に伊達氏の藩籍（鷹匠組士）を得て桃生郡北村（北邑）に97石余を与えられ、その後、季景（すえかげ）を経て４代目景次のときに北村を居住地と定めたようである。以後、景智・景盛・景敬・景永と代を重ね、匡の父景直は９代目に当たる[3]。景直は、仙台藩の藩校養賢堂に学んだのち同校の助教兼寮長にまで昇ったが、明治維新による廃藩置県の旋風に遭い、郷里に帰って私塾「立教学堂」（「木村塾」ともいわれた）を開いて広く近隣子弟の教育に尽くしたとされる[4]。

　次頁に示した木村家の系譜図を参照していただきたい。景直の長男、つま

───────────────

　　圧を命じられた伊達政宗が一揆勢を斬殺した凄まじい戦として知られる。関連文献として、藤木久志「中世奥羽の終末」（小林清治・大石直正編『中世奥羽の世界』東京大学出版会、1978年）224〜229頁、小林清治『奥羽仕置と豊臣政権』（吉川弘文館、2003年）283頁以下を参照。なお、この一揆鎮圧の詳細については、いまでも諸説紛々の状況にあるらしい。浅野鉄雄『深谷の役シンポジウム全記録　深谷の役と葛西大崎一揆降参将士誅殺事件』（耕風社、1990年）を参照されたい。

３）　木村家の系譜について匡の父景直を９代目とすることに若干の疑問がないではない。というのは、景直が生存中の1885（明治18）年、遠祖重景の墓碑が桃生郡河南町須江字細田（現石巻市須江細田）に建立されたが、その傍らにある由来書き「細田塚」（河南町教育委員会）に「重景の末裔、十世木村景直父子が、先祖慰霊のため、（中略）建碑したものである」と記されているからである。これに従えば、景直は10代目ということになる。しかし一方、斎藤荘次郎編『桃生郡誌』（宮城県桃生郡役所、1923年）376頁、前掲『河南町誌』下、109〜110頁、前掲『大沢のあゆみ』14頁などでは９代目とする叙述になっている。いずれを採るべきか迷うところであるが、より正確度の高いと思われる宮城県姓氏家系大辞典編纂委員会編『宮城県姓氏家系大辞典』（角川書店、1994年）606〜607頁および坂田啓編『私本仙台藩士事典（増訂版）』（2001年）324〜325頁によって調べた結果、９代目と認定するのが正しいようである。なお付言すれば、匡の生家・木村家は重景の次男景興（長男は行景）が興した分家であったから、厳密には景興をもって初代というべきであるが、重景を遠祖とする上記の著書などの例に倣って、ここでは景興を２代目とした。ちなみに重景の遠祖をたずねると、藤原鎌足の17世・木村五郎信綱に始まり、重景はその14代目に当たるとされる。

４）　河南町史編纂委員会編『河南町史』下巻（宮城県河南町、2005年）6〜7頁参照。

木村家系譜

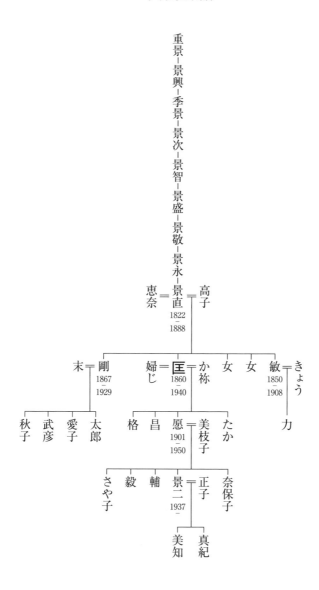

り匡の実兄敏（1850〈嘉永3〉～1908年）[5]も、父の薫陶を受けて教育者としての道を歩んだ。父の開いた立教学堂と藩校養賢堂に学び、会津戦争に従軍したのち、1873年に設立された官立宮城師範学校に進んだ。時の校長はのちに『言海』（1891年完成）および『大言海』（1937年完成）を編むことになる国語学者の大槻文彦（1847〈弘化4〉～1928年）[6]であり、敏の英才に大きな期待を寄せたという。翌74年、敏は師範学校を卒業（第1回卒業生）すると職を宮城県に奉じて仙台の第二番小学校（75年に養賢小学校と改称、のちさらに東二番丁小学校、東二番丁尋常小学校⇒……⇒現仙台市立東二番丁小学校）の訓導（教諭）となり、以後、養賢小学校長、小学教則伝習学校長、仙台師範学校長を歴任するなど宮城県下有数の教育者として広く知られた。たとえば、第二番小学校訓導になって間もない75年1月、小学校教員養成機関として「小学教則講習所」開設の必要を県当局に建議し、同年3月に「小学教則伝習学校」を実現させるなど、実践力・実行力のともなった教育者であった。この伝習学校がその後における歴史の荒波に鍛えられながら、公立仙台師範、公立宮城師範、宮城県立尋常師範、宮城県師範、官立宮城師範などと幾多の変遷を

5）　木村敏に関する伝記および参考文献としては、木村力・木村匡・木村剛編『北邨木村敏伝』（私家版、1911年、木村力は敏の長男）、斎藤荘次郎編、前掲『桃生郡誌』382～385頁、大槻良喜「木村敏」（石森芳男編『郷土人物伝』宮城県教育会、1929年）253～256頁、小関三郎編『仙台先哲偉人録』（仙台市教育会、1938年）379～384頁、木村敏先生遺稿刊行会編『北邨存稿』（1939年）、大村栄「人物を中心とした宮城県教育郷土史　第35回」（『文部時報』第1123号、1971年）81～82頁、宇野量介『明治初期の宮城教育』（宝文堂、1973年）90～94頁、水原克敏「草創期の師範学校長　大槻文彦と木村敏」（『教育宮城』第323号、1983年）12～13頁などがある。

6）　『大言海』は大槻文彦が編纂途中で死去したため兄の大槻如電（本名は修二）や国語学者の大久保初雄らがその偉業を継いで1937年に完成させた。高田宏『言葉の海へ』（新潮社、1978年）228～229頁、水原克敏、前掲「草創期の師範学校長　大槻文彦と木村敏」12～13頁参照。如電・文彦兄弟の祖父は江戸後期における著名な医学者・蘭学者の大槻玄沢であり、父は幕末・維新期の儒者で仙台藩校養賢堂の第6代学頭を務めた大槻磐渓である。

第1章　生い立ちと文部省入省　15

たどって、現在の東北大学教育学部および宮城教育大学へと発展したのである。北邨と号し、1908年、病にて没した。なお、仙台市榴岡公園の一画（宮城県婦人会館の横手）に敏の功績をたたえる「北村木村君頌徳碑」が建てられている。

　匡の実弟剛（1866〈慶応2〉～1929年）は、父景直や長兄敏とはまったく違った道を歩んだ。剛の幼少期はまさに幕末・維新の動乱期であり、木村家の家計は余裕のない状態であったらしい。そのためか、三男の剛は家塾の立教学堂から北村小学校（現石巻市立北村小学校の前身）に進んだのち、一時、塩竈の海運業白石家に養子に出されたが、白石家に実子が生まれたことから木村家に戻り、家兄敏のもとで宮城中学校に学んだという。中学校卒業後、東京の成立学舎を経て海軍兵学校に進んだ。成立学舎は当時（明治20年前後）神田駿河台にあって旧制高等学校や海軍兵学校への進学準備学校として

───────────────────

7）　千葉昌弘「宮城県伝習学校の成立について」（『教育思想』第2号、1974年）、同「明治初期東北地方における教員養成機関の成立過程」（『仙台大学紀要』第7集、1975年）、中西敏夫・川合章編『日本の教師6　教員養成の歴史と構造』（明治図書出版、1974年）23～26頁、河北新報社編『宮城県百科事典』（1982年）261頁、1003頁、水原克敏『近代日本教員養成史研究─教育者精神主義の確立過程─』（風間書房、1990年）89～101頁、142～163頁などを参照。

8）　北村小学校は1873年の開学。2005年4月、1市6町（石巻市、桃生郡の桃生町・河南町・河北町・北上町・雄勝町、牡鹿郡の牡鹿町）の合併によって石巻市立北村小学校と校名改称。同校の歴史については、北村小学校百年のあゆみ編集委員会編『北村小学校百年のあゆみ』（宮城県河南町立北村小学校、1977年）参照。

9）　塩竈の白石家とは、当時、宮城郡浦戸村（現塩竈市）で回漕業を営み、有数の資産家として知られた白石廣造家ではないかと推測される。この点については、斎藤荘次郎「木村剛中将」（『宮城縣人』第8巻第4号、1932年）14～20頁、塩竈市史編纂委員会編『塩竈市史』本編Ⅱ（塩竈市役所、1986年）236～238頁、塩竈市教育委員会教育部生涯学習課「白石廣造　多才と行動力で塩竈の発展に尽力」（『ラメール　海と船の雑誌』第33巻第5号、2008年）20～21頁などを参照。

10）　成立学舎については、井田好治「夏目漱石と英学修業─金之助の学んだ英語カリキュラムについて─」（『横浜国立大学人文紀要　第二類　語学・文学』第23輯、1976年）を参照。同校の在籍学生に夏目漱石、新渡戸稲造、本多光太郎、井上準之助などの名がみられる。

16

知られており、剛の目標は海軍兵学校への進学であった。1889年に海軍兵学校を卒業し（第15期）、翌90年には海軍少尉に任官された。「これが宮城縣人の海軍将校としての嚆矢である[11]」といわれる。以後、日清戦争⇒日露戦争⇒第１次世界大戦へと展開する帝国列強の覇権闘争時代にあって、剛は1918年に海軍中将へと昇進し、この間、笠置・筑波両巡洋艦の副長、最上・日進・摂津の各艦長、横須賀鎮守府参謀長、舞鶴・佐世保の両海事工廠長などを歴任した[12]。21年、海軍将官会議議員となり、また24年に七十七銀行取締役に就任したが、在任中の29年死去した。正四位・勲一等・功四級に叙せられた。

景直には敏・匡・剛の男子三人のほかに二人の女子があったが、具体的な情報は皆無に等しく、二人の姉妹の姿がまったくみえてこない[13]。また、景直の妻高子、つまり匡たち兄弟姉妹の実母についても、弟の剛が２歳のとき（1867〈慶応３〉年カ？）に亡くなり、以後、継母のゑな（恵奈、1834〈天保５〉～1894年）の手で育てられた[14]ということくらいしかわからない。匡が７～８

---

11) 斎藤荘次郎、前掲「木村剛中将」17頁。

12) 斎藤荘次郎、上掲「木村剛中将」、菊田定郷編『仙台人名大辞書』（同大辞書刊行会、1933年）314～315頁、外山操編『陸海軍将官人事総覧（海軍篇）』（芙蓉書房、1981年）60頁、日外アソシエーツ編『20世紀日本人名事典　あ～せ』（2004年）878頁などを参照。

13) 『台湾日日新報』1912年４月14日・消息欄には「木村匡氏　内地帰還の途上玄界灘にて実姉の訃音に接し急遽仙台に赴きたるも葬儀に間に合はず……」と報じられている。また、木村景直著・木村匡編『景直翁詠草（抄）』（1924年）は父景直の遺した詠歌225首を収録したものであるが、その奥書に木村匡は、「先考（父景直のこと…引用者）身まかり給ひてはや三十有八年、五人の兄弟姉妹も匡と家弟剛とを残してはや世にあらす」と記している。これらの情報から、姉妹二人（匡にとっては二人の姉）が明治・大正年代のうちに死去したことを知ることができる。なお、須藤義衛門「木村剛君を追憶す」（『宮城縣人』第５巻第11号、1929年）によれば、二人の姉のうち一人は橋本順之丞（仙台師範学校勤務）と結婚して娘（匡の姪に当たる）が生まれ、その橋本家に須藤の実弟が婿養子として入ったと記されている。須藤義衛門（1861〈万延２〉～1933年、仙台生まれ）は、札幌農学校教授や帝国大学農科大学教授を務めた先駆的な獣医学者の一人である。

14) 前掲『河南町誌』下、110頁。

第1章 生い立ちと文部省入省　17

歳頃からのことであろうか。木村家は「飼猫まで大学を読む[15]」とまでいわれたほどの教育一家であったが、こと女性については、「あえて口外に及ばず」の生活作法が徹底していたのであろうか。

　こうした家庭環境に育った次男の匡[16]は、幼少期より父景直の建てた立教学堂に学び、7〜8歳頃にはすでに孝経（経書十三経の一つ）をそらんじていたといわれる。敏・匡・剛はそろって俊才の誉れ高く、地元では「木村三兄弟」といわれ、「仁の敏先生、智の匡先生、勇の剛将軍[17]」と称されたという。1872年制定の「学制」にもとづいて翌73年4月北村尋常小学校が開校されると、その2年後の75年3月から匡は弱冠15歳の身ながら同校で教鞭（算術仮教師）を執ったが、さらに教育技術を磨くべく同年7月に小学教則伝習学校（同年3月、仙台に開設、校長は実兄の木村敏、修学期間約100日[18]）に入学した。同年10月に同校を卒業すると、翌11月再度、北村尋常小学校に復職して二等権訓導を拝命し、76年3月、権訓導兼校長（第2代校長、〜77年9月）に就任した[19]。男児のみが小学校に通っていた当時にあって、校長の木村匡は、女児の通学を村民に説き歩いてこれを実現させたといわれる[20]。年齢的には今の高校生の頃に当たる。時代が違うとはいえ、彼の開明性と行動力に驚嘆するのみ

---

15)　上掲『河南町誌』下、103頁。ここでいう「大学」とは儒教の経典四書の一つ。

16)　以下の少年期の木村匡については上掲『河南町誌』下、菅原敬介、前掲『旭山物語』などによる。

17)　斎藤荘次郎「木村剛中将の思ひ出」（『宮城教育』第399号、1932年）62頁。

18)　木村匡は後日、「懐旧一則」（『宮城教育』第400号、1932年）において、伝習学校での授業風景や二等権訓導の意味などの思い出話を語っている。なお、その後、伝習学校は1876年5月に仙台師範学校と改称され（上等小学校師範科を増設、修学期間9か月、入学資格年齢18〜40歳）、さらに78年、公立宮城師範学校と改称された。

19)　北村尋常小学校時代の木村匡の経歴については、斎藤荘次郎編『我が北邨』（1922年）の「北村教育五十年譜」と「北村小学校教員進退表」、前掲『河南町史』下巻、115頁などに記載されているが、年月等の記載に若干の齟齬がみられるため、本書では前掲『北村小学校百年のあゆみ』によった。

20)　上掲『北村小学校百年のあゆみ』6頁参照。

18

である。

　こうした状況下の1877年2月、西南戦争が勃発した。そのために多くの教員が出征し、各地の小学校で教員に欠員が生じたらしい。この機をとらえて木村匡は、同年9月、仙台に出て第二中学区育才小学校（79年、片平丁小学校と改称、現仙台市立片平小学校）に転じたという[21]。しかし彼は、これに満足していなかったようである。匡は後年（1937年）、「顧るに予は時勢に後れて生れ、封建時代の完全なる文武の教育を受けず、更に時勢に先だちて生れ、明治時代の教育をも受けず、尤時勢のみにはあらず、当時の予の家庭の生活事情亦之を然らしめたるなりき」[22]と語っている。「封建時代の完全なる文武の教育を受け」た長兄敏と新しい「明治時代の教育」を受けることのできた弟剛との狭間にあって、若き日の匡は、「時勢に後れて生れ……時勢に先だちて生れ」た巡り合わせの不遇に呻吟し、機会あらば中央へ、の夢を捨てきれなかったのではなかろうか。

　1878年3月、三菱商業学校が東京神田錦町[23]に開学すると、木村匡は上京して同校に入学している。一橋大学学園史刊行委員会編『一橋大学百二十年史—Captain of Industryをこえて—』（1995年）によると、「この学校は、三菱の社員を養成するために岩崎（弥太郎…引用者）が福沢諭吉に相談して慶應義塾の出身者を教員に採用して設立したもので、修業年限は五年、教科目も充

---

21)　前掲『旭山物語』81頁参照。

22)　「村長十年」刊行会編『木村匡先生講演集「村長十年」』（1937年）「自序」。木村匡はすでに功成り名遂げた1927年当時、雑誌『宮城縣人』記者の取材に対して、「僕は世界大学の卒業生である。強て云はゞ時勢の子である（中略）僕は免許状なしの籔医者のような事務者だ」と笑いを誘う答え方をしているが、この言葉には学歴上のハンディキャップを乗り越えてきた匡の自負心と努力の歴史が込められているように感じられる（「事業と人の断面　木村匡氏」同誌、第3巻第6号、1927年、14頁）。

23)　神田錦町2丁目2番地の校地は宮家（山階宮、1947年宮号廃止）の所有地を買収したものと伝えられる（岩崎弥太郎・岩崎弥之助伝記編纂会編『岩崎弥太郎伝』下、1967年、430頁参照）。

第1章　生い立ちと文部省入省　19

実していたから、開校と同時に入学者は一四八人に達し、学生の素質もよかった。」(18頁)という[24]。ただ、宮川隆泰氏の研究には[25]、開学年の夏(1878年7月現在)の生徒総数は72名(本科初年生14名、予科3年生13名、予科2年生20名、予科初年生25名)であったことが三菱史料館(東京都文京区湯島4-10-14)の所蔵資料で確認されており、こちらの方が正しいようである。この72名中には、のちに岩崎家3代目当主となる岩崎久弥、北浜銀行頭取となる岩下清周の名がみられ、またのちに第5代日本銀行総裁となる山本達雄が若干後れて入学している。だが、この72名中に木村匡の名はない。

　安斎源一郎編『写真倶楽部　一名台湾人物写真帖』(台湾週報社、1901年)の木村匡の項に、「明治十一年十一月三菱商業学校に入学、十二年五月速成科卒業」と記されている。この辺の事情を三菱史料館所蔵資料によって調べてみると、木村匡の保証人から1878年11月19日付で三菱商業学校執事宛に提出された「入社証書」(なんらかの事故があった場合の身柄引受保証書のようなもの)と翌79年1月末現在の「生徒人員姓名御届」に木村匡の名があり、78年11月の速成科入学を確認することができる[26]。このときの学科別生徒数は、原書本科2年生8名、原書本科初年生10名、原書予科3年生甲6名、乙11名、原書予科2年生17名、原書予科初年生甲15名、乙11名、速成科生22名の計

---

24)　三菱商業学校の創設者はスポンサーの岩崎弥太郎であるには違いないが、岩崎を口説いて同校の設立を実現させた実質的な創設者は、同校初代校長を務めた森下岩楠であった。この点については、丸山信「実業教育の先駆者森下岩楠」(『三田評論』第603号、1962年)、三好信浩『日本商業教育成立史の研究—日本商業の近代化と教育—』(風間書房、1985年)404〜405頁参照。

25)　宮川隆泰「三菱商業学校と明治義塾」(『福沢諭吉年鑑』28、2001年)37頁。なお、三菱史料館には三菱商業学校の基本資料を集録した太田主馬編『岩崎弥太郎創設の三菱商業学校に関する史料』(私家版、1963年)がある。

26)　三菱史料館所蔵「明治十一年三月ヨリ十二月ニ至、正科速成科入社証書綴込」および「明治十二年分商業学校来簡」。「入社証書」に記されている保証人は「東京赤坂区青山南町壱丁目壱番地　千葉縣平民　髙橋二郎」とあるが、今のところ、この保証人と木村匡との関係を知る手がかりをもたない。

100名であった。速成科は開学当初にはなく、のちに追加設置されたらしい。「速成科規則」第1条に「本科ハ速成ヲ専ラトシ年月学資等ニ乏シキ者ヲ教授スル為ニ設クルモノナリ」と設置主旨がうたわれ、さらに第2条で「修業期限ヲ八ケ月トシ」とされている。[27]

　明治10年代に入った時期はまさに学校設立の濫觴期にあったが、そうしたなかから、木村匡はなぜ三菱商業学校速成科への入学を選択したのだろうか。資料的に確認したわけではなく、あくまでも推測の域を出ないが、速成科への入学にその選択理由が含意されているように思われる。要するに、①長期就学の経済的余裕はなかったが、同校の速成科開設が短期就学に門戸を開いてくれたこと、②速成が可能な教育といえば、実用教育（商業教育）が最も効果的であったこと、また③新設の同校には他校にない高レベルのカリキュラムが用意されていたこと[28]、などを勘案しての選択だったと思われる。東京における匡の生活は金銭的（生活費、学業費など）にそうとう困窮し、さまざまな辛苦を嘗めた模様であるが、当時の彼は、とにもかくにも新時代の教育潮流に乗りおくれまい、そのことで頭がいっぱいだったのではなかろうか。

　なお、話は若干横道にそれるが、その後、三菱商業学校が開校後わずか6年余をもって1884年5月廃校となった事情について付言しておきたい。とい

---

27)　三菱史料館所蔵「三菱商業学校規則」。速成科の課程は下級と上級に分けられ、下級の科目は簿記（毎日2時間「例題雑問迄」）と和洋算術（毎日1時間「利息算ノ類」）、上級の科目は簿記（毎日2時間「銀行其他高等商法簿記及実地演習」）と和洋算術（毎日1時間「平均算　会社結算法」）であった。

28)　たとえば、故岩下清周君伝記編纂会編『岩下清周伝』（1931年）によれば、1878年当時、商法講習所（1875年創立。東京高等商業学校、東京商科大学などを経て現一橋大学）に在籍していた岩下清周は、三菱商業学校が開設されると「其の学課程度の高きを悦び、講習所の卒業期近づけるをも顧ず」（8頁）、所長（校長）矢野二郎の引き留めるのも聞かず三菱商業学校に転校したという。三菱商業学校で教科書に使われた森下岩楠・森島修太郎『簿記学階梯』（1878年）と森島『簿記学例題』（同年）は「我国の洋式簿記導入の先駆的著述として高く評価され」たといわれる（前掲『岩崎弥太郎伝』下、439頁参照）。

うのは、木村匡が廃校4か月前の同年1月、『奥羽日日新聞』に寄せた論説[29]でつぎのような興味深いことを述べているからである。「明治十一年三月汽船三菱会社ハ東京府下ニ商業学校ヲ設立シ以テ社員ノ子弟ヲ教育シ傍ラ有志者ノ入学ヲ許可シ一時ハ東京府商法講習所ニ凌駕スルノ勢ヒナリシガ今ハ寥々聞クナキニ至レリ　蓋シ商業教育ノ不急ナルガ為メニ非ズ　三菱会社ノ社業ヲ航海ノ一方ニ収縮シタルニ由ルノミ」、と。あたかも4か月後の廃校を予言しているかのようで、その炯眼に驚かされるが、それ以上に注目したいのは、廃校の原因を汽船三菱会社（正式の名称は郵便汽船三菱会社）の営業方針が航海業に偏したからであると述べている箇所である。確かに当時の同社は三井系の共同運輸会社（83年開業）と熾烈な競争状態に追い込まれ、商業学校の経営に多額の費用を投じていられる状況にはなかったのかも知れない。ちなみに85年、政府の斡旋により両社は合併して日本郵船会社となった。

　しかし、三菱商業学校の廃校問題は、当時の特有な政治状況から読み解く必要があるように思われる。1881（明治14）年、三菱商業学校の校舎内に「明治義塾」という法律・政治教育を施す学校が併設されたが、この年は、国会開設・憲法制定をめぐる政府部内の対立がいわゆる「明治十四年の政変」（10月）となって爆発し、さらに自由民権派の政党・自由党が結成（同月、総理・板垣退助）された年である。いうなれば明治義塾は、三菱商業学校の豊川良平、馬場辰猪、大石正巳らが中心となって、自由民権運動の学理を当時の若者たちに施す場として創設されたのであった。そのため、薩長閥政府は三菱商業学校を単なる商業学校としてではなく、反政府活動家の養成機関と一体的な組織としてとらえ、これに強い警戒心を抱き、圧力をかけたようである。[30]同時にこの頃は官業払下げ政策が本格化した時期でもあり、政府

---

29)　『奥羽日日新聞』1884年1月8日・木村匡「商業学校論（第二）　宮城商業学校設立セザル可ラズ」。

30)　三菱商業学校と明治義塾との関係および廃校の原因については、前掲『岩崎弥太郎伝』下、428～446頁、宮川隆泰、前掲「三菱商業学校と明治義塾」、山口幸彦

22

との政治的な軋轢は三菱にとって大きなビジネスチャンスをみすみす取り逃がしてしまう危険性があった。もはや商業学校の存続などにこだわっている時ではなかったのである。

やや横道に深入りしてしまったようである。話を元に戻そう。1879年5月、三菱商業学校速成科を卒業したものの、東京でただちに望みどおりの職に就けるものではない。一旦仙台に帰郷し、再び上京したのは同年10〜11月頃であった。そうした木村匡の東京生活を支えた主たる収入源は、『仙台日日新聞』と『福島毎日新聞』に、さらに『陸羽日日新聞』、『奥羽日日新聞』などに寄稿する論説・情報などの原稿料だったようである。本書巻末の「木村匡著述・論述目録」を参照されたい。そうとうの量に上る。筆者が実見しえた最初の論述は『仙台日日新聞』1879年10月4日付の「宮城縣□（学カ…引用者）規ノ可否ヲ論ズ　第二稿」である。これは再上京する直前のものであった。「第二稿」の文言から推察されるように、これが新聞投稿の初出ではなく、すでにそれ以前から投稿していたことを窺わせるが、同紙の残存状況が悪くて確認することができなかった。[31]

　『評伝岩崎弥太郎』（2011年）191〜193頁、などを参照。馬場辰猪『馬場辰猪全集』第4巻（岩波書店、1988年）90〜102頁に明治義塾関係の史料が収録されている。三菱商業学校の廃校後、明治義塾も廃校（1885年夏・推定）となったが、85年6〜7月、その跡地に明治義塾の流れを汲む英吉利法律学校（中央大学の前身）と三菱商業学校の英語教育を引き継ぐ東京英語学校（日本学園中学校・高等学校の前身）が設立された。英吉利法律学校については中央大学七十年史編纂委員会編『中央大学七十年史』（1955年）第1章、東京英語学校については日本学園百年史編纂委員会編『日本学園百年史』（1993年）3〜5頁に詳しい。現在、その校地には東京電機大学の本館がある。

　なお、ここでいう明治義塾は、下総国千葉郡北生実村（現千葉市中央区生実町）の藤井教厳が1879年に創立した同名の学校とは異なる（田村貞雄「植木枝盛と藤井教厳の明治義塾」『静岡大学教養部研究報告　人文・社会科学篇』第26巻第2号、1990年、参照）。

31)　この時期発行の『仙台日日新聞』は国立国会図書館と宮城県図書館に所蔵されているが、残念ながら両図書館とも木村匡が三菱商業学校を卒業した直後の1879

第1章　生い立ちと文部省入省　23

　ところで、木村匡の東京生活はそうながくは続かなかった。三菱商業学校を卒業して1年2か月ほどが経った1880年夏の頃、家兄の敏が重いリウマチを患ったため、匡は兄に代わって家計を支えるべく帰郷せざるをえなくなったからである。彼の収入源は相変わらず新聞社から入る原稿料であったが、さいわいにも帰郷して1年後の81年7月、仙台の宮城師範学校助教諭（経済・簿記などを担当[32]）に採用されたというから、それ以後は多少ゆとりのある生活が可能になったかも知れない。なお、この時期の木村匡に関する断片的な情報を拾うと、82〜83年頃、宮城県会の書記を勤めたことがあったらしいが、詳しくはわからない[33]。また、82年4〜6月には「簿記法講習会[34]」なる一種の学習塾を開いている。これは3か月間だけの期限つきであったらしいから、恒常的な収入増を期待して開設されたものとは思えない。さらに83年1月、小山武治・中川父寛らとの共同で、各府県公立師範学校への進学希望者を受験指導する旨の新聞広告を出している[35]。これらの学習指導がその後どのように推移したかは不明である。いずれにせよ、このとき匡はすでに22〜23歳に達していたから、普通であれば、そのまま師範学校教師の職にとどまったであろう。しかし、彼の中央への夢はいまだ冷めていなかった。

　年7月31日（第659号）〜同年10月2日（第712号）を欠いている。

32)　宮城県の人物を官位・県会議員・名医・洋学・人望・豪農・侠客・酒造家など合計160項目に分類して評価づけた、菅野長平『宮城人物見立一覧表』（1882年4月18日）という興味深い文献があり（ネット：「仙台四郎HP」による。仙台市役所市政情報センターで確認）、木村匡は「経済学」の項目に登場している。この文献の発行時期は木村が宮城師範学校で経済や簿記を教え、かつ盛んに経済関係の新聞論説を執筆していた時期と重なる。彼はすでに当時の仙台では「経済学」に長けた人物として広く知られる存在だったのであろう。

33)　『台湾日日新報』1920年10月1日「地方自治の根本義」のなかで木村匡は、「僕は明治十五六年の頃郷里なる宮城縣会の書記を勤めたことがあつた」と述べている。

34)　『陸羽日日新聞』1882年3月31日付および4月4日付の広告欄、参照。

35)　『奥羽日日新聞』1883年2月2日付広告欄、参照。小山武治については情報をもたないが、中川父寛には編著『宮城縣地誌提要字引』（甘泉堂、1883年）がある。

24

　そうこうするうちに家兄敏の健康が回復し、木村匡は再び上京した。1883
年５月のことである[36]。しかし、このときの東京滞在期間はわずか半年ぐらい
で、同年の暮れには再度帰郷し、越年してしばらく郷里に留まっていたらし
い。そのことを示す資料として、つぎの二つがある。一つは、彼が84年１月
４日付『奥羽日日新聞』の広告欄に掲出した「恭賀新年」の挨拶文中で、
「小生儀客冬家事ノ都合ニ由リ一時帰省候処尚ホ身上事故有之当分滞在候」
と述べていることである。「客冬」とは前年（83年）12月のことである。こ
こにいう「家事ノ都合」「身上事故有之」がなにを意味するかは広告欄だけ
ではわからないが、もう一つの資料がその内容を語ってくれる。匡が父景直
を偲んで編んだ『景直翁詠草』（1924年）の奥書につぎのように記されている。
「明治十六年の冬、鄙には珍らしき火災に罹り、先考（父景直のこと…引用
者）は逸早く祖先の木主（位牌の意…引用者）を護り辛うして免かれ給ひし有
様なれは、日頃詠み置かれたる歌の草稿などは殆むと焼け失せにけり」、と。
匡のいう「家事ノ都合」「身上事故有之」とは、桃生郡北村の実家が火災に
遭ったことだったのである。罹災の知らせを受けた匡は、東京から押っ取り
刀で実家へ駆けつけたのであろう。罹災後の後片づけに翻弄されている様子
が「当分滞在候」の言い方にあらわれている。

　その後、彼が東京に舞い戻った期日を確定することはできないが、1884年
７月に東京にいたことは確認できる[37]。三度目の上京である。要するに、当時
の木村匡は将来の見通しが立たないまま仙台（郷里）と東京を往ったり来た

---

36)　　1883年５月26日付『奥羽日日新聞』に「生儀途中微恙ナク昨十九日着京東京麹
　　町区中六番丁三十九番地石森季勝方ヘ同居致候間此段相知□諸君ヘ御□知申上候
　　也」（二つの□はそれぞれ「ノ」「通」と推測される…引用者）との告知広告を出
　　している。ここにいう石森季勝については、1897年当時、近衛師団糧餉部主管陸
　　軍一等軍吏であったことは確認できたが（内閣官報局『官報』第4283号、1897年
　　10月９日、参照）、83年当時、木村匡とどのような関係にあったかは不明。
37)　　1884年７月19日付『奥羽日日新聞』には、木村が東京から寄稿した「郷友ノ東
　　京ニ留学セントスル者ニ告グ」が社説扱いで掲載されている。

りしていたことになる。前述したように彼は、家兄敏の患いで帰郷したさい、宮城師範学校助教諭の職に就くことができた。当時の世間常識からすれば、羨望の的であったにちがいない。しかし、青年期における木村匡の中央志向はとどまることがなかった。

三度目の上京から文部省入省（1885年6月）までの約1年間がどのような1年間であったか、これもまたはっきりしない。当然ながら、就職活動に奔走していたのであろう。そうした状況下の木村匡について、匡自身が後日なんら語ることのなかった、知られざる興味深い事実がある。それは「仙台義会」との関係であり、藤野雅己氏の研究[38]がこれを教えてくれる。

1879年、東京界隈に居住する仙台出身者が集まる親睦団体として「仙台懇親会」が創られ、翌80年、これを母体として官吏・学生が中心となって組織したのが「仙台義会」である。その中核メンバーは、中江兆民が主宰する仏学塾[39]に学び、のちに民権運動に参画していった荒井泰治、白石時康、奥山十平、佐藤郁二郎、油井守郎ら仙台出身の若者たちであった[40]。仙台義会はその後も84年10月に機関誌『仙台義会雑誌』を創刊するなど活動を続け、翌11月の例会で選出された役員のなかに木村匡の名が認められるのである。常議員

---

38)　藤野雅己「中江兆民の仏学塾と『仙台義会雑誌』」（『日本歴史』第378号、1979年）。

39)　仏学塾（1874年開塾時の名称は仏蘭西学舎）については、上掲、藤野論文のほか澤大洋「民権派私塾―共立学舎と仏学塾の小研究―」（『行動科学研究』第31号、1990年）参照。また同塾の学則やカリキュラムについては、中江篤介著・松本三之介ほか編『中江兆民全集』17（岩波書店、1986年）119頁以下に収録されている。

40)　荒井泰治、白石時康、奥山十平、佐藤郁二郎、油井守郎らのプロフィールについては、藤野雅己、前掲「中江兆民の仏学塾と『仙台義会雑誌』」42～43頁を参照されたい。彼ら宮城県出身の青年民権活動家を生みだした歴史的背景については、佐藤憲一「宮城県の自由民権運動」（渡辺信夫編『宮城の研究』第6巻近代篇、清文堂出版、1984年）を参照。なお、佐藤郁二郎には木村匡の喜寿を祝して書いた祝文「木村匡君ノ喜寿ヲ祝福ス」（佐藤『随筆文叢』私家版）がある。刊行年の記載はないが、木村の喜寿から推測するに1936年か。

26

と編集委員を兼務する重要な役目に就き、とくに会計方を総理していた。[41] ということは、彼は三菱商業学校を卒業した頃から仙台懇親会に出入りし、さらに仙台義会の創設にも参画していた、とみてよかろう。木村匡は、仏学塾出身で政治志向性の強い荒井泰治とは違い民権運動とは距離をおいていたようであるが、二人は若い時期から緊密な関係にあったといえよう。[42] 二人の関係はのちに台湾でいっそう深まることになる。また、のちに台湾総督府民政長官となる後藤新平[43]も仙台義会のメンバーであり、木村は後藤とも台湾で再会することになる。

1-2　文部省入りの経緯

木村匡の後日談によれば、文部省への出仕がかなったのは1885年6月のことであったという。[44] これを裏付けるものとして、『奥羽日日新聞』1885年6

---

41)　『仙台義会雑誌』第2号（1884年12月）19頁、第27号（1887年1月）1頁など参照。なお、同誌は第28号（1887年3月）まで現存しているが、その後については不明。

42)　木村匡は三十四銀行台湾総支配人・台北支店長時代の1902年、サミュエル商会主マーカス・サミュエル（Marcus Samuel）がロンドン市長に就任したさい、同商会台北支店長の荒井泰治に寄せた祝辞のなかで「予が三十有余年間殆んど連続せる交誼ある泰治荒井貴下が此盛宴の為に斡旋するの職に在ることは予が最愉快とする所なり」（木村匡『算外飛沫』1906年、63頁）と述べている。木村匡がいう「三十有余年間」に記憶違いがないとすれば、匡と荒井泰治との交わりは互いに10歳を超えたばかりの頃からということになる。なお、サミュエル商会の日本への進出については、山内昌斗「英国サミュエル商会のグローバル展開と日本」（『広島経済大学経済研究論集』第29巻第4号、2007年）参照。

43)　後藤新平（1857〈安政4〉〜1929年）は岩手県水沢の出身であるが、水沢がかつて仙台（伊達）藩領であったことから仙台義会に加入していたものと考えられる。仙台義会会員当時の後藤は内務省衛生局技師であったが、大日本私立衛生会（1883年設立、現日本公衆衛生協会の前身）の幹事も兼務しており、『大日本私立衛生会雑誌』を毎号、仙台義会に寄贈している（『仙台義会雑誌』第5号、1885年3月、17頁参照）。

第1章　生い立ちと文部省入省　27

月29日付の記事がある。すなわち、「木村匡氏　宮城縣士族木村匡氏は去二十三日文部省御用係（取扱準判任月俸二十五円）を申付られ会計局詰を命せられたり」、と。ここでは「会計局詰」とあるが、実際の配属先は学務一局であった。青年期の悶々とした日々からようやく脱出したが、彼の生活は相変わらず赤貧の状態だったようである。このとき匡は25歳になっていた。

　ともあれ、この辺りについて木村匡自身の語るところはいっさいなく、いかなる経緯で文部省に入ったのか、その確認は困難である。河南町誌編纂委員会編『河南町誌』下（1971年、106頁）によれば、木村匡の「才器」を認めた浜尾新（匡の文部省入省当時、同省学務一局長）の推薦で入省がかなったとされているが、その資料的裏づけはなされていない。ただ、当時、文部省会計

────────────────

44)　木村匡編『森先生伝』（金港堂書籍、1899年）に付録として収録された「森先生の半面」のなかで木村は、「私が始て文部省に出仕したのは斯うつと明治十八年の六月即ち森先生が未だ文部省の御用係で有た頃です」（249頁）と語っている。安斎源一郎編、前掲『写真倶楽部　一名台湾人物写真帖』によれば、木村匡の文部省入りは1885年12月とあるが、同年8月発行の彦根正三編『改正官員録　上巻』（博公書院）にすでに匡の名があることから勘案するに、匡の回顧談どおり同年6月とするのが妥当であろう。なお、高野史惠「日據時期日台官紳的另外交流方式―以木村匡為例（1895-1925）―」（台湾国立成功大学台湾文学研究所、碩士論文、2008年、18頁）では匡の文部省出仕時期を12月28日としている。

45)　わが国獣医学界の草分けで、のちに帝国大学農科大学教授になる須藤義衛門（前出脚注13を参照）は、前掲「木村剛君を追憶す」（『宮城縣人』第5巻第11号、1929年）のなかで、文部省入省前後の頃における木村匡の生活状態をつぎのように語っている。「仲兄匡君は奮然興起笈を負ふて東京に出て、簿記其他主計上の事を修行し文部省会計課の顧員か属官になられた　中島鋭治博士が大学を卒業して助手となり神田某街に下宿して居られたときに一夜同博士の許に宿泊したことがあつた　其時匡君も中島博士と同宿して居られ翌朝外出さる、ときに粗末な木綿の靴足袋の踵に磨滅の痕なる巨孔が穿たれてあつたので私かに同情の感を起した」（19頁、ルビ…引用者）、と。赤貧洗うが如き生活下で立身出世への夢に立ち向かっていた木村匡の姿が偲ばれる。なお、文中に登場する中島鋭治（1859〈安政6〉～1925年）は仙台出身で、上下水道設計や衛生工学に多大の功績を遺した土木工学者である（上田正昭ほか監修『日本人名大辞典』講談社、2001年、1358頁参照）。

局長の地位にあった久保田譲が木村の同省入りにかかわっていたことは資料[46]
的に確認できる。というのは、東北大学附属図書館蔵の久保田譲編『木村匡
宛書簡綴[47]』に久保田から木村に宛てた入省斡旋にかかわるつぎの書簡2通が
存在するからである。

　◎「御面談以多シ度儀有之候間今日中ニ文部省迄一寸御出向被下度候　拝

　　具　十六日　久保田譲　木村殿」（ルビ…引用者）

　◎「貴下採用之儀今日在京縣令ヘ照会書差出候筈ニ有之候間直ニ返辞相成

　　候様御手配有之度候此段申進候　匆々　六月十九日　譲　木村殿」

　書簡の日付はそれぞれ「十六日」「六月十九日」とあり、内容的にみてい

ずれも匡の文部省入省時、つまり1885年6月の書簡と判断して間違いなかろ

う。

　浜尾新と久保田譲はともに但馬豊岡藩（現兵庫県豊岡市）の藩士出身であり、

かつ慶應義塾出身の同門であったところから推して、両人が同じ文部省内で

疎遠であったとは考えにくい。むしろ親密な関係にあったとみるべきであろ

46）　久保田譲は1847（弘化4）年、但馬豊岡藩士久保田周輔の長男として生まれ、
　　慶應義塾に学んだのち1872年文部省に出仕。文部権大書記官、会計局長などを経
　　て89年欧米視察に派遣される。帰国後、普通学務局長、文部次官を歴任し、93年
　　退官、貴族院議員。1903年文部大臣に就任したが、05年に戸水事件で引責辞任。
　　晩年は枢密院顧問官を務め、36年に没した。弟貫一（1850〈嘉永3〉～1942年）
　　は埼玉・和歌山・鳥取の各県知事を歴任。長男敬一（1881～1976年）は鉄道次
　　官・貴族院議員・日本通運社長を歴任。なお、久保田家について豊岡市史編纂委
　　員会編『豊岡市史』下巻（1987年、770～772頁）はわかりやすい家系図で説明し
　　ているが、残念ながら不正確な箇所が若干みられる。他の参考文献として杉本勝
　　二郎『国之礎』後編下編（国之礎編纂所、1895年）201～209頁参照。

47）　この装丁を施した書簡綴りは木村匡宛の書簡を差出人の久保田譲が編集した形
　　になっており、編集の経緯に理解不能な点もあるが、おそらく木村が久保田編の
　　形で作成し、それを久保田の閲覧に供したのちに木村家に戻され保管されていた
　　ものと思われる。書簡綴りの巻頭には久保田によるつぎの添え書きがある。「木村
　　君ト余トノ多年ノ交誼ハ此ノ冊子ヲ見テ知ルヘシ　同時ニ両者ノ経歴モ亦祊□
　　（彷彿…引用者）トシテ見ルコトヲ得ヘキモノアリ　好記念トスルニ足ル　昭和六
　　年三月　八十五翁　譲書」。

第1章　生い立ちと文部省入省　29

[48)]
う。だとすれば、木村匡の文部省入りは浜尾と久保田の繋がりのなかで実現
したと考えても、決して無理な推測ではなかろう。しかし、入省前の木村匡
がどのようなルートを通して浜尾や久保田に接近しえたのかが、依然として
明らかでない。この点については本書第9章9-3で再説しておいたので参
照されたい。それはさておき、木村匡の入省当時（1885年6月）、大木喬任が
文部卿、森有礼が御用掛・参事院議官（次官相当）、浜尾新が学務一局長であ
り、匡はこの学務一局に御用掛・准判任官として配属されている。翌86年、
匡は会計局に転属し、それ以降、文部大臣森有礼、次官辻新次、会計局長久
保田譲のもとで文部省官吏の道を歩んでいくことになる。

1-3　文部省での活動

　木村匡が文部省に出仕した1885年という年は、太政官制度を廃して内閣制
度が発進し、以後、諸学校令（86年発布）、大日本帝国憲法（89年発布）、「教
育ニ関スル勅語」（いわゆる教育勅語、90年発布）、第1回衆議院議員総選挙・
第1回帝国議会開会（90年実施）へと突き進む近代日本政治体制の起点をな
す、そうした歴史的な年であった。

　木村匡の文部省在官期間は1885年6月〜1895年5月の10年間であった。こ
の間、彼も他の同僚と同様に官僚としての立身栄達を求めていたにちがいな
い。しかし文部省では結局、判任官（属官）のままで終わり、その願望は達
成されなかった。判任官の木村匡がなしとげた仕事を追跡するのは、そう簡
単ではない。判任官の仕事は、国家的事業を下支えする陰の力とはいうもの
の、官界にあっては所詮、高等官の下請け業者にすぎないからである。とは

---

48)　宿南保『浜尾新』（吉田学院、1992年）125〜137頁参照。1925年9月、浜尾（当
　　時、枢密院議長）が没したとき、久保田（同、枢密顧問官）はその葬儀委員長を
　　務めている。『台湾日日新報』1925年9月27日「故浜尾子　葬儀と委員」参照。

30

いえ、木村匡の10年間にわたる文部省生活は、そう安易に切り捨ててしまえるものではなく、近代日本の新政治体制確立過程の一端を担うものであった。以下、その足跡を追ってみたい。

木村匡が文部省に入って半年後の1885年12月、わが国初の内閣、第1次伊藤博文内閣が実現し、その初代文部大臣に就任したのが森有礼であった（在任期間は89年2月までの3年2か月）。森文相は、86年にドイツの教育思想をモデルとして帝国大学令、師範学校令、小学校令、中学校令などの諸学校令を矢継ぎ早に発令し、日本の近代化過程における公学校教育の土台を築いた官僚・政治家であった。この功によって森は87年5月に子爵の爵位を授かり、まさに飛ぶ鳥を落とす勢いにあった。森文相の勢いはその学事巡視によくあらわれている。大臣在任中における全国的な学事巡視は157日に上ったとされる。[49] 1年間に50日くらいが学事巡視に投じられた勘定になる。

近代的国家体制の構築期であったこの頃、大臣の地方巡視は中央権力の絶大さを誇示する一大パフォーマンスであったにちがいない。こうした森文相の旺盛な学事巡視に随行し、詳細な巡視行程記録を日誌の形で綴るのが木村匡の役目であった。この役目について木村匡は後日談（1938年）でつぎのように語っている。「其の頃は未だ速記術が進歩しない時代でありましたので、私は多少文字を書くのが速いと云ふので謂はば速記者代りに使はれて時々随行して居つたのであります。（中略）私は速記者の代りと人力車の整理を勤めたやうな訳でありまして、枢機に参画したと云ふやうなことは当らぬと思ふのであります。[50]」

---

49)　森文相の学事巡視については、上沼八郎「森有礼の学事巡視と教育演説」（細谷俊夫編『学校教育学の基本問題』評論社、1973年）、鎌田佳子「森有礼の学事巡視　―その行程をめぐって―」（『立命館文学』第618号、2010年）などの研究がある。

50)　木村匡「森先生と陸軍（昭和十三年十一月十七日講演）」（大久保利謙編『森有礼全集』第2巻、宣文堂書店、1972年）681頁。また木村匡「森先生の半面（明治三十二年）」（同全集、同巻）でも、「文部省の高等官に向つてなり、又文部直轄学校なりに於て演説された先生の意見は、大抵僕が筆記したですから先生の説の大

第 1 章　生い立ちと文部省入省　31

　木村匡は文部省在職中、学事巡視に都合 4 回随行している。第 1 回目の随[51]
行は1886年 7 月 7 日～ 8 月 3 日の約 1 か月間、山口・石川両県における辻新
次文部次官の学事巡視のときであった。この学事巡視は当初は森有礼文相の
予定で組まれていたが、森の父親が病気に罹り次官の辻がこれに代わったの
だという。これは木村匡にとって初めての随行であったから、これまで経験
したことのない緊張感と高揚感、そして疲労感をともなう旅程であったと思
われる。その綿密かつ闊達な記録が『大日本教育会雑誌』に「文部次官学事
巡視随行私記（第一～第十）」と題して連載されている。第 2 回目の随行は、[52]
87年 6 月16～24日に実施された福島・宮城地方への学事巡視のときであり、

　　体をば既に窺つて居た積りです。併し有体に言へば僕が先生を識ると言つた処で
　　僕が先生を識ると言ふ丈、先生が僕を識つて居られる訳ではないです、つまりは
　　重宝がられて居た丈で尋常普通の人として識られて居たに過ぎぬ。」（561頁）と
　　語っている。
51)　木村、上掲「森先生の半面」560～561頁参照。
52)　木村匡「文部次官学事巡視随行私記（第一～第十）」（『大日本教育会雑誌』第36
　　号、1886年 7 月、第39～41号、同年 9 ～10月）参照。なお、第 1 回目の学事巡視
　　の行程について、木村匡は後日、上掲「森先生の半面」のなかで「山口県からし
　　て山陰道を経て石川県の方に学事巡視に」行ったと回顧しているが、「山陰道を経
　　て」は彼の勘違いのように思われる。上記の「私記」によって行程を辿ってみる
　　と、7 月 7 日：新橋駅発、途中（おそらく横浜港）にて汽船名古屋丸に搭乗⇒ 9
　　日：神戸港着⇒10日：神戸港発⇒11日：馬関着、同日豊浦に移動⇒12日：豊浦発、
　　山口着⇒16日：山口発、佐波、宮市を経て三田尻（現防府市の港町）で末広丸に
　　搭乗、神戸に向かう⇒17日：神戸港着⇒18日：神戸駅発、大坂駅着⇒20日：大坂
　　駅発、京都駅にて乗り換え大津着、大津より小汽船にて琵琶湖を渡り長浜を経て
　　敦賀着⇒21日：壱岐丸にて敦賀港発（午前零時）、金石港（金沢港の一部）着（午
　　前10時）⇒25日：金沢発、津幡、羽咋を経て大念寺村（現羽咋郡志賀町高浜町）
　　着⇒26日：大念寺村発、田鶴浜を経て七尾港より汽船にて和倉温泉着⇒27日：和
　　倉温泉発、七尾着⇒28日：和合丸にて七尾港発、富山湾航路にて直江津港着⇒29
　　日：直江津発、関山、野尻を経て長野着⇒31日：長野発、松本着⇒ 8 月 1 日：開
　　智小学校一覧⇒ 2 日：松本発、上田を経て小諸着⇒ 3 日：小諸発、碓氷峠を越え
　　横川駅より汽車にて上野駅へ、午後 9 時50分上野駅着、と記録されている。「北陸
　　道」というべきところを「山陰道」と言い間違えたのではなかろうか。

これ以降、森文相に重用されるようになったらしい。このときの巡視団は仙台の宮城中学校に立ち寄っており、そのさい木村匡は同校教諭を勤める実兄の木村敏と再会したはずである。[53] 匡にとって、いわば故郷に錦を飾ったわけであり、感慨深いものがあったにちがいない。第 3 回目の随行は同年10月19日〜11月17日の約 1 か月間にも及ぶ北陸・関西地方での巡視、第 4 回目の随行は88年秋（10月 4 日〜？）の福島・宮城・岩手・秋田・青森・山形の東北 6 県にわたる巡視であった。[54]

木村匡は1888年、会計局検査課属の判任官四等であったが、文部省直轄の高等商業学校[55]（一橋大学の前身）の教諭（90年から教授）を兼務することになった。その等級は奏任官六等下であり、これは高文試験を経ない銓衡任用が可能の教官として奏任官待遇されたものと考えられる。[56] つまり本官は判任

---

53) 大村栄『養賢堂からの出発―教育百年史余話・ 1 ―』（ぎょうせい、1986年）180頁参照。ここにいう宮城中学校は、1877年開校の県立仙台中学校（辛未館⇒宮城外国語学校⇒宮城英学校の伝統を継承）が 2 年後の79年に宮城中学校と改称され、さらに86年公布の中学校令にもとづいて宮城県尋常中学校と改称された学校（88年閉校）のことであり、中学校令改正で92年に再興開学した同名の宮城県尋常中学校（現仙台第一高等学校の前身）と直接的な継承関係はない。

54) 第 2 回目随行記録「文部大臣学事巡視随行私記（明治二十年六月十六日〜六月二十四日）」および第 3 回目随行記録「文部大臣学事巡視随行日記（明治二十年十月十九日〜十一月十七日）」は木村匡の作成したものであるが、第 4 回目随行記録「文部大臣巡視紀事（明治二十一年十月四日〜十月十三日）」は日下部三之介の作成である（前掲『森有礼全集』第 1 巻、693〜758頁、820〜823頁参照）。なお、第 4 回目随行の行程範囲について、木村匡は東北 6 県すべてをあげているが（前掲「森先生の半面」561頁参照）、日下部作成の随行記録は福島・宮城・岩手 3 県までの記録で終わっている。

55) 詳しくは杉山和雄「商業教育の発展と矢野次郎」（『成蹊大学経済学部論集』第 3 巻第 1 号、1972年）92頁以下、三好信浩、前掲『日本商業教育成立史の研究―日本商業の近代化と教育―』423〜433頁参照。なお、入江宏「矢野二郎―東京高等商業学校の父―」（唐澤富太郎編著『図説 教育人物事典―日本教育史のなかの教育者群像―』中巻、ぎょうせい、1984年）によれば、矢野は幼名を次郎吉といい、長じて次郎兵衛、さらに次郎と改め、晩年は好んで二郎を用い、これを通称にしたという（579頁参照）。

第1章　生い立ちと文部省入省　33

官ながら兼務官で奏任官待遇を受けるまでに昇進したわけである。前述した
三菱商業学校卒業の学歴が役に立ったのかも知れない。この年（1888年）は
父景直の死去した年であったが、仕事上における匡は張り切っていたと想像
される。

　高等商業学校の教科目（本科）は、どのようなものであったか。同校編
『高等商業学校一覧　明治廿五、廿六年』（1894年）によれば、商用作文、商
業算術、簿記、商品、商業地理、商業歴史、商業要項、経済、統計、法律、
英語、支伊独西仏語のうち一語、実践、体操の14教科目で、木村匡の担当教
科目は簿記であった。彼はまた、同校附属主計学校の教授も兼任していたよ
うであり、1889年に著した『会計法註釈』（初版）の「凡例」に、「此書ハ予
カ高等商業学校附属主計専修科生徒ノ為メニ会計法ヲ講述シタル筆記ヲ編纂
校正シタルモノニシテ法意ノ大要及ヒ会計上ノ用語ヲ解釈スルヲ主旨トセ
リ」と記述している。木村のいう附属主計専修科とは89年の学則改正で附属
主計学校と改称されたものであるが、「附属主計学校規則」によると「主計
学校ハ専ラ官庁及銀行会社等ノ会計事務ニ関スル必須ノ学術及実務ヲ教授ス
ル所トス」（第1条）とされる別立ての学科であり、修学年限は2か年であっ
た。ここでは会計法を講じていたらしい。[57]

　さらに、より興味深いのは、同じく凡例中に「会計法ハ憲法ト相関係スル
コト緊切ナリト雖モ憲法ニ係ル注釈ノ書ハ汗牛充棟（多くの書籍があるの意…
引用者）モ啻ナラサルヲ以テ各条項中其関係アルモノニハ唯憲法ヲ引援スル

---

56)　銓衡任用については、「文官銓衡制度の変遷Ⅱ―文官試験試補及見習規則施行時
　　代―」（人事院事務総局編『試験研究』第12号、1955年）、日本公務員制度史研究
　　会編『官吏・公務員制度の変遷』（第一法規出版、1989年）73頁などを参照。
57)　附属主計学校の教科目は倫理、書法、作文、算術、簿記、商業地理、商業要項、
　　経済、法律、英語、実践、体操の12教科目からなっていた（前掲『高等商業学校
　　一覧　明治廿五、廿六年』参照）。なお、附属主計専修科の系譜については、三好
　　信浩、前掲『日本商業教育成立史の研究―日本商業の近代化と教育―』432頁の第
　　21表を参照されたい。

34

ニ止メテ解釈ヲ加ヘス」と記述されていることである。この『会計法註釈』
（初版）が著された1889年という年は、日本の近代政治体制の方向性を決め
るうえできわめて重要な画期をなした年である。翌90年におこなわれる第1
回総選挙（7月）および第1通常議会開会（11月）を間近に控えて、89年は
大日本帝国憲法、衆議院議員選挙法、会計法など国家の根幹をなす法整備が
おこなわれた年だったからである（いずれも89年2月公布）。つまり木村匡は、
この公布されたばかりの会計法（同年4月施行）を高等商業学校で講義する
ために、従来の講義ノートに「編纂校正」を加えた新テキスト『会計法註
釈』を出版したのである。同書は初版刊行の89年に増訂再版を、91年に増訂
三版を重ねている。

　だが、木村匡の会計法の講義には一つの厄介な問題が立ちはだかっていた。
問題というのは、こうである。近代日本が立憲主義国家体制の成立をめざす[58]
かぎり、国家の歳入・歳出にかかわる予算議定権は原則として議会が掌握し
なければならないが、これを全面的に容認すると政党・民権派勢力による議
会の混乱惹起⇒国家運営の危機を招きかねないとの危惧感から、議会の予算
議定権になんらかの制約を設ける必要がある、と当時の日本政府（第1次伊
藤・黒田・第1次山県の各内閣）は考えていた。そのために1889年2月発布の
大日本帝国憲法では第64条で議会の予算議定権を容認しつつも、第67条で政
府歳出費目の一部については議会の議定権を制限する例外規定が盛り込まれ
たのであった。いうなれば、建前と本音のバランスをとろうとしたのである。
しかし、いかなる歳出費目が憲法第67条に該当するのかが明確化されていな

---

58) この点については、以下の諸研究を参照した。坂井雄吉「明治憲法起草過程に
　おける二つの〈立憲主義〉―〈会計〉関係条文の成立を中心として―」（『国家学
　会雑誌』第90巻第9・10号、1977年）、稲田正次「明治二十二年会計法の成立」
　（『富士論叢』第25巻第2号、1980年）、柴田紳一「帝国憲法第六十七条施行法（会計
　法補則）制定問題」（『国史学』第119号、1983年）、同「帝国憲法第六十七条施行
　法（会計法補則）制定問題と井上毅」（梧陰文庫研究会編『明治国家形成と井上
　毅』木鐸社、1992年）、小柳春一郎「明治憲法下における会計制度の形成―剰余金

かったため、さらにその法的弥縫策が求められた。すったもんだのすえ、憲法を傷つけることなく会計法の補則で処理する方策が練り上げられ、その結果、会計法補則が90年8月に法律第57号をもって公布されたのであった。帝国憲法と会計法が公布されてから約1年半後、つまり帝国憲法施行と第1回帝国議会開会の3か月前に滑り込みセーフとなったのである。

　以上の事情をふまえると、木村匡が、先述した『会計法註釈』の凡例で「会計法ハ憲法ト相関係スルコト緊切ナリト雖モ……」と述べつつも、憲法については「引援スルニ止メテ解釈ヲ加ヘス」とわざわざ断り書きをしたことの意味が理解されよう。要するに、木村が旧会計法（1881年太政官達）から新会計法へ講義内容を「編纂校正」するにあたり、従来にはなかった憲法と会計制度の整合性が新たに問題化したのであり、その整合性に関する微妙な解釈を木村は避けたのである。

　ところで、突如1889年11月、木村匡は会計局長久保田譲の欧米視察に随行する機会に恵まれた。明治前半期の官界では欧米への留学や視察が重要な出世条件の一つであり、木村にとって夢にまでみた憧れであり、渡りに船のチャンス到来であった。この欧米視察は89年11月30日〜90年10月29日のほぼ1年間に及ぶ旅程のもので、木村の任務の一つは欧米視察中の記録係であった。彼は膨大な記録を残しており、その第一冊目『欧米紀行　第一冊　明治廿二年十一月三十日乃至同廿三年三月廿八日』はつぎの記述で始まっている。「明治二十二年十一月九日文部省会計局長久保田譲欧米差遣ノ命ヲ受ク　蓋シ専ハラ学校財務及教官恩給ノ制ヲ調査センカ為メナリ　同十八日第一高等

　支出の問題を中心に―」（近代日本研究会編『年報・近代日本研究8　官僚制の形成と展開』山川出版社、1986年）、同編著『会計法（明治22年）』（信山社出版、1991年）、佐々木隆「議会開設期の憲法六十七条問題（上）」（『聖心女子大学論叢』第78集、1991年）、須賀博志「剰余金責任支出慣行の誕生」（梧陰文庫研究会編『井上毅とその周辺』木鐸社、2000年）、長山貴之「明治22年会計法と予算制度」（香川大学経済研究所編『研究年報41』、2001年）など。

59）　東北大学附属図書館蔵『木村家所蔵書』。

中学校教諭寺田勇吉⁶⁰⁾文部属ニ兼任シ次テ会計局長随行ノ命ヲ受ク　又次テ会
計局長ハ従者ヲ伴随センカ為メニ邦圀旅費規則ニ基ツキ汽車賃汽船賃ノ交付
ヲ請フテ裁可ス　乃チ非職高等商業学校教諭兼文部属木村匡ヲ伴フコトニ決
ス　又非職文部属河村重固⁶¹⁾ハ私費ヲ以テ欧米諸国ヲ歴遊センカ為メニ乞フ
テ同行ス」。以下、その旅程を略述するとつぎのようである。

　1889年11月30日、久保田譲欧米視察一行は新橋停車場で榎本武揚文相や渡
辺洪基帝国大学総長ら多数の見送りを受けて出立した。その夜は横浜に宿を
とり、翌朝、フランスの汽船コンゴー号に乗船して一路インド洋航路経由で
ヨーロッパに向かった。フランスのマルセーユ港に投錨したのは翌90年の1
月9日、横浜港を発って40日目であった。それから一行はパリを経て同月17
日ベルリンに入り、6月8日に同地を去るまでのおよそ5か月間、ドイツを
徹底的に視察した。ベルリンを出立後、ドイツの北部側から汽船でデンマー
クに渡り、以後、ノルウェー⇒スウェーデン⇒ロシア⇒オーストリア⇒ハン
ガリー⇒イタリア⇒フランス⇒ベルギー⇒スイス⇒オランダ⇒イギリスの諸

---

60)　寺田勇吉は1853（嘉永6）年、江戸四谷に幕臣寺田高吉の次男として生まれる。
　　開成学校を卒業（開成学校は江戸末期に幕府が設置した蕃書調所を源流とし、維
　　新後、種々の変遷を経て77年に東京医学校と合併して東京大学となる）。78年太政
　　官に入り、統計学を研究。わが国近代統計学の祖といわれる杉亨二の共立統計学
　　校創設に参画し、同校教授を務める。文部省御用掛、東京外国語学校教諭、文部
　　省参事官、視学官、東京高等商業学校長などを歴任。『学校改良論』（南江堂書店、
　　1898年）、『教育統計学』（竜子窟、1900年）、『商業軌範』（普及舎、1902年）、「台
　　湾戸口調査ニ関スル所感」（『台湾統計協会雑誌』第12号、1905年）、「寺田式国民
　　健康法　二十分体育」（開発社、1912年）、「台湾戸口調査ノ記念ニ就テ」（『台湾統
　　計協会雑誌』第105号、1914年）などのほか多数の著述がある。また1911年、東京
　　九段に精華高等女学校を創設した。21年死去。寺田の経歴については、寺田『寺
　　田勇吉経歴談』（精華学校、1919年）、上田正昭ほか監修、前掲『日本人名大辞
　　典』1263頁、富田仁編『新訂増補　海を越えた日本人名事典』（日外アソシエーツ、
　　2005年）466頁、参照。『寺田勇吉経歴談』の存在は、鄭賢珠「[史料紹介]寺田勇吉
　　経歴談」（『1880年代教育史研究会ニューズレター』第21号、2008年）で知った。
　　記して謝意を表したい。なお、九段の精華高等女学校は、1945年3月の東京大空

第1章　生い立ちと文部省入省　37

国を約3か月かけて巡視した。英仏両国についてはとくに念入りに視察した。9月3日、リヴァプール港からチュートニック号にてアメリカ合衆国に向かい、同月10日、ニューヨークに到着。約1か月後の10月6日、チャイナ号にてサンフランシスコ港から帰国の途につき、ハワイ島を経て、同月29日午前8時半、横浜港に無事入港し東京に帰着した。[62] 木村匡がこの欧米視察旅行でえたものは、はかり知れないものであったに違いない。

　ところで、文部省時代の木村匡について最も不透明なのが、欧米視察の帰国後から台湾総督府官吏として渡台するまでの約4年半の期間（1890年11月～95年5月）である。その原因はなによりも関連資料の不足にある。そうした悪条件を承知のうえで、この時期の木村匡を素描してみたい。

　表1-1のように木村は帰国後、属官ながら会計局検査課長（判任官三等）ならびに高等商業学校教授（兼務、奏任官六等上）に昇進している。その後1891年7月、各省官制通則の改正により会計局が廃止されたため、木村は新設の大臣官房の会計課に配属替えとなるが、基本的には同じ会計検査畑の仕

　襲で校舎が全焼し、戦後、再興の努力が続けられたが廃校のやむなきに至ったという（千代田区編『千代田区女性史』第2巻、ドメス出版、2000年、136頁参照）。

61)　河村重固は備後福山藩（現広島県福山市）の士族の家系に生まれる。生年不詳、没年1891年。文部省での翻訳の仕事として『時学及時刻学』（1875年）、『給水浴澡掘渠篇』（同年）、『牛及採乳方』（同年）、イラ・メイヒュウ著『眯氏教育全論』（1856年、共訳、文部省編輯局、1885年）などがある。なお、明治末年から大正期にかけて帝国劇場で活躍した女優の河村菊枝（菊江とも書く、本名は芳子、1890～1972年）は重固の次女であり、その菊枝と歌舞伎役者7代目沢村宗十郎（1875～1949年）との間に生まれたのが、第2次大戦後、映画女優として活躍した沢村契恵子（1928年生まれ）といわれる。菊枝については、杉浦善三『女優かゞ美』（杉浦出版部、1912年）2頁、X生『新らしき女』（聚精堂、1913年）25～29頁、手島益雄『広島県百人物評論』（日本電報通信社名古屋支局、1915年）57～60頁、杉浦善三編『帝国劇場専属俳優列伝』（1919年）4頁、13頁、孤松斬風『現代俳優情話』（岡村書店、1922年）158～164頁などを参照。

62)　前掲『寺田勇吉経歴談』78頁以下に旅程の様子が詳しく記録されている。

63)　このときの文部省官制通則改正については、文部大臣官房報告課編『大日本帝

表1-1　文部省在職期における木村匡の官歴

年月		所属局・課	職位	等級	位階
1885年	8月	学務一局	御用掛	准判任	
	12月	学務一局	御用掛	准判任	
1886年	7月	会計局	検査課・用度課各属	判任六等	
	12月	会計局	検査課・用度課各属	判任六等	
1887年	7月	会計局	検査課・用度課各属	判任四等	
	12月	会計局	検査課属	判任四等	
1888年	7月	会計局	検査課属	判任四等	
		高等商業学校	教諭（兼務）		
	12月	会計局	属	判任四等	
		高等商業学校	教諭（兼務）	奏任六等下	
1889年	7月	会計局	検査課属	判任四等	
		高等商業学校	教諭（兼務）		
………1889年11月30日〜90年10月29日、久保田譲会計局長の欧米視察に随行………					
1890年	12月	会計局	検査課属・課長	判任三等	
		高等商業学校	教授（兼務）	奏任六等上	
1891年	6月	会計局	検査課属	判任三等下	
		高等商業学校	教授（兼務）	奏任六等上	
	12月	大臣官房会計課	検査掛長	属二級俸	
		同教員恩給課	（兼務）		従七位
		高等商業学校	教授（兼務）	七級俸	
1892年	7月	大臣官房会計課	検査掛長	属二級俸	
		同図書課	（兼務）		
		同教員恩給課	（兼務）		従七位
		高等商業学校	教授（兼務）	八級俸	
1893年	1月	大臣官房会計課	検査掛長	属二級俸	
		同図書課	（兼務）		
		同教員恩給課	（兼務）		従七位
		高等商業学校	教授（兼務）	八級俸	
1894年	1月	大臣官房文書課	報告掛長・記録掛長	属一級俸	
		同図書課	（兼務）		従七位
		高等商業学校	教授（兼務）	七等	
	12月	大臣官房文書課	文官普通試験書記	属一級俸	
		同図書課	（兼務）	属一級俸	従七位
		高等商業学校	教授（兼務）	七等	

出典：国立公文書館所蔵『明治大正昭和官員録・職員録集成（マイクロフィルム版）』（日本図書センター、1990年）および国立国会図書館所蔵『改正官員録』より作成。

第1章　生い立ちと文部省入省　39

事が93年まで続き、検査掛長（属二級俸）のほかに教員恩給課や図書課の兼務が増えている。教員恩給課の兼務は欧米視察による知見が期待されたからであろう。

　そうした状況下にあって木村匡は、帰国から約1年後の1891年10月、『下検査ニ関スル意見』という冊子を著している。木村が31歳のときである。該書の主旨をその「緒言」からうかがうに、「下検査ノ事務ハ会計事務上緊要ナルモノナリ　然ルニ其性質効力ハ成文上ニ於テ漠焉タルノ嫌アリ　依テ私カニ之ヲ研究シ卑見ヲ草シ曩ニ当局諸先輩ノ批評ヲ求メシニ」、幸いにも会計検査院の浜弘一と伊藤祐敬の両人から貴重なる批評を受けたが、自分はいまだ納得するに至らないので、ここに両人の批評を付して一書にまとめ世に問いたい、というのである。この主旨を敷衍すればつぎのようになる。国家会計の下検査は、そもそも検査される側から独立した機関がおこなうべきであるにもかかわらず、実体的には被検査側に所属する官吏がその所属長の命により下検査執行の任に当たっている。つまり検査者と被検査者とが同一人である。これは会計規則（1889年勅令第60号）に照らして明らかに不合理であり、下検査官吏が所属省庁から独立して職務を遂行できるように改正すべきである、と。

　これに対して会計検査院の浜弘一部長は、「下検査ハ行政部局長ニ於テ其主管事務ニ関スル会計ノ当否ヲ監督スルヲ以テ其目的トスルモノナリ（中略）下検査官吏ノ職務ハ所属長官ノ職権ニ属スル事務ノ一部ヲ分任セラレタルモノ」であるから、「下検査官吏ハ所属長官ニ対シ独立ナリト云フノ説」

　　国文部省第十九年報（明治二十四年分）』（1893年）7頁参照。
64)　当時、浜弘一（1848〈嘉永元〉年生まれ）は会計検査院部長、勅任官二等下、
　　従四位勲四等、1914年勲一等旭日大綬章を下賜される。伊藤祐敬（1850〈嘉永3〉
　　〜1913年）は会計検査院検査官で、奏任官二等下、従六位勲六等。五十嵐栄吉編
　　『大正人名辞典』第4版（東洋新報社、1918年、日本図書センター復刻版による）
　　1561頁、上田正昭ほか監修、前掲『日本人名大辞典』195頁などを参照。

は是認しがたい、と反論する。また、伊藤祐敬検査官も、下検査は元来行政監督上の一機関であるから「長官の命令に依て之を尽すの任務たるに外ならす　故に会計規則上の正文を以て直ちに独立の職権を有するとの立場に対しては全然同意を表する能はさる也」と論難する。

　木村匡と浜弘一・伊藤祐敬の言い分を仕分けると、その相違点は、木村が所属局部長（ないしは所属長官）を被検査者の長（最高責任者）と見立て、その命による下検査は会計規則に反すると考えるのに対して、会計検査院の浜・伊藤の意見は、行政上の局部長は監督者であって検査される立場＝被検査者ではなく、したがって監督者の命による下検査官吏もまた被検査者ではない、というにある。

　下検査問題の是非を云々するのが、ここでの目的ではない。われわれの関心は、文部省に入ってすでに７年目とはいえ、いまだ判任官の中位くらいの木村匡が、おのれの職務である「下検査」を所属局部長から独立させるべきであると会計検査院に稟議し、しかも反対意見を付した冊子にまとめて世に問うという行為を、いったいどのように評価すべきかにある。これが欧米視察からえた知見によるものなのかどうか、書物自体に欧米モデル云々の記述はいっさいない。1889年から91年前半くらいまでの時期は文教政策の方向をめぐって文部官僚間の主導権争いが激しかった時期であり[65]、争いがようやく収まった91年７月には改正文部省官制が公布され（８月16日施行）、会計局は廃止されて会計課に格下げされたのであった。木村の下検査に関する問題提起はこうした事態の直後のことである。辻新次次官、久保田譲普通学務局長、永井久一郎会計課長などがこの問題にどのように反応したか知りたいところであるが、筆者に今、これを解く手がかりはない。

───────────────

65)　藤野真挙「明治二〇年代初頭における文部省内の勢力構造─教育政策方針を巡る文部官僚の確執の実相─」（日本歴史学会編『日本歴史』第716号、2008年）参照。

第2章　台湾総督府官僚への転身と活動

2−1　文部省から台湾総督府へ

　1895年4月、日清戦争の終結をつげる日清講和条約（いわゆる下関条約）が締結され、台湾が日本に割譲された。日本にとって初めての植民地領有であった。政府は翌5月、台湾事務局を内閣に設置するとともに、台湾統治の中枢を担う台湾総督に海軍大将の樺山資紀を、総督府民政局長に衆議院書記官長の水野 遵[1]を起用した。樺山総督が近衛師団を先導役に文武官僚をしたがえて台北城入りしたのは6月14日であり、それから3日後の17日に台湾始政式が旧布政使衙門[2]で執りおこなわれた（以後、6月17日をもって始政記念日とされた）。なお、木村匡は広島での残務整理で一便遅れ、かつ台北の宿舎不

1）　水野遵は1850（嘉永3）年、尾張国名古屋の醬油屋（鍋屋）・水野鼎斉の長子として生まれる。藩校明倫堂に学び、69年駅逓司附属になって以後、清国留学、海軍省十等出仕、台湾出兵従軍等を経て、75年文部省学務課出仕により長崎英語学校長となり、さらに77年同省一等属に任じられ中央における活動の足場を築く。83年に参事院御用掛（奏任官待遇）に転じたのち法制局参事官、同書記官、衆議院書記官長などを経て、95年弁理公使（高等官二等）に任じられ初代の台湾総督府民政局長心得に就任。97年、総督府官吏の絡む疑獄事件が相次いだため引責非職となったが、同年末、貴族院議員に勅選される。1900年死去。関連文献として、『台湾日日新報』1900年6月17日「故水野遵氏略歴」、1903年1月18日「故水野大路先生の略履歴」、『台湾民報』1903年1月18日「故水野遵君略歴」、大路会編『大路水野遵先生』（大路会事務所、1930年）、尾崎秀眞「台湾四十年史話」（『台湾時報』1934年7月号）、服部直吉『尾張の生んだ水野遵』（潭南荘、1937年）などがある。

2）　布政使は中国の明・清時代における地方長官（総督、巡撫など）のことであり、衙門はその長官が政務を司る役所（官庁）という意味である。

備で基隆港にしばらく留めおかれたために、始政式には列席できなかったようである。彼が台北に着任したのは同月25日のことであった。[3]

　木村匡は、台湾赴任の動機について、著書『森先生伝』（金港堂書籍、1899年、凡例3頁）では水野遵と永井久一郎[4]の推薦によったとしか述べていないが、後年、さきにもふれた『台湾日日新報』への寄稿文「予が台湾に赴きたる縁由並懐旧談」のなかで、ことの由来をより詳しくつぎのように述懐している。[5]「予が台湾総督府に仕ひしは水野大路先生（大路は水野遵の号…引用者）

3）『台湾日日新報』1907年6月17日・木村匡「予が台湾に赴きたる縁由並懐旧談」にはつぎのように語られている。「（明治二十八年…引用者）六月十一日薩摩丸に便乗し宇品を発し十五日基隆に到着したりき（中略）台北に於ける宿舎の不自由なりし為予は十五日より二十四日まで基隆に滞在し（中略）斯て日を送る内総督府の召命に依り二十五日汽車にて基隆より台北へ赴きぬ　此汽車は今こそは最早完全なれ共其折は跡押鉄道と綽名されたるものにて現に予の乗りたるときも坂路にかゝれば機関車進まずなりし故乗客をば皆一時下車せしめ坂を上りつめて乗りしこと一再にして止まざりし（中略）汽車と云ふも名のみにて今の砂利積貨車と同じ故台北へ乗込む当日とて白リンネル晴衣を着たる者、白き帽を蒙りし者白き蝙蝠傘（かうもりがさ）をさしたる者皆石炭の埃にて黒くし畢（をは）りき」（ルビ…原文）。
4）永井久一郎は1852（嘉永5）年、尾張藩士永井匡威（まさたけ）の長男として生まれる。本名は匡温、久一郎は通称。慶應義塾を経て71年米国に留学。74年の文部省出仕以後、東京書籍館長補、東京女子師範学校三等教諭・幹事などを経て、79年内務省衛生局に移る。86年再び文部省に戻って帝国大学書記官、文部大臣秘書官、会計局長などを歴任。97年、官を辞して日本郵船(株)に移り上海支店長、横浜支店長を勤める。なお、阪本釤之助（さんのすけ）（福井・鹿児島両県知事、名古屋市長、貴族院議員を歴任）と大島久満次（台湾総督府民政長官、神奈川県知事、衆議院議員を歴任）はそれぞれ匡威の三男、五男で久一郎の実弟。また、作家の永井荷風（名は壮吉）は久一郎の長男、高見順（名は義雄、のち芳雄）は釤之助の庶子。永井家の家系については、永井威三郎『風樹の年輪』（俳句研究社、1968年、著者の威三郎は久一郎の三男、荷風の実弟）に詳しい。また、富田仁編『新訂増補　海を越えた日本人名事典』（日外アソシエーツ、2005年）487～489頁記載の荷風と久一郎の項も参照した。
5）　前掲『台湾日日新報』1907年6月17日・木村匡「予が台湾に赴きたる縁由並懐旧談」。これを寄稿したときの木村匡は、三十四銀行台湾総支配人の職務を終えて台湾を去り、同行京都支店長の職にあった。

が民政の長官として樺山伯の指麾下に属し台湾に赴任せんとするとき即ち明治二十八年五月勧誘を受けたるに基づきしなりき　実は其前年と思しき大路先生が衆議院書記官長たりし時予は其書記官たらんことを永井禾原先生（禾原は永井久一郎の号…引用者）の紹介に依て申入れしも定員之を許さずして採用の運びに至らざりしが大路先生には此時已に予の不遇を愍れみ折もあらば引立てんと思されしならんと推察せられぬ　されば今や先生自ら民政の長官として新版図に赴かるゝときに方り恰も予の不遇を思出でて此推薦を敢行せられしとこそ思はれぬ（中略）大路先生は禾原先生に電報して予が台湾に就職するの決心あるや否やを問はれ禾原先生も予を召して問はれ……」（下線、ルビ…引用者）。

　要するに、1894年の頃、文部省からの転出を考えるようになっていた木村匡は、かつての上司・永井久一郎を介して衆議院書記官長の水野遵に接近したことがあり、その時は奏功しなかったが、そうした折柄の翌95年5月、水野から急遽、台湾総督府官僚への転身の誘いがかかり、永井の勧めもあった[6]

---

6)　かつて台湾総督府秘書課長を務めた木下新三郎は、水野遵に台湾行きを勧誘された当時の様子をつぎのように述懐している。「日清戦役の結果台湾の我か版図に帰するに及ひ先生は簡抜せられて弁理公使に転任し本島交接の重職に膺れり、其属僚として本島に来りたる者甚た少からさりしと雖、先生の渡台に決すると同時に先つ打電して随行の有無を問合せたるは実に木村匡氏と余の二人なりき」（ルビ…引用者、『台湾日日新報』1903年1月18日・木下大東〈大東は木下の号〉「水野大路先生の銅像成る」）、と。要するに木下は自分と木村匡に対する水野民政局長の期待がいかに大きかったかを語っているのである。
　木下新三郎は1863（文久3）年、佐賀県養父郡西尾村（現三養基郡みやき町）に佐賀藩士木下勘十の子（次男、三男、四男など諸説があって確定不能）として生まれる。14歳のとき東京に出て同人社に学び（同人社は中村正直〈号は敬宇〉が73年に東京小石川で開いた洋学塾。中村は明治初期の啓蒙思想団体として有名な明六社のメンバー）、さらに東京大学予備門（のちの旧制第一高等学校）を経て大学政治科に進んだが中途退学。その後における木下の足取りは詳しくしりえないが、各種人事録によると88年に出版した小説『新商人　前篇』（誠之堂、著者名の赤司新三郎は木下のペンネーム）の原稿料を元手に「東洋商業専門学校」を起

44

ことから、この誘いに乗ることにしたというのである。そこで、水野遵と永井久一郎との関係をさらに突き詰めていくと、両者の緊密な関係がより鮮明になる。水野と永井は出身地が愛知県名古屋の同郷であり、かつまだ若き日の1870年代後半、ともに文部省で下僚時代を過ごしたことがあり、しかも当時、二人は自由民権運動期の政治結社・嚶鳴社のメンバーでもあった[7]。典型

こしたが経営難で失敗し、89年、臨時帝国議会事務局（不詳）に奉職して専ら翻訳編輯に携わったというが、この経緯の事実確認は現在のところ不能。ただ、内山正如編『改正官員録　甲』（1893年5月現在および94年11月現在）によって衆議院事務局（同事務局トップの書記官長は水野遵）の属2級職であったことは確認することができる。95年に台湾総督府官吏として渡台し秘書課長・文書課長などの要職に就いたが、早くも翌96年総督府官吏を辞職。97年に再渡台して台湾新報の主筆となり（のちに社長を兼務）、さらに98年から1907年まで台湾日日新報（台湾新報・台湾日報の両紙合併）の主筆を務める。同紙主筆辞任後は台湾建物(株)社長、北港製糖(株)社長、台北商工会長などに就任し台湾実業界で活躍した。没年不詳。

蛇足的ながら付言すれば、木下新三郎が台湾赴任後わずか1年ほどで総督府を辞職して内地に帰還した原因について、戸水注（萬頃）『台湾みやけ』（明治印刷、1905年）の語るところによれば、「喬木風当り強く、奢る平氏久しからす、鼠輩の讒搆にて、桂太郎に悪まれ、遂に御払箱となる」（34頁）とある。その真偽のほどは明かでないが、第2代総督桂太郎（在任期間1896年6〜10月）との間に「出る杭は打たれる」の譬えにも似た事情があったのであろうか。なお、明治期に法制局参事官、台湾・台中県知事、埼玉・大分両県知事などを歴任した木下周一（1851〈嘉永4〉〜1907年）は新三郎の長兄。参考文献として安斎源一郎編『写真倶楽部　一名台湾人物写真帖』（台湾週報社、1901年）、文成社編『現代名家精彩』（1910年）257頁、戸山銃声『人物評論　奇人正人』（活人社、1912年）533〜534頁、大園市蔵編『台湾人物誌』（谷沢書店、1916年）322〜323頁、旧肥前史談会編『佐賀県歴史人名事典』（洋学堂書店、1993年）173〜174頁など参照。

7）　嚶鳴社は民権派ジャーナリスト沼間守一（1843〈天保14〉〜1890年）らの法律講習会（1873年創立）が発展してできた政治結社（1877年）であり、最盛期には社員数が1,000名を数えたといわれる。関連研究として、福井淳「嚶鳴社の構造的研究」（『歴史評論』第405号、1984年）、同「嚶鳴社員官吏と〈改正教育令〉―島田三郎を中心にして―」（『歴史学研究』第535号、同年）参照。ちなみに前出（第1章の脚注61を参照）の河村重固も嚶鳴社のメンバーであり、1879年にはいわゆる私擬憲法「嚶鳴社憲法案」の起草に参画したとされる（澤大洋「元老院〈日本

第2章　台湾総督府官僚への転身と活動　45

的な都市型結社の嚶鳴社には中央官庁の官吏が多数参加し、彼らの主力がのちに文部省に転じたといわれる。[8] 二人の関係はそうとう密接であったとみてよかろう。

　また1903年1月、水野遵（1897年7月非職、1900年6月死去）を偲んでその銅像（碑銘は「原任台湾総督府民政局長水野君銅像銘並叙」）が台北市圓山公園内に建立されたが、[9] そのときの建設委員長を務めた台湾総督府警視総長の大島久満次は永井久一郎の実弟であり、[10] 水野が総督府民政局長時代の1896年に衆議院書記官兼法制局参事官から総督府民政局参事官に転じ、のちに民政長官（1908〜10年）を務めた人物である。

　こうした人脈から考えると、水野遵と永井久一郎はそうとう親密な関係にあり、そうした関係の下に木村匡の台湾行きが決まったとみてよい。しかし、人脈的動機だけで台湾行きに踏み切ったとは考えられない。あまりにも不自然である。当時の日本人にとって台湾はほとんど未知の地であり、しかも前年1894年5月には長女のたかが誕生している。[11] 家庭人としては、できることなら台湾行きを避けたい心境にあったとみるのがむしろ自然である。そうし

――――――――――――――

　　国憲按〉の立法過程と河津祐之」『東海大学政治経済学部紀要』第24号、1992年、11頁参照）。また、のちに木村匡の生涯の友となる前出（「はじめに」の脚注1を参照）の荒井泰治は、1884年頃、嚶鳴社の有力メンバーとして遊説活動をしていた（藤野美知子「嚶鳴社の地方遊説活動」『民衆史研究』第28号、1985年、参照）。

8）　福井淳「多彩な結社の活動」（江村栄一編『近代日本の軌跡2　自由民権と明治憲法』吉川弘文館、1995年）73〜81頁参照。

9）　前掲『大路水野遵先生』144頁以下参照。

10）　本章前出の脚注4を参照されたい。

11）　木村匡と妻か祢が結婚したのは長女たかの誕生時期から推して1893年前半の頃と思われるが確認不能である。匡の戸籍謄本によれば、か祢は1874年に菅波貞・ヒサ夫婦（東京市本郷区曙町16番地）の長女として生まれ、匡の籍（宮城県桃生郡北村89番地）に入ったのは1900年12月27日と記載されている。後述するように、匡が台湾総督府学務課長を辞して内地に帰って間もない頃のことである。当時の入籍手続は結婚時よりそうとう遅れるのが通例であったが、それにしても妻か祢の入籍は遅かった。

た匡が台湾行きを決意するのには、それそうとうの心の葛藤があったと考えるべきであろう。それは何だったのか。さきの引用文中にある「予の不遇」（下線部分）という文言に注目したい。この文言から、あくまで状況判断の域を出ないが、つぎの二つの理由を推測してみた。

　一つは、匡が継母恵奈の死去（1894年9月、東京市小石川区久堅町の匡宅で死去）を悼んで翌10月に著した『哀悼の記』（私家版）のなかで、「明治二十七年は、予に取りては、いかなる禍神のあらふる年ならん」（1頁、ルビ…原文）と嘆じていることである。匡は同年5月末頃から6月にかけて北海道に出張し、そのときの状況を同書で「公の務輻湊して、夜を日に継けとも、尚足らぬ心地せしかば、とやせん、かくやと考へしか……」（1頁）と綴っている。文部大臣官房文書課編『大日本帝国文部省第二十二年報（明治二十七年)』（1895年）13頁に「地方視学ニ関シ（中略）取調ノ為属官ヲ出張セシメタルコト三回ニシテ北海道其他二縣ナリトス」とあり、ここでいう属官の一人が木村匡であったと思われる。このときの木村の用務は「北海道小学校用読本草案」の取調だったようであり[12]、彼は函館（6月2日着）⇒札幌⇒小樽⇒増毛⇒稚内というハード・スケジュールをこなし、同月12日、北海道教育会常集会（所在地は札幌と思われるが未確認）において「北海道の教育に就て」と題する演説をおこなっている[13]。めったに弱音を吐かない匡の剛直な性格を思うと、この北海道出張がいかに激務の毎日であったかが想像される。木村は、北海道から帰ったあとで強度の胃腸病（慢性腸カタル）を患い（7月初旬～8月）、病癒えた直後にさらに継母の死去に遭遇したのである。この時期は朝鮮の支配権をめぐる日清両国の対立が決定的となり、ついに開戦（日清戦争）に突入した頃である。日本国中、武運鼓舞の只中にあったが、匡に

---

12)　百合藤五郎編『宮城縣名士宝鑑』（同宝鑑発刊事務所、1940年）8頁参照。

13)　『函館教育協会雑誌』第110号、1894年9月、8～16頁参照。なお、この演説を文語体に整理したものが「木村匡氏の北海道教育談（上・下）」と題して『教育報知』（東京教育社刊、第435～436号、1894年8月）に掲出されている。

とっては「禍神」にとりつかれた意気消沈の時期だったようである。木村匡がなんらかの脱出口を求めたとしても不思議ではない。

もう一つは、文部省における我が身の行く末にかかわる問題である。前章の前掲表1-1は、木村匡の足かけ11年にわたる文部省での官歴を示したものであるが、すでに34歳に達していた匡にとって、明るい未来が待っている状況でないことがわかる。高等商業学校教諭（のち教授）の兼務職と1889年秋から1年間の欧米視察期（非職）は奏任官（高等官）待遇を受けているものの、本官はあくまでも判任官（属官）であり、匡が「禍神」の年とした94年には、すでに判任官の最上級の属一級俸に達していた。しかし匡には、そのあとの高等官（奏任官）への道は保証のかぎりではなかった。この点を理解するために、匡と同世代の同僚、木場貞長（木場が1歳年長）の場合を比較してみよう。

1859（安政6）年、薩摩藩士木場清生の長男として生まれた木場貞長は、80年東京大学文学部を卒業して文部省に入り（御用掛）、2年後の82年、伊藤博文政府団一行の留学生に抜擢されてドイツ（ハイデルベルク大学）に留学した。一方の木村匡は、木場貞長のドイツ留学中（85年）に文部省に出仕して御用掛に就く。この時点では木場もまだ御用掛であり、両者とも准判任官であった。ところが木場は、86年に帰国すると早くも文部大臣官房秘書官（奏任官四等）となり、さらに文部省参事官へと高等官に昇進する（木村は判任官六等）。その後、木場はいちじ法制局畑を経験したのち文部省へ復帰して93年に文部省普通学務局長に就任する。以後、同省官房長、次官などを歴任して貴族院議員へと、まさに官僚としての典型的な出世コースをたどっている。[14]

木場貞長と木村匡の違いは、どこにあるか。明らかに学歴の違いと海外留学チャンスの有無にある。もう一つ付け加えれば、出身藩の相違（木場は薩

14）戦前期官僚制研究会編・秦郁彦著『戦前期日本官僚制の制度・組織・人事』（東京大学出版会、1981年）86頁参照。

摩藩、木村は仙台藩）も微妙に影響したのではなかろうか。幕末・維新期における両藩はまさに勝者・敗者の関係にあったから、すでに維新後20年以上を経た1890年代のこととはいえ、仙台藩の出身者はなにかと不利な立場を強いられたとの憶測も、あながち的はずれな邪推といい切れないであろう。この点に関連するかどうかは確言できないが、文部省在職中の木村匡について一つ不可解なことがある。それは、『文部省職員録』における彼の出身地（ないし居住地）と族称がある時期（1886年12月）以降、「宮城県、士族」から「東京府、平民」へ変更されていることである。宮城県から東京府への変更は出身地から居住地へのそれとして容易に理解することができるが、士族から平民への変更は、どのように解釈したらよいのであろうか。[15]

維新の政変によって江戸時代の身分制（士農工商）は崩壊したとはいえ、1869年に華族・士族・平民の身分制が新たに創設され、廃止されたのはそれから78年も経ったアジア太平洋戦争後（1948年）のことであった。それほどに明治期における身分意識には根強いものがあった。そうしたなかで木村匡が「士族」を棄てて「平民」を名乗ったのには、それなりの一大決心があったに相違ないのだが、その核心が筆者にはいまだ見えないのである。平民の方が士族よりも有利な状況が文部省内にあったのであろうか。とてもそうとは考えられない。当時の『文部省職員録』に記載されている族称は「士族」が圧倒的多数を占めている。それとも、彼にとって士族とは宮城県（仙台藩）の士族なのであって、住まいを東京府に移すからには、もはや士族ではなく平民であるとの意識が強かったのであろうか。いろいろ想念を働かせてみるが、確たる解答が浮かんでこない。

それはともあれ、スタート時点での等級の違いがとくに官界ではものをいう。しかも1893年10月、文官任用令（勅令第183号）と文官試験規則（同第197

---

15) 『広辞苑』によれば、華族・士族・平民の族称は一般的に本籍地の府県と結びつけて用いられたという。

号）が公布され、奏任官は原則として文官高等試験に合格した者のなかから任用されることになったため、匡が奏任官に昇格する道はきわめて狭いものとなった。前述した久保田譲会計局長の欧米視察に随行した寺田勇吉（第一高等中学校教諭）は、帰国直後の90年12月、運よく無試験で判任官一等から参事官（奏任官）に昇格したが、木村匡にとってこのような幸運は遠い存在[16]であったようだ。94年1月頃は文部省の「行政整理とともに人事刷新という課題に対応した時期である[17]」とされ、その上、これまで何かと後ろ盾になってくれた文部次官の久保田譲が前年3月に文部省を去り、また畏敬して止まなかった井上毅文部大臣も94年8月、病気のために辞任した（95年3月死去[19]）。文部省内における木村匡の立ち位置は、いわば省内枢軸の「局長派」に属し[20]

---

16) 寺田『寺田勇吉経歴談』（精華学校、1919年）114～115頁でつぎのように語られている。「明治二十三年十月廿九日帰朝の当時、（中略）当時已に文官試験規則（1887年公布の文官試験試補及見習規則のこと…引用者）ありしを以て、教授より直に文官に転任すること難く、且つ将来文官の試験を受くれば、必ず落第すること、信じ、一日も速に高等文官たるの得策たるを感じたりしに、幸に会計局長久保田譲氏と文部次官辻新次氏との尽力に依て、二十三年十二月十二日本官を教授に置き、第一高等中学校の幹事に兼任せしめられたり、即ち事務官となり同月廿七日に文部省参事官を兼ぬる事となり、始めて無試験にて高等文官たるを得たり、特別任用にあらざりしを以て他日勅任官まで進むを得たるは幸福なりき、（中略）其後更に大木喬任氏の文部大臣たるに及びて、二十四年六月二十六日兼官も亦奏任官三等に陞叙せられ、俸給は月額百円を給せられたり……」。たとえば、『官員録改正増補甲　明治廿四年三月』（1891年3月27日）によれば、寺田勇吉の官位は、文部省参事官、奏任四等、第一高等学校教授、奏任三等、1,200円、正七位とある。
17) 鄭賢珠「近代日本の文部省人事構造─明治中後期における〈教育畑〉の形成─」（『史林』第88巻第3号、2005年）40頁。
18) 久保田の文部次官の辞任・退官は河野敏鎌文部大臣の辞任に殉じたものといわれる。野村英一『三田の政官界人列伝』（慶應義塾大学出版会、2006年）73頁参照。
19) 木村匡『井上毅君教育事業小史』（1895年）は井上に対する匡の畏敬心のあらわれである。
20) 森有礼文部大臣の死去後、文部省では教育政策方針をめぐって「山県系文部官僚」と「局長派」の両派が対立し、最終的には後者＝辻新次・浜尾新・久保田譲・永井久一郎らが省内の主導権を掌握したとされる。この点については、藤野

50

ていたようであるが、属官と高等官の間に立ちはだかる壁を乗り越えられない木村匡にとって文部省はもはや居心地のよい場ではなく、「予の不遇」だけが漂う職場になっていたのではなかろうか。

　以上、台湾行きをめぐる木村匡の心境を私生活と公務の両面から推測してみたが、さほど的はずれの推測ではなかろう。ただ、水野遵から台湾行きを勧誘されたさい、木村匡がとった意思決定の仕方に一言ふれておきたい。というのは、世間一般の場合と様子が違っていたらしいからである。たとえば、さきに引用した木村匡「予が台湾に赴きたる縁由並懐旧談」[21]のなかに、台湾行きを勧誘された「幾多の候補者は皆両親又は妻子に相談して諾否すべしと云ふに医者に相談して決せしは君（木村匡のこと…引用者）一人なりき」という水野の後日談が紹介されている。匡が妻か称にまったく相談なしで台湾行きを決断したとは考えにくいが、勧誘者の水野遵にはそのように受け取られていたようである。もし水野の後日談のとおりだとすれば、そこには木村匡の個性の一端がいま見られると同時に、彼の覚悟のほどが滲んでいるように思われる。

　ともあれ、台湾着任当初（1895年 6 月現在）の木村匡の肩書きは台湾総督官房文書課長心得・経理課長・陸軍監督部御用掛、それから 1 年半後（1896年11月現在）の肩書きは台湾総督秘書官・総務部文書課長・財務部経理課長というものであった。[22]彼は台湾で高等官に変身していた。領有初期の台湾総督府官僚の任用には内地本国の既成制度化された文官任用令が適用されなかっ

　　真挙「明治二〇年代初頭における文部省内の勢力構造─教育政策方針を巡る文部
　　官僚の確執の実相─」（日本歴史学会編『日本歴史』第716号、2008年）によった。
21)　『台湾日日新報』1907年 6 月17日。
22)　台湾経世新報社編『台湾大年表』第 4 版（台北印刷、1938年）16頁、22頁。な
　　お、着任当初における木村匡の肩書きは総督官房記録課長兼用度課長であったと
　　する記述もあり（「総督府高等官の寿命」『台湾協会会報』第21号、69頁参照）、ま
　　た衛生事務長心得（1895年 8 月現在）との記録もある（大園市蔵『台湾事蹟綜覧
　　〈二〉』台湾事蹟研究会、1920年、68頁参照）。植民地官制のいまだ定まらない緊急

たため、この変身が可能だったのである。おそらく彼に台湾行きを決心させた最大の要因はここにあり、先輩同僚の永井久一郎や久保田譲も台湾行きという選択肢を勧めたものと思われる。文書課・経理課の職域は、すでに文部省で十分経験ずみの、彼の最も得意とするところであった。こうして木村匡は、「台湾に生きる」覚悟を決め、そのスタートラインに立ったのである。より歴史的な見方をすれば、日清戦争勝利⇒植民地台湾の領有という19世紀末の歴史状況が植民地官僚・木村匡の誕生につながった、ということができる。

2-2　植民地官僚としての活動

　官庁や役所における官僚・官吏の職務実績を分析することは、政治家や実業家の場合と違ってまことに難しい。厳格な縦組織的な業務遂行がおこなわれ、かつ内部情報の管理が厳重だから、個人的な職務実績が外部からはみえにくいためである。そうした厳しい条件を承知しつつ、官報・公報類によって、台湾総督府における木村匡の官歴を整理したのが表2-1である。木村は開府当初から約5年半にわたって4人の総督と3人の民政局長（のちに民政長官）に仕えた。初期の頃は文部省会計局の経歴をふまえてか経理課長を務め、また1897年秋～98年4月頃、殖産課長に就いたこともあったが、全期間をとおして目立つのは総督秘書官、文書課長など総督府中枢部での仕事が多かったことである。はるか後年の言説なので同列には論じられないかも知

　　事態下のことであったから、こうした齟齬の可能性はありえたことであっただろ
　　う。ただ、木村匡がすでに台湾総督府官僚となって以後、すなわち1895年10月に
　　改正出版された内山正如編『改正官員録』（1895年10月改正出版、博文館）におい
　　て文部省属官の扱いとなっているのはなぜなのか、現在の筆者には理解不能な疑
　　問点ではある。
23)　岡本真希子『植民地官僚の政治史―朝鮮・台湾総督府と帝国日本―』（三元社、
　　2008年）227頁以下参照。

表 2-1　台湾総督府在職期における木村匡の官歴

年　月	任	免	職位と位階・勲等	総　督	民政局長（長官）
1895年6月	－		総督官房文書課長心得・経理課長・陸軍監督部御用掛	樺山資紀（1895.5〜1896.6)	水野　遵（1896.4〜1897.7)
1896年8月	－		総督秘書官・民政局事務官	桂　太郎（1896.6〜1896.10)	
1896年11月	－		総督秘書官・総務部文書課長・財務部経理課長	乃木希典（1896.10〜1898.2)	
1897年2月	－		総督官房秘書官・総務部文書課長・官報報告主任・財務部経理課長・【五等五級、従六位勲六等】		
1897年3月	－		総督秘書官・民政局事務官・【四級俸下賜】		
1897年6月		○	総務部文書課長		
1897年6月	○		総務部秘書課長		
1897年9月		○	官報報告主任		曾根静夫（1897.7〜1898.3)
1897年10月	－		民政局殖産課長		
1897年11月			【叙高等官五等・従六位勲六等】		
1897年11月	○		総督府事務官・参事官		
1898年4月		○	民政局殖産課長	児玉源太郎（1898.2〜1906.4)	後藤新平（1898.3〜1906.11)
1898年4月	○		総督秘書官事務取扱・総督官房文書課長心得・官報報告主任・統計主任		
1898年5月		○	兼官（参事官）		
1898年6月	○		民政部文書課長		
1898年7月		○	総督秘書官事務取扱		
1898年11月	－		民政部文書課長		
1898年12月			【五級俸下賜】		

1899年2月	−	民政部文書課長	
1900年4月	−	民政部文書課長	
1900年5月	−	転地療養先下ノ関ヨリ京都大阪 ノ二府へ出張ヲ命ス	
1900年6月	○	民政部学務課長・文書課長	
1900年7月		○	民政部文書課長
1900年7月		○	官報報告主任・統計主任
1900年9月	○	諸学校規則改正取調委員長	
1901年1月		○	諸学校規則改正取調委員長
1901年2月			【叙正六位勲六等】
1901年2月			文官分限令第11条第1項第4号 により休職命令

出典：『台湾総督府報』各号、台湾総督府民政局総務部編『台湾総督府民政局職員録』（明治
　　30年2月現在）、『官報』第5071号（1900年5月31日）、台湾経世新報社編『台湾大年
　　表』第4版（台北印刷㈱、1938年）より作成。
備考1：−印は当該年月時点における職位。
備考2：1898年6月、民政局長から民政長官へ変更。

れないが、総督秘書官・文書課長は実質的には民政局長につぐほどの高いポ
ストであったらしい。[24]

　総督秘書官としての重要な仕事は次年度予算案の作成と、これを実現すべ
く民政局長（のちに民政長官）に随行して帝国議会で最大の努力を払うことで
あった。また、文書課というセクションは組織全体の情報が集中・集積され、
それらを文書のかたちで周到に整理・管理・保存することが義務づけられる
部署である。当時、台北で発行されていた新聞『台湾商報』（1900年6月10日
「仕入帳」）によれば、「木村匡氏は総督府の字引といふものあり」と評されて
いるが、これは木村がながく文書課長の地位にあり、生き字引的存在であっ

24）　かつて台湾日日新報の記者であった松井貫之が高橋衛伝記出版の会編『高橋衛
　　伝』（同会、1990年）に寄せた回想文のなかで、「高橋さんは、三十歳台で総督府
　　内一番のポストである官房文書課長兼総務長官秘書官に抜擢されたばかりの頃に
　　（1934年9月…引用者）、たまたま私が台湾日日新報の政治部記者として官房担当
　　に起用されたのが、縁の始まりだった。」（586頁）と語っている。

54

たことをいい表したものであろう。

　しかし総督秘書官や文書課長は、総督府中枢に近いとはいっても、独立した政策遂行の権限が与えられている職位ではない。そのためか、当時、台湾の新聞紙上に木村匡関係の記事が頻出する割には、彼の本務とする総督府内での仕事のポイントがつかみにくい。木村は種々の集会に招かれて挨拶や講演をおこなっているが、その内容は、総督府のスポークスマン的なものというよりも、その場その場に合わせた軽妙洒脱なものが多い。これは社交的な、頼まれると嫌とはいえない彼の性格のゆえであろうか、番外（総督府外）の[25]肩書きがいやに多い。たとえば、1900年10月（総督府学務課長の時期）における木村には、国語研究会名誉委員、屯山会長、淡水館幹事、台湾協会台湾支部幹事、台湾文庫幹事、殖民行政学校幹事、東門学校監督、簡易商工学校長、幼稚園幹事、丙丁会（平定紀念会）幹事、蕃情研究会幹事、経済研究会幹事、諸学校規則改正委員長、台湾公学校用図書審査委員長、水野遵銅像記念設立委員など、どこからどこまでが総督府官吏としての役目なのか判然としない[26]肩書きが多数ついていた。

　とはいえ、木村匡はどの役目でも、一旦引き受けた以上はいい加減な関わり方をしなかった。この性向は彼の長所であったが、反面、短所でもあった。『台湾商報』1898年12月20日「書抜帳　木村匡君」は、「君や循吏伝中の人、其天分の高き、其職に忠なる、今世多く其比を見ず、学殖才能亦是れ常人の企及すべからざる所」と褒めちぎりながらも、「倘し強て君の短所を指摘せば、君は君の理想を以て、余り之を実際的に当て嵌めんとするの厳なる」

────────────

25）　『台湾商報』（1899年12月12日）は「人物側面観　木村匡君」のなかで、「木村匡君、君は有り難き人なり、台湾高等百五十の頭顱中、君位仁慈の情に富む、ソシテ極々深切なる熱心奔走家は稀なり、君は督府中の名物男なる而巳ならず、実に台湾の名物男なり、君威厳以て、人を服するの徳なしと雖も、天稟真摯にして朴訥、清廉にして倹素なるは殊に、吾人後進輩の敬服する処なり」（ルビ…引用者）と、皮肉まじりではあるが手放しの褒めようである。
26）　『台湾民報』1900年10月31日「木村学務課長出発の遅延」参照。

（ルビ…原文）ところがある、と評している。学務課長在任中の1900年秋（就任は同年6月）に、木村のこの「厳」なる性向が顕わになったのである。学務課長という職位は、木村がそれまでながく務めてきた文書課長とは根本的に違っていた。職務に対する木村の理念・信条が問われる職位であり、彼もまた、自らの理念・信条を封印して単なる役人稼業でその場をすり抜けるタイプの人間ではなかった。この点については、節を改めて詳述する。

2-3　台湾総督府を退官

　1900年10月下旬、木村匡の内地帰還の情報が紙上に伝えられるや、慌ただしいまでに送別会が各所で催され、身辺整理を終えた木村は早くも11月9日、台湾を去ったのである。[27]10月27日付『台湾日日新報』の記事「木村事務官の転地療養」によれば、内地帰還の理由として体調不良による転地療養が必要なためと報道されたが、同日付の『台湾民報』は、これは表向きの理由であり、その内実は別にあるとしてつぎのように伝えている。「木村事務官は来月（11月…引用者）五日の頃向ふ三十日間転地療養の名を以て賜暇帰省する由なるが更に聞く処によれば学校の方針に就き説の行はれざるものわるや（ものあるや…引用者）にて此際帰京すると同時に辞表を呈し暫く山紫水明の地を卜し静養する考なるやに伝ふ」[28]と。このときの内地帰還理由について、

---

27)　木村匡は湯城義文編『台湾交通要論・完』（博文堂、1901年）に寄せた序文の末尾で「明治三十三年十一月九日即チ台北ヲ去ルノ日」と寄稿日を記している。

28)　『台湾民報』1900年10月27日「木村学務課長の帰京」。同紙はさらに11月10日付記事で「木村匡上京の内幕は公然の秘密として非職を命ぜらるゝにある事なるが（中略）過般の弁務署長の会議には学務課長として緻密なる議案二三を呈出したりし由なるも民政長官の容るゝ所とならず憐はれ暗から暗に葬られたれば例の娟介（狷介…引用者）の性とて厄鬼となり最早吾れは台湾には不必要ように成つた者だなと疳癪元来官海には持てず偕てこそ辞職を願ひ出でたる由なるか……」（ルビ…引用者）と報じている。

管見のかぎり木村自身の記述はどこにもないが、おそらく『台湾民報』の報道が真実に近いであろう。

1900年における木村匡の行動を追ってみると、同年春頃、木村は熱病を患って台北医院に入院し、退院後の５月10日、山口県下関の川棚温泉で転地療養するために台湾を発っている。ところが、療養先に着いて間もない同月19日に総督府から「転地療養先下ノ関ヨリ京都大阪ノ二府ヘ出張ヲ命ス」との連絡が入り、木村は京都・大阪での用向き（その内容は不明）をすませて６月14日に帰台している。木村が学務課長に就任（当初は文書課長兼務）したのは、帰台早々の同月25日であった。８月には総督府に公学校規則などの改正作業をおこなう諸学校規則改正取調委員会が設置され、学務課長の木村匡はその委員長に任命されている。秋９月中旬には基隆と金包里の公学校、小学校を巡視し、さらに10月、学務課長として「一名の属官を随ひ桃仔園、揚梅壢、新竹、頭份、三湾、景尾、新店の公学校其他学事巡視の途に上れり」など、各地で学事巡視や講演活動をおこなっている。内地での転地療養が必要なほど健康状態が悪かったとは考えにくい。にもかかわらず、11月９日、木村匡は転地療養を理由に台湾を去り、そのまま台湾には帰ってこなかったのである。いうなれば総督府官吏を正式に辞任（退官）するでもなく、転地療養を理由に学務課長の職責を放り投げたまま内地日本に帰還し、台湾に戻ら

---

29) 『台湾日日新報』1900年５月５日の広告欄に「小生儀熱病ニ罹リ台北医院ニ入院罷在候処稍軽快ニ赴キ候ニ付昨日退院致候　病中御慰問被成下候諸君ヘ不取敢新聞紙上ヲ以テ拝告ス」とある。また同紙、同月10日「木村事務官の転地療養」も参照。

30) 『台湾総督府報』第755号、1900年５月25日。

31) 『台湾日日新報』1900年６月15日「木村事務官」参照。

32) 栗原純「植民地台湾における初等教育政策」（東京女子大学『史論』第51号、1998年）12頁参照。

33) 『台湾日日新報』1900年９月15日「木村学務課長の巡視」参照。

34) 『台湾民報』1900年10月２日「木村学務課長の出張」。

35) 『台湾民報』1900年10月16日「国語研究会」参照。

なかったのである。木村のこの行動は、どう考えても尋常ではない。そのために県治課長の松岡辨が空席となった学務課長を代行した[36]。

　事実経過をこのように追ってみると、木村匡の常軌を逸した行動の理由として、上述した『台湾民報』報道の「学校の方針に就き説の行はれざる」こと以外には思い当たらない。日本の台湾植民地統治にとって学校教育政策はきわめて重要な位置をなしたが、統治初期の総督府内がこれに関して統一的な方針でまとまっていたわけではなかった。試行錯誤の積み重ねが常態であり、大筋のところでは日本人子弟と台湾人子弟を分断した学校行政が施されていた。そうしたなかで木村匡は、当時の台湾総督府内では急進的ともいえる「義務教育説」ないし「統一的教育説」、つまり内地延長主義を持論としており、この点で「漸進主義」ないし「植民地主義」をとる民政長官後藤新平との間に越えがたい溝があったとされる[37]。

　新領土台湾を領有した当時の日本にとって、望ましい植民地統治方針の確定は難問中の難問であった。欧州列強の先例を学習することから始まるが、その結果、「台湾を〈植民地〉として本国と別個の制度により統治するか、なるべく本国同様の制度により統治するかという統治の根本方針[38]」の選択に迫られる。植民地主義的統治（イギリス型）か内地延長主義的統治（フランス型）かの選択に迫られる、といいかえてもよい。だが、日本と台湾との統

36）　『台湾民報』1900年11月7日「学務課長代理」参照。
37）　この点については栗原純、前掲「植民地台湾における初等教育政策」14～15頁のほか、佐藤源治『台湾教育の進展』（台湾出版文化、1943年、大空社復刻版、1998年による）69頁以下、李園会『日本統治下における台湾初等教育の研究』（台湾省立台中師範専科学校、1981年）119頁以下、駒込武『植民地帝国日本の文化統合』（岩波書店、1996年）46頁以下、陳培豊『「同化」の同床異夢』（三元社、2001年）90頁以下、林琪禎「日本領有時代台湾における初等義務教育制度に関する考察」（『植民地教育史研究年報』第13号〈植民地と児童文化〉、2011年）などを参照。
38）　文竣暎「植民地司法制度の形成と帝国への拡散─初期台湾型司法制度の成立に至る立法過程を中心に─」（浅野豊美・松田利彦編『植民地帝国日本の法的構造』信山社出版、2004年）36頁。

治・被統治関係を植民地主義か内地延長主義かの二者択一方式で割り切るのは、現実的に不可能に近い。そのために現場では両者折衷型の選択が是々非々的におこなわれたが、児玉源太郎総督・後藤新平民政長官時代の総督府にあっては概して「植民地主義」「漸進主義」への傾斜が主導的であったといえよう。

　第1章1-1でふれたように、木村匡と後藤新平とはかつて、ともに仙台義会の会員として旧知の間柄であったが、台湾総督府内では官位に決定的な差がついていた。台湾で絶対的地位にある後藤長官と対立するなかで学務課長の任務を続行できるわけはなく、とはいえ総督府の先輩官吏としては持論に封印をして後藤の軍門に降るわけにもいかず、考えあぐねた末に職場放棄の異常行動に出た、と筆者は現在のところ推測している。それにつけても、木村が義務教育論者であることを後藤長官が事前に知らなかったはずはなく、その木村をなぜ学務課長に任じたのであろうか、解せない点の一つである。後藤の深謀遠慮にはめられた、との邪推もあながちありえなくはないが、これはあくまでも筆者の邪推にとどめる。木村の辞表提出にもかかわらず直ちには受理されず、最終的には期限切れを理由とする高度な政治的処理がなされたのかも知れない。いずれにせよ、この職場放棄の行動が、詳しくは次章で述べるように、三十四銀行の台北支店長として再度台湾に舞い戻ったさいに、一種の感情的リアクションを被る遠因をなした。

　しかし木村匡の退官については、もう一つのより重要な要因を考えてみる必要があろう。当時の総督府内における彼のおかれた状況がそれである。1895年、樺山総督や水野民政局長とともに台湾に乗り込んできた開府当時と、木村が総督府を去る1900年当時とでは、総督府官僚の顔触れはまったく変わっていた。1895年6月における総督府の高等官（総督と武官を除く。ただし郵便部長は含む）は総勢わずか37名にすぎなかったが、1年半後の96年11月には101名（技官・医師を含む）へと3倍近くに増員されていた。しかし、この増員は単に当初の37名に64名が加わったというものではなかった。当初の

第 2 章　台湾総督府官僚への転身と活動　59

37名中21名は総督府から抜けて他に転じ、残っていたのはわずか16名にすぎなかったのである。さらに1900年 4 月になると、表 2 - 2 にみられるように文書課長の木村匡、淡水税関長の中村純九郎[39]、台東庁長の相良長綱[40]の 3 名だけになっていた[41]。増員というよりも、入れ替えというに等しかった。台湾領有から 2 年後の1897年に起きた総督府官吏疑獄事件[42]で多くの高等官が更迭されたことも、こうした厳しい人事異動の一因をなしたと思われる。

　総督府官吏の疑獄事件とは、乃木希典総督期の1897年 3 月、杉浦篤三郎、

---

39)　中村純九郎は、1853（嘉永 6 ）年に佐賀藩士中村喜三太の長男として生まれる。司法省法学校を修了したのち参事官御用掛や海軍省の翻訳官、海軍主計学校教授などを経て、95年に台湾総督府民政局参事官心得となる。その後、淡水・基隆両税関長を経て内地に戻り、札幌郵便局長、福井県知事、広島県知事、北海道庁長官などを歴任。1920年貴族院議員に勅選され、47年死去。衆議院・参議院編『議会制度七十年史　貴族院・参議院議員名鑑』（1960年）141頁、歴代知事編纂会編『日本の歴代知事』第 1 巻（1980年）152頁による。

40)　相良長綱は1847（弘化 4 ）年、鹿児島市山下町に住む士族の家系に生まれ、戊辰戦争に従軍。また西南戦争に西郷軍で従軍したため懲役に服す。のち農商務・外務両省の御用掛、高等師範学校幹事、沖縄県師範学校長などを経て95年に大本営付雇員として渡台。97年から1903年まで台東庁長を務めた。04年死去。なお、木村匡が文部省属四等の判任官当時（1888年）、相良は同省視学官（奏任官五等上、従七位）・普通学務局第二課長の職位にあり、木村の遠く及ばない高等官であった。相良長綱に関連する研究に中田正心「日本領台草創期の原住民教化の劈頭―国語伝習所をめぐって―」（『中央学院大学教養論叢』第 5 巻第 1 号、1992年）、松田吉郎「台東国語伝習所について」（『学校教育学研究』第11巻、1999年）、大浜郁子「書房・義塾参考書の制定過程にみる台湾の植民地的近代教育の形成」（松田利彦・やまだあつし編『日本の朝鮮・台湾支配と植民地官僚』思文閣出版、2009年）がある。関連資料として『台湾民報』1904年 3 月19日「相良長綱氏逝く」、内閣官報局『職員録（甲）　明治二十一年（十二月十日現在）』参照。

41)　前掲『台湾大年表』第 4 版、16頁、22頁、41頁による。なお、『台湾協会会報』第21号（1900年 6 月）の雑報「総督府高等官の寿命」には、領台当時の台湾高等官20名中、「今日迄引き続き台湾高等官たるは木村氏一人のみ、台湾高等官の寿命亦短しと云ふべし」（69～70頁）と記述されている。

42)　台湾総督府警務局編『台湾総督府警察沿革誌』第 2 編上巻（1938年）190～203頁および下巻（1942年）13～15頁を参照。

表 2 - 2　台湾総督府開府当時の高等文官とその後の転出先

氏名	1895年6月	1900年4月	転出先
水野遵	民政局長		1897非職、貴族院議員に勅選、1900死去
牧朴真	内務部長心得		1896青森県知事、97愛媛県知事
橋口文蔵	殖産部長心得		1898非職、日本麦酒㈱監査役
伊澤修二	学務部長心得		1897非職、貴族院議員に勅選、東京高等師範学校長
後藤松吉郎	内務部庶務課長心得		1897奈良県書記官
竹下康之	内務部土木課長心得		1900東京郵便電信局長
押川則吉	殖産部農務課長心得		1897山形県知事
仁禮敬之	殖産部商工課長心得		1896死去
野村才二	財務部関税課長心得		1899朝鮮税関に転ずる
木下新三郎	総督官房秘書課長心得		1896退官、97台湾新報社長、98台湾日日新報主筆
木村匡	総督官房文書課長心得・経理課長	文書課長	（1901三十四銀行台北支店長）
中村純九郎	参事官心得	淡水税関長	（この間に一時、拓務省参事官）
服部甲子造	民刑課長心得		1897弁護士開業（在台北）
樺山資英	官房秘書官心得		1896拓殖務大臣秘書官・大臣官房秘書課長
大久保利武	官房秘書官心得		1896内務大臣秘書官
西郷隆準	参事官心得		式部官（年次不明）
平野勝	参事官心得		（不明）
田中綱常	台北県知事心得		1896貴族院議員に勅選
古荘韜	台北県参事官心得		（不明）
児玉利國	台中県知事心得		1896貴族院議員に勅選
龍岡信熊	台湾県書記官心得		1897函館支庁長
安田愉逸	台湾県参事官心得		（不明、1904死去）
有川貞寿	台湾県警務部長心得		1897福岡県警部長
古荘嘉門	台南県知事心得		1897群馬県知事
志水直	台南県書記官心得		1897名古屋市長
柴原亀二	台南県参事官心得		1897横領罪で禁固刑、1902大阪朝日新聞社入社
水間良輔	台南県警務部長心得		（不明）
相良長綱	恒春支庁長心得	台東庁長	（1904死去）
河野主一郎	宜蘭支庁長心得		1897青森県知事

第2章　台湾総督府官僚への転身と活動　61

島田祐信	鳳山支庁長心得		（不明）
永田巌	嘉義支庁長心得		（不明）
宮内盛高	澎湖島島司心得		（不明）
松本庄八	総督官房附		（不明）
長田忠一	総督官房附		1897渡欧、のち内地で翻訳家・劇作家として活動、別名・秋濤
佐竹義和	民政局附		1896死去
檜山鉄三郎	埔里社支庁長心得		1897横領罪で禁固刑、99年満期出獄

出典：台湾経世新聞社編『台湾大年表』第4版（1938年）16頁「文武職員　明治二十八年六月現在」中の文官をベースに、「総督府高等官の寿命」（『台湾協会会報』第21号、1900年6月）、木村匡「第五回始政紀念日（所感）」（『台湾日日新報』1900年6月17日）、藤崎済之助『台湾全誌　完』（中文館書店、1928年）939〜941頁、衆議院・参議院編『議会制度七十年史　貴族院・議院議員名鑑』（1960年）、同編『議会制度七十年史　衆議院議員名鑑』（1962年）、歴代知事編纂会編『日本の歴代知事』第1巻、第2巻上・下、第3巻上・下（1980〜1982年）、戦前期官僚制研究会編・秦郁彦著『戦前期日本官僚制の制度・組織・人事』（東京大学出版会、1981年）、函館市史編さん室編『函館市史』通説編第2巻（1990年）、三省堂編修所編『コンサイス日本人名事典』（1994年）、上田正昭ほか編『日本人名大辞典』（講談社、2001年）、富田仁編『新訂増補　海を越えた日本人名事典』（日外アソシエーツ、2005年）などにより補完・作成。
備考：転出先欄の数字は西暦年次。

　三島敏教など民政局事務官が民間業者との請託容疑で検挙され、さらに同年中に元土木課長の杉山輯吉、通信部長の土居通豫、埔里社法院長の檜山鉄三郎、鳳山県内務部長の柴原亀二などの高等官が収賄容疑で次々と摘発され、これに連動して水野遵民政局長、山口宗義財務部長、伊沢修二学務部長、高野孟矩法務部長などの総督府首脳陣が監督不行届の責任を負わされ非職に追い込まれた一連の事件のことをいう。この事件はその後さらに、法務部長を非職となった高野孟矩が高等法院長に在任し続けることの是非、および司法官の身分保障をめぐる憲法問題へと拡大し、領有初期の台湾統治行政を揺るがした。いわゆる高野高等法院長罷免事件がそれである[43]。幸いにも木村匡はこれらの事件に連座しなかったが[44]、総督府内ではすでに最古参の一人になっており、総督府官僚で居続けることの限界を感じ始めていたのではなかろうか。

こうした状況変化はその後、王鉄軍氏の研究によれば、1898年3月、民政局長（同年6月より民政長官）に就任した後藤新平の主導による総督府高等文官の徹底的な人事刷新へと繋がり、「総督府民政部課長の全員が東大又は札幌農学校の卒業生となり、明治三一年から明治三四年までの三年余りにおける一連の人事更迭により、総督府本府の課長クラスにおける官僚の〈近代化〉が完成した。」と位置づけられている。たとえば、ともに高等文官の有資格者で、1896年4月に台湾総督府民政局事務官となり、その後エリートコースを歩むことになる 祝 辰巳・中村是公[46]の二人と木村匡とを比較してみよう。

祝は1892年に帝国大学法科大学政治学科を卒業して大蔵省試補となり、中村は1年後の93年に同大学法律学科を卒業して同じく大蔵省試補となった人

---

43)　高等法院長高野孟矩の罷免問題については、向山寛夫「台湾高等法院長・高野孟矩罷免事件（上・下）」（中央経済研究所編『中央経済』第23巻第1～2号、1974年）が手際の利いた論点整理と評価をおこなっている。その他関連文献として、菊池博「裁判官の罷免─高野孟矩のこと─」（『法律時報』第33巻、1961年）、木口広志「ある司法官物語」（『世界』第185号、1961年）、小林道彦「1897年における高野台湾高等法院長非職事件について─明治国家と植民地領有─」（『論究』中央大学大学院文学研究科篇、第14巻第1号、1982年）、楠精一郎「明治三十年・台湾総督府高等法院長高野孟矩非職事件」（手塚豊編著『近代日本史の新研究』Ⅲ、北樹出版、1984年、同『明治立憲制と司法官』慶應通信、1989年、に再録）、栗原純「明治憲法体制と植民地─台湾領有と六三法をめぐる諸問題─」（『東京女子大学比較文化研究所紀要』第54巻、1993年）、王鉄軍「台湾総督府司法官僚の形成─領有初期における司法制度を中心として─」（『中京法学』第43巻第3・4号、2009年）などがある。

44)　総督府官吏疑獄事件と高野高等法院長罷免事件について、木村匡は後日、事件当時に総督府内部にいた者でなければ知りえない情報を「二十五年の回顧（二）」（『台湾時報』第4号、1919年10月）で生々しく語っている。

45)　王鉄軍「近代日本文官官僚制度の中の台湾総督府官僚」（『中京法学』第45巻第1・2号、2010年）117頁。

46)　中村是公の名はゼコウあるいはコレキミと呼ばれることが多いが、これらは通称であり、ヨシコトが正式の呼び方であるという。青柳達雄『満鉄総裁中村是公と漱石』（勉誠社、1996年）による。

物である。中村は祝より1歳年上で67年生まれ、祝は68年生まれである。一方、木村は彼らより7、8歳年長の60年生まれである。表2-3に示したように、97年2月（これ以前の比較はデータ上不能）における三者の官等・俸給および位階はまったく同等である。年齢差を考えると、すでにこの時点で昇進のスピード差が認められるが、以後、この差はさらに拡がり、祝と中村は98年9月に高等官四等・四級俸、翌10月に位階は正六位に昇格し、さらに99年10月に三級俸、1900年10月に高等官三等・二級俸、翌月に位階従五位へと勢いを増している。この間、木村にはなんら昇進の動きはなく、祝と中村が高等官三等に叙せられた翌月の1900年11月に高等官四等に昇格し、総督府官吏を正式に退いた01年2月、お情けのごとく正六位に陞叙されているにすぎない[48]。

　祝辰巳や中村是公のような超エリート官僚でさえ、いつまでも台湾の官界にとどまっていることはできない。祝は1906年に台湾官界での最高峰・民政長官に就任した。長官退任後、どのようなコースを辿ったか興味のあるところだが、08年に早世したので例証の対象にはならない。そこで中村の場合でみると、総督府財務局長を最後に06年、在官のまま南満洲鉄道（以下、満鉄と略称）副総裁に転任し、以後、関東都督府民政長官、満鉄総裁、貴族院議員、鉄道院総裁を経て24年に東京市長に就任している。つまり超エリートの場合でも、台湾官界で上り詰めると台湾外に転出しなければならないが、その後は他の植民地の官界か特殊会社の最高職位に就くか、または内地で公職あるいは大企業の役職に就くといったコースが一般的であった。いわば国家が台湾外転出後のコースを保証しているのである。

---

47)　秦郁彦、前掲『戦前期日本官僚制の制度・組織・人事』42頁および168〜169頁参照。

48)　『台湾民報』1900年11月10日「木村匡昇任」には、「木村学務課長は今回高等官四等に昇任せらるへしといふ」と報じられているが、その確認を『台湾総督府報』で得ることはできなかった。

64

表 2-3　木村匡と高等文官有資格者（祝辰巳、中村是公）との昇進比較

年月	木村匡		祝辰巳		中村是公	
	官等・俸給	位階・勲等	官等・俸給	位階・勲等	官等・俸給	位階・勲等
1897年2月	五等　五級	従六　勲六	五等　五級	従六	五等　五級	従六
1897年11月	高等官五等		高等官五等		高等官五等	
1898年9月			高等官四等		高等官四等	
			四級俸		四級俸	
1898年10月				正六		正六
1898年12月	五級俸					
1899年10月			三級俸		三級俸	
1900年10月			高等官三等		高等官三等	
			二級俸		二級俸	
1900年11月	高等官四等					
1900年12月				従五		従五
1901年2月		正六				

　　出典：『台湾総督府報』より作成。1897年2月現在は『台湾総督府民政局職員録』（同年5月）、
　　　　　1900年11月現在は『台湾民報』同年11月10日付による。

　しかし木村匡の場合には、こうしたエリートコースの保証はなかった。内
地に帰還しても公職の途があるとはかぎらず、台湾・内地・他の外地（植民
地）を問わず、民間に「下る」以外に途はなかった。真偽のほどは定かでな
いが、この頃になると台湾における木村匡の私生活はそうとう荒れていたよ
うである。戸水汪（萬頃）の「木村匡君を送る」（1900年11月12日・記）に、

──────────

49）　戸水汪著・戸水昇編『萬頃文集』（九如山房、1928年）62〜64頁。戸水汪（1860
　　〈万延元〉〜1918年）は萬頃と号し、1896年に渡台して『台湾日報』の記者となる。
　　その後、1902年の離台までに『台湾商報』（1898年11月創刊、週刊、1901年1月認
　　可取消・廃刊）、『台報』（1901年4月創刊、月6回発行、1902年4月廃刊）の新聞
　　発刊に傾注するなど、領台初期の台湾ジャーナリストとして異彩を放った。著書
　　に『台湾みやげ』（明治印刷、1905年、上掲『萬頃文集』に収録）、『萬頃血書』（私
　　家版、1915年）などがある。関連文献として和田文次郎『金沢墓誌』（加越能史談
　　会、1919年）18頁を参照。なお、『萬頃文集』の編者・戸水昇は汪の長男として
　　1890年石川県に生まれ、東京帝国大学を卒業。1917年以降、台湾総督府の枢要官
　　僚を歴任したのち39年台北州知事を最後に退官（興南新聞社編『台湾人士鑑』

「足下五年間孀住居に飽き、ホームを形成す閨門乱れて、醜声外に漏る、足下糞焼主義を起し、柄になき放蕩三昧をなし、芸妓住二と手を携へて、北投温泉に道行し、心なき新聞屋に素破抜かる」と記されている。

　以上を要するに、木村匡が総督府官僚の生活に見切りをつけた直接の引き金は、学校行政をめぐる後藤民政長官との摩擦であったとしても、その根底には、かつて文部省を去ったときにも似た状況判断があったのではないかと考える。すでに木村が台湾総督府官僚として活躍する時勢ではなくなっていた、とでもいえようか。旧知の同県人で総督府官吏の館森鴻は『台湾日日新報』（1900年11月16日）に「木村君を送る」を寄せてつぎのようにいう。「君は文書課長を以て経理課長を兼ぬ、時としては五六課長を兼任したることもあり、（中略）惟ふに君が台湾に於ける得意の時は水野君が民政（民政局長の意…引用者）の時に在りて（中略）蓋し時勢は君を待たず、然らば今や其冠を挂けて帰歟（帰臥カ…引用者）を賦するの好時機なるか」、と。歳月は人を待たず、とでもいうべきか。台湾総督府では1901年２月、木村匡につき「右病気ノ為客年十月十日ヨリ内地ニ転地療養中ノ処当分快復帰任ノ見込無之ニ付一時休職可命次第ニ有之候」との理由書を付した稟議書を内閣総理大臣宛に提出し、文官分限令第11条第１項第４号による休職扱いとしたが、これは形

　1943年、278〜279頁参照）。父汪の血筋を引いて文才に長け、著書に『一官吏の生活から』（台湾通信協会、1924年）、『この一二年』（台湾通信協会、1927年）がある。
50)　館森鴻（本名は萬平、鴻は号、1862〈文久２〉〜1942年）は宮城県本吉郡松岩村（現気仙沼市松岩）の出身で漢学者。館森が渡台して台湾総督府に入ったのは木村匡の招きに応じたものであり、木村が総督府文書課長の1897年当時、館森は同課の属官であった。また、木村の著書『森先生伝』（金港堂書籍、1899年）には館森が序文を寄せており、二人の間柄はそうとう親しかったと思われる。館森には編著『土佐日記釈義』（尚栄堂・尚古堂、1896年）、『先正伝』上・下巻（台湾日日新報社、1904年）などの著作がある。
51)　文官分限令は、第２次山県有朋内閣期の1899年に改正文官任用令および文官懲戒令とともに勅令第62号として公布された、官吏の身分保障に関する法令である。
52)　国立公文書館所蔵「台湾総督府事務官木村匡休職ノ件」（1901年２月26日）参照。

式上の人事処理であり、木村はここに官職から完全に退いたのであった。木村匡は、もはや台湾総督府官僚として「台湾に生きる」ことができない状況に追い込まれていたのである[53]。

なお、この文書中にある「客年十月十日ヨリ」の日付について、高野史恵、前掲「日據時期日台官紳的另外交流方式―以木村匡為例（1895‐1925）―」では「記載錯誤」（23頁・脚注81参照）であるとされているが、休職申請日＝1900年10月10日、離台日＝同年11月10日ということも考えられるので、一概に「記載錯誤」とはいえないであろう。『台湾日日新報』の報道によれば、10月下旬から送別会が頻繁に催されている。

　　また、駒込武、前掲『植民地帝国日本の文化統合』では、吉野秀公『台湾教育史』（台湾日日新報社、1927年）に依拠しつつ、「木村の提言は後藤長官の一蹴にあって、翌年二月には就任後一年を経ずして学務課長を非職となった」（46頁）と述べられているが、意見の対立を理由に後藤長官が木村の学務課長を非職にしたと解すべきではない。形式的な差でしかないかも知れないが、原因と結果のつなげ方に留意したい。

53)　河南町史編纂委員会編『河南町史』上巻（宮城県河南町、2005年）では、「日清戦争が終わり、台湾が日本に属した。彼（木村匡のこと…引用者）は台湾に渡り、樺山総督の下で総督府官吏となり、辣腕をふるった。後、乃木総督の代になるとますますその腕前を発揮したが、乃木総督が交代した時、職を辞し実業界に入った。」（330頁）と記述され、木村の総督府辞職があたかも乃木総督の退任に殉じたものであるかのごとく表現されている。しかし、これはまったくの事実誤認である。乃木希典から児玉源太郎への総督交替は1898年2月のことであり、木村匡の辞職はそれからおよそ3年後であるから、両者の因果関係はまったくない。そもそも木村匡という男は、頭（総督）が代わり後ろ盾を失ったことくらいで身の振り方を変える類の人間ではなかった、とみるべきであろう。なお、さらにもう一つ事実誤認の指摘を許されたい。同書331頁に「故郷に帰ってからはすぐに北村小学校長となり」とあるが、この時期は斎藤荘次郎の校長時代であり、木村匡のはずはない（北村小学校百年のあゆみ編集委員会編『北村小学校百年のあゆみ』同校、1977年、を参照されたい）。顧問、相談役といった役職ならば可能性もなくはないが、筆者は今それを確かめる手段をもたない。

第3章　三十四銀行台北支店長・台湾総支配人としての活動

3-1　銀行家への転身

　木村匡が台湾を去って間もない1901年1月25日付の『台湾民報』は、「元総督府事務官たりし木村匡は今回台湾銀行重役として再び渡台すべしとの噂あり」と報じた。一瞬、目を疑うような記事であるが、必ずしも根も葉もない噂話ではなかった。というのは、同年3月14日付の『台湾日日新報』に「元総督府文書課長たりし木村匡氏は今度三十四銀行に入り庶務課長となりたり」と報じられ、こちらの報道は当たっていたからである。おそらく、どこの銀行か未確認のまま銀行入りの噂だけが広まり、それが台湾銀行重役へと飛躍したものと推測される。木村は、一旦4月に三十四銀行の大阪本店庶務課長に就任したのち、6月に台北支店長として台湾に舞い戻ってきたのである[1]。植民地官僚から植民地銀行家への転身であった。台湾総督府を退官した場合、一般的には台湾にとどまり民間職に転じるか、あるいは内地に帰還して官途に就くか民間に投ずるか、のいずれかであった[2]。いずれの途であっても、内地に帰還後、再度台湾に舞い戻るという例はほとんどなく、木村匡の場合はこれを覆す稀な例であった。そして、このことがその後、三十四銀

1）　正式の肩書きは「三十四銀行台湾諸店主事兼台北支店長兼大稲埕出張所長」であったが、世上では「台北支店長」で通っていたようである。

2）　王鉄軍「近代日本文官官僚制度の中の台湾総督府官僚」（『中京法学』第45巻第1・2号、2010年）によれば、「この時期（明治期…引用者）において、総督府官僚が退官した後、台湾で再就職ができたのは総督府判官と医院医員で、弁護士と医院という独立開業が多かった。この退官後、台湾に再就職がなかなか見つからない明治期に比べれば、大正期からは、台湾治安の回復、風土病撲滅及び内地会

行台北支店長としての船出に寒風となって襲いかかってくるのであった。

　三十四銀行（三和銀行、UFJ銀行を経て現三菱東京UFJ銀行）は、1897年9月、第三十四国立銀行（78年設立、大阪）が普通銀行に転換した銀行（資本金150万円、頭取・岡橋治助）であるが、転換後間もない12月に百二十一銀行（79年設立の第百二十一国立銀行が97年に改称、大阪）を、さらに99年4月に日本中立銀行（中立銀行の名称で94年設立、大阪、96年に日本中立銀行と改称）と日本共同銀行（95年設立、大阪）を合併した資本金470万円の大阪屈指の銀行である。その三十四銀行が植民地期の台湾に店舗展開した由来は、もともと台湾に進出（95年9月）していた日本中立銀行の営業基盤を引き継いだことによるが、それは単なる合併にともなう引継ぎではなかった。

　文部次官の経歴（1898年5月就任、同年7月退官）[3]をもつ小山健三が三十四銀行の第2代頭取に就任したのは1899年1月のことであったが、小山はすでに前年10月、つまり頭取就任前に同行より台湾金融事情の調査を嘱託され、12月7日に日本中立銀行顧問の肩書きで渡台している[4]。同月14日、同じ船に乗り合わせた大阪商船社長の中橋徳五郎とともに、台北大稲埕六館街の料理店・小じま屋で総督府参事官長の石塚英蔵をはじめ地元日本人有志による盛

　　社が台湾への進出することに伴い、総督府官僚は、退官後、内地に帰還せず島内に再就職することが多くなった。」（284〜285頁）といわれる。

3）　小山健三が文部次官に就任した1898年は、地租増徴問題をめぐって政府と議会との対立が激化し、1年間のうちに内閣が3回も交替（第3次伊藤内閣⇒第1次大隈内閣⇒第2次山県内閣）した年であり、小山の文部次官在任もその煽りをくらってわずか2か月余で終わった。その経緯については、三十四銀行編『小山健三伝』（1930年）349〜354頁参照。

4）　上掲『小山健三伝』年譜、49頁、『台湾日日新報』1898年12月8日「小山健三氏の来着」参照。三十四銀行頭取の小山健三については「一人一業主義」を掲げて商業銀行主義を堅持した銀行家として位置づけられることが多いが、一方、時代の変化に対応した積極的な銀行経営者としてみる論者もいる。たとえば、前者については山口和雄編著『日本産業金融史研究　紡績金融篇』（東京大学出版会、1970年）第1章第3節（執筆担当者：杉山和雄）145頁、高嶋雅明「大阪における銀行業の発展と銀行経営者」（作道洋太郎編『近代大阪の企業者活動』思文閣出版、

第3章　三十四銀行台北支店長・台湾総支配人としての活動　69

大な歓待を受けたが、木村匡も総督府事務官としてそこに同席していた。[5]こ
のときの台湾金融事情調査がどのような意図のものであったかは知りえない
が、日本中立銀行の台湾店舗網がすでに合併前（99年2月）に三十四銀行に
継承された[6]ことを考え合わせると、小山が頭取就任前から台湾での店舗展開
にそうとう入れ込んでいたとみてよいであろう。

　ところで、木村匡の三十四銀行入りには、文部省時代の人脈が関係してい
たとみて間違いなかろう。同行頭取の小山健三は、上述したように、もとも
とは文部次官にまで上り詰めた文部官僚である。小山は文部書記官・専門学
務局第三課長・東京工業学校（東京工業大学の前身）教授になった1891年頃か
ら省内中枢で頭角をあらわし、92年、木村が教授職を兼務した高等商業学校
の校長代行職を務めたこともあり、また木村が後見人のごとく仰ぐ久保田譲[7]
（同年、文部次官）ともきわめて親密な間柄にあったとされる。[8]さらに付言す
れば、小山に同道して文部省から三十四銀行に移り、「小山の政策の忠実な
実行者であり、小山から最も信頼を受けていた」[9]といわれる一瀬粂吉[10]は、木

────────────

　　1997年）235頁があり、後者については後藤新一「銀行史にみる経営者群像（1）
　　―小山健三　銀行デパート論の先駆―」（『地銀協月報』第379号、1992年）がある。
　　また、小山の人物像については、「謹厳・誠実、しかも進取の気性」として描いた
　　上枝一雄「小山健三翁」（『経済人』第16巻第2号、1962年）、「信念の人」として
　　描いた「小山健三」（青潮出版編『日本財界人物列伝』第2巻、1964年）がある。
　　いずれも小編ながら秀作である。

5）　『台湾日日新報』1898年12月16日「小島屋に於ける大懇親会」参照。

6）　前掲『小山健三伝』年譜、51頁参照。

7）　内閣官房局編『職員録（甲）明治二十五年（一月一日現在）』参照。

8）　前掲『小山健三伝』317～318頁参照。

9）　三和銀行行史編纂室編『三和銀行の歴史』（1974年）57頁。

10）　一瀬粂吉（1869～1943年）は、久保田譲と同郷の豊岡出身で出石町の士族磯野
　　員武の次男として生まれたが、久保田に懇望され一瀬家の家名を継いだとされる。
　　文部省から三十四銀行に移って以降の一瀬は、つねに小山頭取の近くにあって同
　　行の実質的経営の重責を担い、1922年常務取締役に就任。小山の死後、25年に副
　　頭取に就任。一瀬については、斎藤寿彦「三十四銀行の経営者と経営実態」（粕谷

村が文部省会計局に在職していた当時の下僚であり、かつ久保田譲とも同郷で私的に近しい関係にあった。要するに、木村・久保田・一瀬・小山の4者が相互放射状に繋がっているのである。上記した小山の渡台のさいにも、木村が台湾金融情報の提供者だったのではないかと推測される。木村匡の三十四銀行入りは、同行が台湾に支店を有する唯一の内地銀行であり、一方、木村匡は領台当初から台湾経営に深くかかわってきた生き字引的な存在であったから、相互の求めるものが叙上の文部省人脈のなかで結合した結果であったといえよう。

3-2　不良債権整理の強行

こうした状況下の1901年5月中旬、つまり木村匡が三十四銀行の本店庶務課長に就任して約1か月後の頃（台湾へ赴任する前）、同行頭取の小山健三が突如来台し、2週間ほど同行各店を巡視したのち6月1日に台北を発ち帰阪している[11]。台南支店の視察は都合（多分、交通上の不便による時間不足）により中止され、台北・基隆両支店と台中・大稲埕両出張所の視察にとどまったらしい[12]。来台の目的について小山頭取は、新聞社の取材に対して「銀貨仕末及当地支店の整理其他[13]」と語っている。「銀貨仕末」とは、当時の台湾経済

誠ほか編『金融ビジネスモデルの変遷―明治から高度成長期まで―』日本経済評論社、2010年）112頁以下参照。

11)　小山健三が1901年5月10日に台湾に向け神戸港を出帆し、6月1日に帰阪の途についたことは当時の新聞（『台湾日日新報』1901年5月11日「人事会事」、『台湾民報』同年6月4日「公人私人」）で知り得るが、台湾着の日付は確認できなかった。当時の日台間の渡航には5日間ぐらいを要したから、台湾着はおそらく5月の14日か15日のいずれかであったと思われる。前掲『小山健三伝』には、このときの渡台についてなんらふれるところがない。

12)　『台湾日日新報』1901年5月26日「人事会事」参照。小山は台北滞在中、新聞社の取材に対して、「本島に来て一番に感じましたのは交通の不便でありました」と語っている（『台報』1901年5月27日「商業談　小山健三君」）。

第3章　三十四銀行台北支店長・台湾総支配人としての活動　71

にとって最大の悩みの一つであった「片為替問題」に解決の道筋をつけることであった。つまり対内地移入超過額の膨脹および貨幣本位の相違（当時の台湾は銀本位）のために、三十四銀行台北支店は内地との為替の出合がつけられず為替取組を拒絶せざるをえない状況に陥っており、その解決策について台湾銀行と交渉することが小山頭取の渡台目的の一つであった[14]。交渉の結果、三十四銀行台北支店が取り組んだ内地向け為替は台湾銀行に寄託されることになった[15]。

　もう一つの渡台目的である「当地支店の整理其他」とは、1901年に入って急速に落ち込んだ台湾各店の収益状況、および台北支店の約束手形金償還請求敗訴問題を現地台湾で検分することであった。三十四銀行台湾支店経営に関する高嶋雅明氏の先駆的研究によれば[16]、01年上期～02年上期における台湾支店の経営不振は、巨額な片為替による金融難と総督府事業の縮小による台湾経済の全般的不況によるものであったと分析されている。確かに、内地・台湾間貿易の決済資金融通を中軸的な営業種目とする同行台湾支店にとって、01年上期に顕在化した片為替問題はことのほか大打撃であったし、内地の不況と総督府事業の縮小との連鎖による台湾経済の萎縮は台湾支店の営業成績

---

13)　『台湾民報』1901年5月26日「小山三四頭取の談話」。

14)　『台湾日日新報』1901年5月3日「金融界近況」はつぎのように報じている。「銀行にては非常に貸出を手控へ内地への送金は片為替一方となれるを以て三十四銀行にては成るべく為替を受附けず台湾銀行にても一万円以上の為替を謝絶する有様にて三十四銀行の為替手数料は近々引上げらるべしとの説あり」。

15)　『台湾日日新報』1901年8月4日「本島上半季間の片為替情況」によれば、「三十四銀行の内地取組は凡て台湾銀行に寄託するを以て台湾銀行の取組高に含むものと見て差支へなく……」とされている。なお、その後における台湾の幣制統一＝金本位化の過程については、拙著『日本植民地金融政策史の研究』（早稲田大学出版部、1985年）249～259頁を参照されたい。

16)　高嶋雅明「台湾における植民地金融の展開と三十四銀行─三十四銀行台湾支店経営の分析を中心として─」（秀村選三ほか編『宮本先生古稀記念論文集　近代経済の歴史的基盤』ミネルヴァ書房、1977年）。

を直撃した。しかし、この時期の三十四銀行台湾支店は、こうした全般的な問題だけではくくり切れない同支店固有の問題を抱えていた。巨額な不良債権の表面化とその処理をめぐる社会的非難がそれであり、この点について高嶋論文はふれるところがない。

不況時のつねとして、手形や小切手の不渡りが巷間に跋扈するが、三十四銀行台北支店が起こした台湾人振出の約束手形に関する償還請求訴訟（手形訴訟）が、1901年5月、台北地方法院・覆審法院の両法院で棄却され、同行の敗訴が決まったことから問題が表面化した。[17]台湾ではいまだ台湾人相互間の商取引に商法が適用されていなかったため台湾人の手形行為には法的効力がなく、たとえ手形行為能力を有する日本人が裏書人ないし手形所持人であっても、その手形は単なる債権証書にすぎない、というのが棄却理由であった。[18]その結果、「三十四銀行台北支店は其の資本多くは固定となり欠損数十万円に上たりとの風説ありて将さに当地を引揚げんとすとの想像をさへ為すものあり」[19]といった風評まがいの情報が流された。小山頭取は、まさにこの敗訴問題をめぐる風評の只中に来台したのであり、この時期の同行台湾支店は頭取みずからが出陣しなければ解決不能の状況に陥っていたのである。

実は、小山健三頭取が来台する1年ほど前に、台北支店長遠田寛[20]の銀行経営者としての不適任さを小山に通報する者がいた。[21]おそらく台湾の情報が小山頭取の耳に頻々と届いていたのであろう。小山は入念な事前調査のうえで台湾に乗り込んできたはずであり、現地台湾で徹底的にチェックしたものと

17）『台湾日日新報』1901年5月26日「本島人振出の約束手形」参照。

18）『台湾日日新報』1901年5月31日「本島の為替訴訟に就て」参照。

19）『台湾日日新報』1901年5月28日「三十四銀行支店の将来」。

20）遠田寛は1859（安政6）年、加賀金沢藩士の家系に生まれ、82年大蔵省銀行局に勤務。その後92年、第三十四国立銀行副支配人に転じ、徳島支店支配人を経て99年に台湾諸店主事・台北支店長として台湾に赴任した。安斎源一郎編『写真倶楽部　一名台湾人物写真帖』（台湾週報社、1901年）参照。

21）通報者は『台湾商報』の発行者・戸水汪（萬頃）であり、小山頭取の戸水宛て

第3章　三十四銀行台北支店長・台湾総支配人としての活動　73

思われる。大阪本店に帰ってからの小山頭取の行動は迅速であった。その第
一着手は、台北支店長の差し替えであった。台北支店長の遠田寛は本店詰め
計算課長として呼び戻され、その後任として木村匡が台湾に差し向けられた
のである。木村の台湾着任は1901年6月28日のことであった[22]。小山頭取が帰
阪したのが6月上旬、木村の台湾着任が同月下旬である。日台間の渡航日数
を差し引けば、わずか2週間ぐらいの間での即断即決である。小山と木村と
の間では、すでに予定の行動だったのかも知れない。木村は台湾に着任する
や直ちに不良債権の整理にとりかかった。

　三十四銀行台北支店の不良債権中、最大の焦げ付きは三戸徳助・林望周関
係であった。三戸徳助は1898年頃から台北大稲埕六館街に大東商行なる店舗
を構えて製脳業・開墾業に挑戦する有望事業家の一人と目され、一方、林望
周は同じ大稲埕有数の資産家で、台湾銀行の買弁を務め、99年には台北商業
公会長に選ばれたほどの人物であった[23]。問題の核心は、当時、世評の高かっ
た三戸が資産家の林望周に食い込み、林の声望を利用して三十四銀行台北支

　　　返書（1900年5月7日）が同紙の同月25日付「小山健三氏の来状」に転載されて
　　いるので引用してみよう。「拝啓　再度の貴書拝誦仕候　御来阪の節は御多忙の御
　　模様にて緩々御伺も不仕欠礼御海容被下度候　台湾商報御郵送被下遠田氏に寄せ
　　られたる公開書拝誦仕候　同人の性向に御道破の点敬服の外無之且筆鋒の鋭利当
　　るべからざる勢に有之候　乍去末段に今や一転馬轡緩み風紀大に紊る云々の一語
　　は過酷かと被存候　尤も如此警語は彼の為には不鮮奮発心を惹起し却て勝て兜の
　　緒を締る的の警戒を為し全然過誉に失するよりは寧ろ御深切の点に於て感謝する
　　処に御座候　猶此上とも可然御指導の程奉仰望候　不取敢陳謝旁如此御座候
　　草々敬具　五月七日　小山健三　戸水汪様」（ルビ…原文）。
　　　また三好徳三郎（台北の辻利茶舗主）も三十四銀行頭取の小山健三とは旧知の
　　間柄にあり、同行台北支店に関する情報を小山頭取へ送信していたようである
　　（拙編著『民間総督三好徳三郎と辻利茶舗』日本図書センター、2002年、77～78頁
　　および196～197頁参照）。
22)　『台湾日日新報』1901年6月29日「三十四銀行当地支店長の詰替」参照。
23)　『台湾商報』1899年10月26日「十一月未来記」、同年12月23日「忠告一言」参照。
　　鷹取田一郎編『台湾列紳伝』（台湾総督府、1916年）13頁によれば、林望周（生年

74

店長の遠田寛を籠絡したところにあった。三戸の振り出した約束手形に林望周が裏書をし、三十四銀行台北支店が遠田支店長の印鑑一つで割引する（真正の割引手形ではなく融通手形ないし馴合手形）という構図が、抜き差しならぬ状態にまで進行したのであった。たとえば、1900年9月に台北支店大稲埕出張所が開設されたが、計画当初（同年2月）の設置場所は大稲埕中北街にあった林望周宅の隣家が予定され、その後（翌3月）、三戸が経営する大東商行の倉庫跡（大稲埕六館街）に変更されるなど、三戸・林・遠田の三人は陋習の関係に陥っていた。周囲には三十四銀行台北支店を指して「大東銀行」などと揶揄するものがあったという。三戸の事業が躓いたのは、樟脳請負の落札が決定した同年3月以降のことで、三戸は「大山師」のレッテルを貼られ、やることなすことすべてが逆回りする状況に陥り、結局は夜逃げ同然の雲隠れとなる。

　もう一つの大口不良債権は「共済会」関係であった。共済会の由来は不明だが、その主旨は会員一人ひとりの「信用を超へたる貸金は信用ある人の名義にて銀行より金を引出し高歩の利子にて共済会員に融通する」ことにあったらしい。そのメンバーは小松楠弥（台湾屈指の製脳業者・事業家）、鹽井正仁（高陽商会主、紙・文具類販売業）、田村佐太郎（田村組台北出張所長、本店：大阪府西成郡〈現大阪市西成区〉、土木建築請負業）、福田八興（本名は興八、高利貸）、

　不明、1907年死去）は1898年に紳章に列し、1902年大稲埕区長に任ぜられるなど台北における名望家であった。紳章とは、1896年発布の台湾紳章条規（台湾総督府令第40号）にもとづき、学識・資望を有する台湾人を表彰するために授与された記章を指す。

24)　『台湾民報』1900年9月15日・広告欄、『台報』1901年5月17日「三十四銀行大稲埕出張所の営業概要」参照。

25)　『台湾商報』1900年2月27日「見積帳」、同年3月31日「三十四銀行の出張店」参照。

26)　『台湾商報』1900年8月21日「山師的商人は高利貸に劣れり」参照。

27)　『台報』1901年6月7日「大東商行愈々往生す」参照。

28)　『台湾日日新報』1901年9月19日「三十四銀行行金費消事件」。

第3章 三十四銀行台北支店長・台湾総支配人としての活動 75

瀬崎真一（瀬崎合名台北支店長、本店：岡山県、酒類・食品販売業、基隆支店長瀬崎利一の弟）、小島徳太郎（料理屋・小じま屋主）、福村方策（不明）、原茂樹（不明）などであったが、驚くことに、このメンバー中にかつての三十四銀行台北支店長の遠田寛も含まれていた。[29] 貸し手と借り手が共済関係を結んでいたのであり、これでは不良債権の発生を防ぎようがない。

　正確な不良債権額はわからないが、『台湾民報』（1901年9月27日）の報じるところによれば、林望周関係7万円、三戸徳助関係12万円、共済会関係10万円、その他1万円の計30万円とされている。1900年末の貸出金残高106万円でみた場合、不良債権はおよそ3割にも相当するわけで、この巨額の不良債権をいかにして最小限に食い止めるかが新支店長・木村匡の再渡台早々の仕事であった。

3-3　マスメディア対応の苦心

　ところが、台湾のマスメディア（新聞）から、木村の整理のやり方はあまりに非情すぎるとして支店長就任早々から批判の火の手があがり、秋になっても火勢はおさまらず年内いっぱい燃え続けたのである。とくに『台報』と『台湾民報』の二紙[30]による攻撃は激しく、それらの批判記事を一覧させたのが表3-1である。1901年7月、まず批判の矢を放ったのは『台報』であった。たとえば、木村支店長について、「元総督府事務官にして始めに幅を利かし後に尻を澗めて去りたるの人なり、（中略）木村氏は始めによく後に尻

---

29)　上掲「三十四銀行行金費消事件」および『台湾民報』1901年9月29日「三十四銀行台北支店の破綻（承前）」参照。

30)　『台報』については第2章の脚注49を参照されたい。『台湾民報』は1900年8月に後藤伝策、中村啓次郎、萩原孝三郎、松村鶴吉郎、小林勝民らの弁護士が中心になって創刊した新聞（台北、日刊、1904年5月廃刊）であり、1920〜30年代に台湾人によって発行され台湾議会設置請願運動に大きく貢献した同名の新聞とは異なる。

表 3 - 1　台湾各紙の三十四銀行に対する批判記事

新聞名	年月日	記事名
台報	1901年 7 月2日	三十四銀行台北支店長の交迭に就て
台報	1901年 7 月 7 日	三十四銀行支店長交迭と瀧井助役
台報	1901年 7 月12日	銀行は商人の為に生殺与奪の権を有す
台報	1901年 7 月22日	再び三十四銀行支店助役に望む
台報	1901年 7 月22日	一筆啓上　木村匡論（上）
台報	1901年 7 月27日	一筆啓上　木村匡論（下）
台報	1901年 8 月27日	瀧井龍蔵氏を放逐す（三十四銀行台北支店前途を思へばなり）
台湾週報	1901年 9 月 9 日	三万円足らずの遣ひ込み
台報	1901年 9 月12日	三十四銀行対林望周の仲裁談破る
台湾日日新報	1901年 9 月13日	銀行会社の不心得
台湾日日新報	1901年 9 月19日	三十四銀行行金費消事件
台湾民報	1901年 9 月20日	台北商業界の危機（三十四銀行台北支店の真相）
台湾民報	1901年 9 月21日	台北商業界の危機（三十四銀行台北支店の真相）
台報	1901年 9 月22日	三十四銀行員行金費消事件と遠田寛
台湾民報	1901年 9 月22日	台北商業界の危機（三十四銀行台北支店の真相）
台湾民報	1901年 9 月24日	三十四銀行台北支店の攻撃主旨
台湾民報	1901年 9 月24日	三十四銀行台北支店の破綻
台湾民報	1901年 9 月26日	昨日の三十四銀行台北支店
台報	1901年 9 月27日	三十四銀行支店長木村匡君に望む
台湾民報	1901年 9 月27日	三十四銀行台北支店の破綻
台湾民報	1901年 9 月27日	昨日の三十四銀行店頭
台湾民報	1901年 9 月28日	三十四銀行台北支店の破綻（承前）
台湾民報	1901年 9 月29日	三十四銀行台北支店の破綻（承前）
台湾民報	1901年 9 月29日	木村匡の小刀細工
台湾民報	1901年10月 1 日	三十四銀行台北支店の破綻（承前）
台湾民報	1901年10月 1 日	陸軍と三十四銀行預金
台湾民報	1901年10月 2 日	三十四銀行台北支店の破綻（承前）
台湾民報	1901年10月 2 日	三四銀行台中支店の貸出停止
台湾民報	1901年10月 3 日	三十四銀行台北支店の破綻（承前）
台湾民報	1901年10月 5 日	三十四銀行を説諭す
台湾民報	1901年10月 5 日	木村匡は民報を怨む甚し
台湾民報	1901年10月 5 日	三四銀行顧問生沼永保は五百金
台湾民報	1901年10月 5 日	三十四銀行の寂寥
台湾民報	1901年10月 6 日	三十四銀行台北支店の破綻

第3章　三十四銀行台北支店長・台湾総支配人としての活動　77

台報	1901年10月7日	三十四銀行支店長木村匡君に告ぐ
台湾民報	1901年10月8日	三十四銀行台北支店の破綻
台湾民報	1901年10月8日	基隆市民と三四銀行出張所
台湾民報	1901年10月9日	三十四銀行台北支店の破綻
台湾民報	1901年10月9日	木村匡益々狼狽す
台湾民報	1901年10月10日	三十四銀行台北支店の破綻（承前）
台湾民報	1901年10月11日	木村匡呼戻せられの説
台湾民報	1901年10月12日	三十四銀行台北支店の破綻（承前）
台湾民報	1901年10月13日	三十四銀行台北支店の破綻（承前）
台湾民報	1901年10月13日	再び商業道徳に就て
台報	1901年10月17日	瀧井龍蔵氏の本店詰転勤に就て
台湾民報	1901年10月19日	対三十四銀行在台北支店忠告は貫徹す
台報	1901年11月7日	三十四銀行台北支店に詰問す
台報	1901年11月12日	三十四銀行台北支店に詰問す
台報	1901年11月17日	三十四銀行台北支店に詰問す
台報	1901年11月22日	三十四銀行台北支店に詰問す
台報	1901年11月27日	三十四銀行台北支店に詰問す
台報	1901年12月2日	三十四銀行台北支店に詰問す（其五）
台報	1901年12月7日	三十四銀行台北支店に詰問す（六）
台報	1901年12月12日	三十四銀行台北支店を詰問す（第七）
台報	1901年12月22日	三十四銀行台北支店に詰問す（第八）
台報	1901年12月27日	三十四銀行台北支店に詰問す（第九）
台報	1902年1月2日	木村三十四柵瀬大倉組両店長交迭の風説
台報	1902年2月17日	不埒なり三十四銀行台北支店銀行業者のオンボ屋已に不埒なり加之定額以上の火葬料を貪ぼる更に不埒なり

を凋める男なれば……」[31]、さらに「支店長が督府事務官時代の成蹟及従来の経歴に徴するに恐くは本島商人をして満足ならしむる丈の手腕なき事顕然たり」[32]、「餅屋は餅屋なり、餅屋にして酒屋となる、官吏にして銀行屋となる」[33]などと、まさに人身攻撃・誹謗まがいの批判を浴びせかけた。台湾官界で羽

---

31)　『台報』1901年7月2日「三十四銀行台北支店長の交迭に就て」。

32)　『台報』1901年7月12日「銀行は商人の為に生殺与奪の権を有す」。

33)　『台報』1901年7月22日「一筆啓上　木村匡論（上）」。

振りを利かせたのち、一旦は内地の民間銀行に転職したにもかかわらず、またもや台湾における銀行界のトップとして舞い戻ってきた木村匡に対する、一種の反「出戻り」感情が燃えたぎっていた。

　これに対して木村支店長は、1901年8月、新聞記者の取材に応じてつぎのように語っている。やや長文にわたるが、木村の銀行経営の基本姿勢がよく示されているので引用しておきたい。「本店の台湾各支店に対する方針は効果を将来に期し今や慎重の態度を取りて確実安全の取引を為し商業の局面一変するを待ちて漸次進取の策を取り更に対岸関係を開始して本島に銀行業を開きたる率先者の名誉を全ふせんとするにあり　されば為替事務の如き目下の処片為替の為に（中略）到底利益ある事業にあらざるを知るも銀行家の義務として之に応じ（中略）又銀行の担保品として完全なる性質を有するものには低利を以て貸附け割引をなし（中略）完全なる手続を尽したる荷為替取引を歓迎するが如き皆銀行本然の範囲内に活動するに外ならざるなり　予は銀行の範囲を超脱して請負人の代理者と高利貸の爪牙とならざると同時に銀行範囲内の事業には全力を尽さんとするなり（中略）真正なる商業上の取引に基因したる融通なれば之が疎通を助くるに吝ならず（中略）内地人と本島人とを問はず取引上信用を重んじ確実なる方法又は安全なる担保を以て取引を企望する人には巨万と雖も取引をなすに躊躇せざるべきは勿論……」[34]（下線…引用者）。

　木村支店長の考える銀行経営の要諦は、「慎重の態度」「確実安全の取引」「安全なる担保」「完全なる手続」「銀行の範囲内」などのキーワードによく示されている。それは当時の日本で支配的であったいわゆる商業銀行主義を本旨とする銀行経営理念であり（この点については本章3-5を参照）、これが頭取小山健三の指示に沿うものであったことは想像に難くなく、マスメディアによる批判に対して、木村は銀行経営のあるべき姿を説諭しようとしたの

---

34)　『台湾日日新報』1901年8月11日「三十四新支店長の談話」。

第3章　三十四銀行台北支店長・台湾総支配人としての活動　79

である。木村の説論が功を奏したとまではいい切れないが、8月には新聞の批判記事も沈静化した。ちなみに、『台報』の舌鋒記事には内地の小山頭取でさえ困惑したようであり、同紙発行者の戸水汪に宛てた書状で、「ソウソウ箸の上げ下ろしに迄もトヤコウ言れては花嫁たるものたまつたものにあらず、成るべくお手柔かに願ます」（踊り字は横書用に修正…引用者）と注文をつ[35]けている。しかし9月に入り、また新たに大稲埕出張所の「行金費消事件」が発覚するに及んで、批判の火勢はいっそう増幅したのである。

　この事件は、大稲埕出張所主任の井上清七が行金2万9,000円ほどを高利の裏口貸付に利用して不当の利益を着服し、同行に多大の損失を与え社会的信用を失墜させた罪で拘引された事件である。[36]前述した小山頭取の台湾店巡視のさいに同出張所も帳簿検査を受けたが、その時は井上による金庫の在り金と帳簿との辻褄合わせで発覚しなかったらしい。しかし小山頭取の帰阪後、7月29日の臨時株主総会で大稲埕出張所の廃止が決まり、翌8月9日に廃止が実行されたことで、[37]井上の裏口営業の実態が暴かれたのである。この裏口貸付先のほとんどが前述した「共済会」のメンバーであり、かつそのメンバーに前台北支店長の遠田寛がかかわっていたのであった。遠田も逮捕されたらしいが詳細は不明である。[38]

　当該事件の悪影響を危惧した木村支店長は9月20日前後の頃、取引関係筋に対して同支店の不始末を詫びつつ、今後のさらなる愛顧を訴える文書を配[39]

---

35)　『台湾週報』1901年9月9日「小山汪四頭取書を戸水台報に寄す」。

36)　『台湾週報』1901年9月9日「三万円足らずの遣ひ込み」および「井上清七」、前掲『台湾日日新報』同年9月19日「三十四銀行行金費消事件」参照。

37)　『台湾日日新報』1901年8月9日「三十四銀行総会詳報」および「三十四銀行大稲埕出張所」参照。

38)　『台湾民報』1901年9月20日「台北商業界の危機（三十四銀行台北支店の真相）」には「井上清七の捕縛は前当地主任遠田寛の連類逮捕となりしが……」とある。また、遠田が身の潔白を訴えるために友人に宛てて出した「極御内密」なる書簡が、『台報』同年9月22日「三十四銀行員行金費消事件と遠田寛」に所載されている。

布した。ところが、その文中に「之を奇貨とし弊行の信用を害すべき事柄を言ひ触し候者之なきにも限らず」とか、「信用を害せんと企つる者あるを聞知致候に付」とかといった、マスメディアの神経を逆なでする表現があったために、ここにまた火に油を注ぐような状況が出現した。とくに『台湾民報』による舌鋒鋭い攻撃が始まったのである。

　『台湾民報』は「台北商業界の危機（三十四銀行台北支店の真相）」（1901年9月20〜22日）なる連載記事で、まず三十四銀行が日本中立銀行の合併から台湾進出にいたる経緯を説いたのち、台北支店の不始末で30万円もの大穴をあけたにもかかわらず、内地大阪の同行臨時株主総会（同年7月29日）ではそれを覆い隠して7分もの高配当を決めるとは「言語道断である、最早容赦が出来ぬ、信用破壊の罪、経済界紊乱の罪は、彼れ三十四銀行の当然受刑す可き者である[40]」として、以後、猛烈な批判キャンペーンを張ることになる。9月24日から10月13日までの3週間、「三十四銀行台北支店の破綻」なる暴露記事が13回にわたって連載された。記事内容の解説は煩雑かつ無意味なので省略するが、台北支店長の木村匡もこれにはそうとうのダメージを受けたらしい。連日の木村に対する人格誹謗記事もさることながら、それ以上にこたえたのは預金取付が顕著になってきたからである。『台湾民報』の記事なのでやや誇大な感じはするが、「其関係ある市民は悉く之（預金の意…引用者）を引出し台湾銀行及び郵便貯金に預け替を為すの始末となり今や同銀行は全く休業の有様となり[41]」と報じている。

　木村匡は、この件の落としどころを求めて日夜悩んだことであろう。そうした折の10月16日、突如、藤原銀次郎（三井物産台北支店長）と荒井泰治（サミュエル商会台北支店主任）の二人が台湾民報社と三十四銀行台北支店の仲裁

39）『台湾民報』1901年9月24日「三十四銀行台北支店の破綻」に「三十四銀行台北支店監督木村匡の公刊書」と題して掲載されている。

40）『台湾民報』1901年9月22日「憂世倶楽部」。

41）『台湾民報』1901年10月9日「木村匡益々狼狽す」。

役を買って出た。おそらく木村が旧知の荒井に仲裁役を頼み込んだものと思われるが、いまこれを確認する資料をもたない。この仲裁申込みに対して台湾民報社側は、仲裁成立の条件として、「(一) 本島に支店責任者を設くる事、(二) 金融繁緩の事情時期を 審 にして資金操縦を為す事、(三) 目下整理中の債権を整理次第報告申明する事、(四) 本島預金者の安心すべき方法を立つる事、(五) 貸出金回収期日を誤らしめざるやう適当督促の方法を設け訴訟濫起をせざる事、(六) 銀行事務員を撰任する等[42]」(ルビ…引用者) を三十四銀行側が受け入れる用意があるかどうかを質してきた。木村はこれを全面的に受け入れ、ここに民報社側からの攻撃はおさまったのである。その後、いま一方の急先鋒『台報』による非難記事(「三十四銀行台北支店に詰問す」1901年11月7日〜12月27日の間に10回連載) が続いたが、もはや世間の耳目を引くほどの影響力はなかった。

3-4　支店経営の立て直し

　この紛争過程で、台湾人間取引で振り出された手形に法的根拠がなく、したがってその手形所持人にも手形訴訟権のないことが判例上確定した。手形所持人が個人の場合はそれほど問題視されなかったが、所持人が銀行となると、問題はそう簡単ではない。台湾で商法が施行されたのは1898年7月における律令第8号「民事商事及刑事ニ関スル律令」の発令以降であり、そのさい、商慣習の急激な変更は混乱を招くおそれがあるとの理由から、台湾人間にかぎり適用除外とされたのである[43]。しかし、この時期から台湾人間の商取引にも手形の利用が急速に普及し[44]、好況期には表面化しなかった不渡問題が、

---

42)　『台湾民報』1901年10月19日「対三十四銀行在台北支店忠告は貫徹す」。
43)　『台湾日日新報』1898年7月15日「法典の実施」参照。
44)　『台湾商報』1900年8月21日「約束手形大に流行す」、同年10月26日「手形愈流行す」など参照。

ひとたび景気沈滞期に入るや多発するにいたった。三十四銀行台湾支店の敗訴は、そうした状況下で起こったのである。そのために台湾総督府では台湾人同士にも商法の適用が必要であるとの認識が高まり、法規改正の動き[45]もあったが、結局はそのまま立ち消えとなり、その実現は田健治郎総督期の1923年を待たねばならなかった。

　法規改正のないままでは、いつまた同じ災厄に見舞われるかも知れなかったから、台湾銀行・三十四銀行支店・台湾貯蓄銀行の3銀行は、空手形の発行者とは取引をともに拒絶し、かつ当座取引者の信用程度を相互に通報し合う、いわば「連合自衛策」をとることにした。この自衛策には批判のあるところでもあったが、空手形の横行を未然に防ぐためのやむをえない方法として実行に踏み切った[46]。

　それにつけても、三十四銀行台湾支店が1901年に受けた打撃はあまりにも大きかった。表3−2のように対前年同期比でみて、預金は約15%減、貸出金は約27%減、利益金にいたっては目も当てられない有様であった。台湾の新聞各紙は、「前年度に比し約三割半の減少」「昨年の当時に比較すれば約三割減」と書き立てた[47]。こうした苦い経験をふまえて三十四銀行では、02年1月の株主総会で、基隆支店と台中出張所を廃止して経営のスリム化をはかること（2月末日閉鎖）、および法律上本店を代表すべき法定支配人を台北におくこと、が決定された[48]。また03年3月から銀価変動に対応すべき銀勘定預金

---

45)　『台湾民報』1901年9月1日「土人に商法施行するの議」、『台湾日日新報』同月4日「本島人に商法適用の議」参照。

46)　『台湾日日新報』1902年5月6日「三銀行の連合自衛策」、同月8日・社説「商業道徳と銀行の自衛策」、同月10日・鳴海浪客「商業道徳と銀行の自衛策を読む」、同月15日「三銀行の規約」参照。

47)　『台湾民報』1901年12月29日「歳末の市況と金融」、『台湾日日新報』同月同日「三十四銀行当地支店諸金受払」参照。

48)　『台北日報』1902年1月29日「三四銀行の革新」、『台湾日日新報』同年1月30日「三十四銀行総会」、同年2月21日「三十四支店及出張所の閉鎖」、『台湾民報』同

第3章　三十四銀行台北支店長・台湾総支配人としての活動　83

表3-2　木村匡総支配人期（1901〜05年）の三十四銀行台湾支店営業状況

単位：円、％

	預　金			本店より借入	貸出金				利益金	
		行内比率	当座比率			行内比率	割手比率	信用比率		行内比率
1899	582,352	11.1			586,063	10.1			58,091	19.9
1900	1,027,748	14.8			1,065,786	14.6			73,703	24.6
1901	869,053	10.6	13.6		774,936	9.7	33.3		3,196	1.1
1902	904,356	9.3	32.4		795,435	7.9	48.9	68.5	30,250	9.6
1903	767,794	7.3	26.1		902,530	8.8	67.4	84.8	53,761	21.9
1904	921,690	7.6	30.4	942,932	1,607,983	13.3	76.0	88.3	69,419	21.7
1905	1,061,379	7.5	29.4	841,367	1,576,128	11.5	64.7	84.0	56,624	11.0

出典：高嶋雅明「台湾における植民地金融の展開と三十四銀行－三十四銀行台湾支店経営の分析
　　　を中心として－」（秀村選三ほか編『近代経済の歴史的基盤』ミネルヴァ書房、1977年）
　　　第2表、第3表。ただし、「当座比率」、「本店より借入」、「割手比率」および「信用比率」
　　　は台湾総督府財務局金融課編『台湾の金融』（1930年）190〜199頁により算出。
備考1：預金と貸出金は年末現在高、利益金は年合計高。
備考2：「行内比率」は三十四銀行全体における台湾支店の比率、「当座比率」は預金中に占める
　　　当座預金の比率、「割手比率」は貸出金中に占める割引手形の比率、「信用比率」は担保別
　　　貸出金中に占める信用貸付の比率。

準備の必要から台湾用資本金（支店元金）を３万円から15万円に増額した。[49)]

　三十四銀行台湾支店に回復の兆しが見え始めたのは1902年下期からであっ
た。『台湾日日新報』の04年８月3日付記事「三十四銀行決算」は、「当期
（1904年上期…引用者）台湾に於ける同行支店の成績は頗る良好にして同行支

　　　年1月30日「三十四銀行の改革」参照。前掲『三和銀行の歴史』では基隆支店の
　　　廃止について、「台湾での営業活動は島内産業が未発達であったためにあまり奮わ
　　　ず、三十五年には基隆支店を廃止するほどであった。」（48頁）との一般論で片付
　　　けているが、当時の同行台湾諸店の実情はもっと深刻であった。なお、このとき
　　　の改革で、木村匡の肩書きは「三十四銀行台北支店支配人兼台湾総支配人」と変
　　　更され、監督の範囲と権限が拡張・強化された（『台湾日日新報』同年2月13日
　　　「三十四銀行支店事務」参照）。
49)　『台湾日日新報』1903年3月4日「三四銀行台北支店資本増加」参照。

店中第一の地位を占め前年までは神戸支店利益最も多かりしも台湾の支店は三十五年（1902年…引用者）下半期より初めて利益を挙げ今は其利益他の各支店を凌駕するに至れりと云ふ」と伝えている。前年に露呈した巨額の不良債権がどのように回収あるいは償却されたのか未詳だが、意外に速い立ち直りであったといえよう。その要因を知る適切な内部資料をもたないので、前掲表3-2から概略を推測してみよう。

　預金吸収力の回復はそれほど迅速ではなく、1900年末の水準に戻るのは05年末（106万円）である。それでも同行全体の預金量に占める台湾支店のそれは低率のままである。これに対して貸出金の回復は比較的速かった。04年末には前年末の1.8倍にあたる160万円に達している。こうした預金と貸出金の回復差を埋めたのが本店からの借入であり、その年末残高は04年に94万円、05年に84万円と、預金残高にほぼ匹敵する金高に上っている。つまり貸出金の迅速な回復は内地本店からの資金移動で可能になったのである。

　他面、この貸出金の増進過程で三つの大きな変化が生じている。第一の変化は、貸出形態の変化、つまり割引手形による融資が大きく伸びたことである。1900年が不明なので確たることはいえないが、割引手形の貸出金中に占める比率は01年末の33.3％から04年末には76％へと急伸している。第二の変化は、当座預金の比率が30％前後に高まり、特別当座預金（小口当座預金。こんにちの普通預金）に並んで預金中の3分の1を占めるにいたったことである。『台湾民報』はこの点を、三十四銀行台湾支店が「商業的銀行の本領として当座預金に者（当座預金者に…引用者）重を置き当座預金者には金融上特別の便利を与ふる等大ひに当座預金を奨励したる結果なるべし[50]」と分析している。第三の変化は、預金、貸出金ともに台湾支店の取引相手が日本人から台湾人に大きくシフトしたことである。『台湾日日新報』よれば、「預金は本島人の分十中八九を占め今後も益々増加の傾向なるが是れ同支店と本島人の取引拡

---

50)　『台湾民報』1902年7月5日「三四銀行の貯金及手形為替取扱」。

張せらるゝ為にして貸出も本島人に係るもの十中八九なり　以前は預金貸出両方とも内地人に係るもの大部分に居り本島人の分少なかりしが今は此関係を転倒せる由[51]」といわれる。

　割引手形の増加、当座預金の増加、台湾人取引の増加という三つの増加は、個々バラバラの現象ではなく、相互に関係し合っての現象とみるべきであろう。ここでいう割引手形のほとんどは手形貸付（単名の融通手形）[52]であったが、真正の商業手形（複名の約束手形）が法的に通用しえない台湾人相手の場合には、手形貸付がむしろ最も安全確実な短期貸出方法であったといってよく、これが当座預金の増加とあいまって台湾人との取引比率の上昇に結実したものと思われる。しかし、台湾における担保品の欠如、とりわけ有価証券の欠如から、台湾人取引が増えれば増えるほど信用取引率が上昇する傾向にあり、このことが木村匡の悩みの一つであったようである[53]。

　台湾における勧業拓殖資金供給の方途を調査するため、1902年５月、日本勧業銀行副総裁の志村源太郎が総督府民政長官後藤新平の招請をうけて来台したが、この機会をとらえるかのごとく木村匡は、同年６月25日付『台湾日日新報』に長文の論説「勧業銀行の事業に就て」を寄稿し、同行の長期事業

---

51)　『台湾日日新報』1905年７月30日「三四銀行決算」。

52)　1916年上期まで一括されていた割引手形と手形貸付が、同年の銀行条例改正によって下期から明確に区分されることとなった。その結果を三十四銀行台湾支店の貸出金勘定でみると、割引手形は同年上期末155万2,205円から下期末17万6,506円へと激減し、一方、新たに開示された手形貸付は141万7,325円に上った。要するに、06年当時における同支店の割引手形は90％近くが手形貸付であったことになる（台湾総督府財務局金融課編『台湾の金融』1930年、197頁参照）。1916年でさえこの状態であったから、それより10年も前の木村総支配人時代は推して知るべしであったと想像される。

53)　木村匡は「台湾の銀行事業難」（『台湾協会会報』第47号、1902年、49～51頁）で、台湾における銀行経営にとっての大きな障害として５点ほどをあげ、その第一の障害は「担保のないことである」「有価証券の類を有する余力のある者が少ない」ことである、と述べている。

貸付と勧業債券発行の意義を詳しく解説している。とりわけ勧業債券の解説
に力を入れ、「予先づ隈より始むる心を以て勧業銀行特に債券に就て法令の
旨趣を汲取り之を読者に紹介すること斯の如し」と結んでいる。

　木村が勧業銀行の台湾進出に期待を寄せた理由は、台湾における勧業債券
の消化、つまり台湾における有価証券保有量を増進させ、これを担保に
三十四銀行台湾支店の貸出業務の活性化につなげたかったからである。勧業
銀行の台湾進出は紆余曲折の末、台湾銀行がその代理貸付業務と勧業債券発
行業務を引き受ける形で決着し、ようやく1904年2月から代理事務が開始さ
れたが、三十四銀行台湾支店では早くも02年11月から勧業債券の募集取扱業
務を開始し、さらに03年には京釜鉄道の新株募集取扱もおこなっている。こ
うした有価証券の仲介取扱業務への積極的な取組みは、台湾で商業銀行経営
＝短期貸出を展開することの難しさ、すなわち担保品化すべき有価証券の保
有が未発達な状況、これをなんとか打開しようとする、木村匡の台湾支店立
て直しに向けた努力のあらわれであった。

3-5　練達の銀行家へ

　三十四銀行台湾総支配人期の木村匡は、職業柄当然といえば当然だが、銀
行、金融あるいは貨幣について語る機会が多くなり、概して説論的ないし教
育的な論調で語る傾向が強くなった。木村は三菱商業学校の出身であり、文
部省在勤期には高等商業学校の教授を兼務した経歴の持ち主であったから、
経済学や銀行簿記に精通していた。経済事象に対して合理的な判断を下す能

---

54)　台湾銀行の勧業銀行代理貸付業務については、前掲、拙著『日本植民地金融政
　　策史の研究』259〜263頁を参照されたい。
55)　『台湾民報』1902年11月28日「勧業債券応募数」、1903年3月26日「三四銀行の
　　勧業債券取扱数」、同月31日広告欄、4月15日「三四銀行と京釜鉄道株」、5月30
　　日「勧業債券払込期」など参照。

第3章　三十四銀行台北支店長・台湾総支配人としての活動　87

力において、当時の台湾では一頭地を抜いていたであろう。一面ではこの才気が禍して、前にふれたマスメディアによる感情的な非難をかう一因ともなったが、他面では、植民地期台湾に「銀行とは何か」を扶植するうえで大きな役割を果たしたともいえよう。「銀行はかくあるべし」との、いわば木村匡の「銀行論」として、台湾民報社の求めに応じて語った談話「不景気問題　内地人不景気に就て　木村三四銀行支配人談（二）」（『台湾民報』1902年9月23日）に注目したい。以下、その要点をまとめてみよう。

　1902年当時の台湾は、内地の不況と総督府の官業引縮政策とに挟撃されて極度の不景気に陥っていた。そのために台湾経済界、とくに内地人商工業者や操觚界はなにかと銀行の不誠実を責め、貸出緩和を求める声が強かった。これに対して木村匡はまず、「是は銀行の性質を誤解し居るからてある」としたうえで、こうした不況時にこそ「銀行者は益々営業の範囲を厳正に」するのが「是実に商業的銀行本来の面目」であると反論し、「銀行の資本即ち株主の出資及公衆幾万の預金を保護」し、「金融界を最秩序ある、最慎重なる、最正確なる軌道に誘導するは銀行家の必然の義務」であるとの持論を展開する。

　木村匡はさらに言葉をついで、銀行業本来の方針として、①確実な担保を有し真正な商行為をなす者には低利に融通すること、②融資者の選別には第二の株主ともいうべき預金者を優先すること、③商業手形と融通手形は厳正に区分し、商業手形には最低歩にて融通し、融通手形はなるべく避けること、④取引は公平無私にして、いやしくも役員の個人的私情に左右されないこと、⑤社会秩序が未整備な台湾では、銀行ができるだけ預金吸収に努め、これを間接的に社会の秩序保維に貢献させること、⑥台湾の物産を興起する目的の事業にはなるべく便利を与えること、⑦銀行役員は銀行資本の大部は公衆幾万の貴重なる汗の玉、すなわち預金であることを決して忘却せざること、の7か条をあげ、これをもって銀行の「大訓言」「大箴誡（大箴言カ、大勧誡カ…引用者）」にせよと戒めている。

以上から木村匡の「銀行論」を要約すれば、銀行に貴重な資金を託す株主・預金者、とくに預金者の保護を優先的に考えるのは銀行の当然の義務であるから、そうした貴重な資金を借用して利益をえようとする借り手側に対して銀行が厳正かつ公平な姿勢で臨むのは当然のことであって、この銀行原理を認識することができず自己の都合だけで銀行を非難するのは、近代的銀行業のイロハを解さないからである、ということになろう。木村のこうした論立ては、コールマネー論、利息論および送金為替論など彼が別の機会に論じているものにも一貫してみられる論理であり[56]、銀行は一般的に短期の預金を資金源とするから貸出も短期を旨とすべきであるという、いわゆる「預金銀行主義」「商業銀行主義」の考え方である。

この考え方は18〜19世紀におけるイギリスのサウンド・バンキングをモデルにした銀行経営理念であり、日本経済の近代化過程においても銀行の守るべき規範として大きな影響力をもった。しかし、当時の日本にはこの銀行経営理念をそのまま受容するだけの現実的基盤が欠けており、銀行経営者（貸し手）と企業経営者（借り手）とが一体的関係にある、いうところの「機関銀行」[57]とも称すべき経営基盤の脆弱な中小銀行が多数存在した。そのために不況期になると企業倒産に連動した銀行破綻が頻発する有様であった。内地日本でさえこのような状況にあったから、銀行制度が導入されたばかりの台湾における銀行経営の危険度は推して知るべしであったであろう。預金吸収力の成長には長期間を要する一方、資金需要は異常なまでに旺盛であったから、いきおい預貸率の悪化を招くおそれがあった。三十四銀行台湾総支配人

---

56) たとえば『台湾民報』1902年10月14日「木村三四支配人の〈コールマネー〉談」、『台湾日日新報』同年12月28日「利息に就て」、『台湾民報』1903年4月23〜25日「木村三四銀行支配人の送金為替談」などに木村の同様の論立てが読み取れる。

57) 日本資本主義経済の形成・確立過程における銀行経営の特質を「機関銀行」のそれとして体系づけた代表的研究として、加藤俊彦『本邦銀行史論』（東京大学出版会、1957年）がある。

第3章　三十四銀行台北支店長・台湾総支配人としての活動　89

の木村匡にとって、資金供給者（とくに預金者）の保護は「商業的銀行本来」の責任であり、この責任を逸脱した放漫な貸出は禁じ手中の禁じ手だったのである。ともあれ、こうした銀行経営理念のイロハを台湾に扶植する苦労をとおして、元総督府官僚の彼は「練達の銀行家」へと脱皮していったのである。この時期、木村は台湾の貨幣制度についても改革案を積極的に提言するようになる。[58]

　ところで、木村匡は1905年11月、三十四銀行の京都支店長に転任すべく再び台湾を発って内地に帰還した。当時の京都支店長はかつての台南支店長・馬淵永義であり、馬淵の大阪本店主事への転任にともない、木村はその後任を命じられたのであった。京都支店は02年7月設置の比較的新しい支店（所在地：京都市中京区東洞院通蛸薬師角）であったが、木村は支店長としての立場から京都銀行集会所（現京都銀行協会の前身）・手形交換所委員や銀行集会所の徒弟講習所学監などを務めている。[59]木村匡の京都支店長としての在任期間は05年11月～10年9月の約5年間に及んだが、残念ながら筆者は、その間における彼の実績を知る資料的手がかりをまったくもたない。また、木村が京都支店長を最後に三十四銀行を退職した事情についても未詳である。台北支店長および京都支店長としての任期がいずれもほぼ5年間であったところから推して、既定の人事異動だったのであろうが、同行にはもはや彼が就くべきポストが残されていなかったとも考えられる。あるいは、まだ満50歳という当時の木村匡の年齢から推測するに、次章で検討する「三度目の台湾行き」に備えた退職であったとも考えられる。

---

58)　たとえば著書『台湾貨幣問題』（新高堂書店、1903年）や論説「台湾の貨幣制度及改革案」（『大阪銀行通信録』第75号、同年）など参照。
59)　五十嵐栄吉編『大正人名辞典』第4版（東洋新報社、1918年、日本図書センター復刻版、上巻）998頁参照。

第4章　台湾商工・台湾貯蓄両行の合同と頭取就任

4-1　三度目の台湾行き

　驚くことに木村匡は1911年7月末日、台湾貯蓄銀行の取締役・支配人およ
び台湾商工銀行の監査役として、またもや台湾に舞い戻ってきたのである。
三度目の来台であり、三十四銀行京都支店長を退任（前年9月）してわずか
10か月後のことであった。来台早々の8月1日、台北の梅屋敷で催された歓
迎会での愉快なエピソードを『台湾日日新報』（1911年8月5日）のコラム欄
「無絃琴」はつぎのように伝えている。「梅屋敷の会と云へば、此間の木村匡
君の歓迎会に於る、沢井翁の発起人を代表しての歓迎辞、即ちお膳スピーチ
が近来の上出来で、非常な喝采を博したさうな　木村君の渡台が今度で丁度
三度目になると云ふので、例の『一度二度なら妻折笠よ三度笠から深くな
る』と云ふ俚謡を巧みに点綴して、木村君の台湾に於ける関係の将来愈深く
なるべきを道破した手際には満座皆アツとばかり、暫くは讃嘆の辞を禁じな
かつたと云ふことだ」、と。沢井市造の機転の利いた歓迎スピーチに沸く、

1）　梅屋敷は当時の台北にあった旅館・吾妻の別館であり、最高級の料亭として有
　　名であった。その一部が今も台北駅近くに「国父史蹟記念館」の名称で保存され
　　ている。
2）　沢井市造は1850（嘉永3）年、京都府丹後由良村（現宮津市）に生まれる。漁
　　師、土木工夫から身を起こし、95年、土木建築業有馬組の工事部長として渡台。
　　基隆・台北間鉄道工事、総督府官舎建築、基隆築港などに従事。98年独立して沢
　　井組を立ち上げ、台湾有数の土木建築会社に育てる。また1902年、台北消防組を
　　組織。12年6月痔疾で台北医院に入院、その後、急性大腸カタルを併発し7月27
　　日死去。享年63歳。郷里である宮津市由良の汐汲浜に顕彰碑が建つ。関連文献に、

満座の雰囲気が目に浮かぶようである。

　この三度目の台湾行きがどのようにしてセッティングされたのか、詳細は明らかでないが、これまで台湾貯蓄銀行取締役・支配人と台湾商工銀行監査役を兼務してきた安田乙吉[3]が、1911年6月、病気を患い退任したために、三十四銀行京都支店長を退任後しばらく閑居していた木村匡が、貯蓄銀行頭取・荒井泰治の招請により後任者として選ばれたとされる[4]。それにつけても、三十四銀行を辞めて1年にも満たないうちに、またもや台湾での銀行経営者のポストが用意され、「台湾に生きる」チャンスが木村匡にめぐってきたのである。木村匡と台湾との不可思議なまでの結びつきに、なにか因縁めいたものを感じさせられる。

　後述するように1912年、木村匡は台湾貯蓄銀行と台湾商工銀行との合同によってできた新・台湾商工銀行の頭取に就任することになるが、それを検討する前にあらかじめ両行の設立経緯を確認しておきたい。まず貯蓄銀行からみていこう。

　　　『台湾日日新報』1899年6月21日、23日、27日「事業家当選者　経験家　沢井市造
　　　君（上・中・下）」、高橋窓雨（綱太郎）編『沢井市造』（沢井組本店、1915年）、
　　　菊岡倶也「任侠的建設業者—大宮源次郎と沢井市造—」（『施工　建築の技術』第
　　　263号、1987年）、中西孫兵衛「郷土に於ける沢井市造（翁）話題（1〜14）」（紹
　　　介者：四方寿朗、『由良公民館だより』第86〜99号、1992年4月〜96年8月）、四
　　　方寿朗「沢井市造話題の転載を終えて」（同誌、第102号、1997年8月）、菊岡倶也
　　　『建設業を興した人びと　いま創業の時代に学ぶ』（彰国社、1993年）181〜194頁、
　　　小林清「鉄道舞鶴線建設と沢井市造について」（『舞鶴地方史研究』第32号、2001
　　　年）などがある。
3）　安田乙吉は1869年に生まれ（原籍地・鳥取市、住所・仙台市）、東京商品取引所
　　　勤務ののち東京銀行深川支店長を経て、1902年台湾貯蓄銀行支配人として渡台。
　　　07年に同行取締役・支配人になったが11年病に罹り退任、仙台に帰郷。17年9月、
　　　仙台にて死去。台湾雑誌社編『台湾実業家名鑑』（1912年）76頁、『台湾日日新報』
　　　1917年9月25日「安田氏追悼会」参照。
4）　『台湾日日新報』1911年6月15日「銀行雑俎」、「木村匡氏の渡台」（『大阪銀行通
　　　信録』第167号、1911年8月）参照。

4－2　台湾貯蓄銀行と台湾商工銀行の設立経緯

4-2-1　台湾貯蓄銀行の設立経緯

1911年7月末日、三度目の来台を果たした木村匡の肩書きは、前任者安田乙吉のそれを引き継ぐ台湾貯蓄銀行取締役兼支配人ならびに台湾商工銀行監査役であったが、本属は前者の貯蓄銀行重役であった。その台湾貯蓄銀行は、1899年12月、当時の台北経済界で活躍中の荒井泰治、賀田金三郎[5]、金子圭介[6]、山下秀実、小松楠弥[7]、近藤喜恵門らが貯蓄銀行条例にもとづいて設立した

5）　賀田金三郎は1857（安政4）年、長門国萩（現山口県萩市）に札差商坂田屋・賀田久兵衛（2代目）の長男として生まれ、一度は家業を継いだが85年東京に出て藤田組東京支店に入る。87年藤田組・大倉組共同になる内外用達会社の松山出張所主任となり、さらに大倉組広島支店長を経て95年日清戦争後の台湾に同社台湾総支配人として渡る。軍・官衙用達業を手広く請け負い、97年設立の台湾駅伝社を経営。98年独立して賀田組を組織し、土木建築請負業を中心に各種用達業を営み、さらに台湾東部の開墾業を経営し、製糖業、炭鉱業へと経営を拡大した。また台湾銀行大株主の一人で同行監査役（1900～11年）を務めた。植民地期台湾における代表的な日本人実業家の一人。1922年死去。伝記に芳誼会編『賀田金三郎翁小伝』（1923年）がある。関連文献として内藤素生編『南国之人士』（台湾人物社、1922年）33頁、吉村和就「台湾・花蓮の発展を支えた日本人―賀田金三郎と吉村佐平―」（『月刊カレント』第52巻第3号、2015年）などがある。

6）　金子圭介は1852（嘉永5）年、山口県阿武郡宇田村（現阿武町）に生まれる。79年、下関に出て商業を営み、87年に日本土木会社に入る。95年、大倉組佐世保鎮守府造船部付の酒保として渡台し、その後監督員として台北支店に駐在した。99年に大倉組を辞して台湾駅伝社、台湾貯蓄銀行のほか台湾で多くの会社設立・経営に参画し、手広く土地・家屋貸付業を営む。1912年、山口県郡部から衆議院議員（立憲政友会）に当選。37年死去。関連文献としては、安斎源一郎編『写真倶楽部　一名台湾人物写真帖』（台湾週報社、1901年）、前掲『台湾実業家名鑑』37頁、衆議院・参議院編『議会制度七十年史　衆議院議員名鑑』（1962年）138頁参照。

7）　小松楠弥は1858（安政5）年、土佐国（現高知県）に生まれる（生地を宮崎県とする文献もあるが、ここでは高知県説を採った）。79年に第百廿七国立銀行副支

資本金15万円（払込1/4）の銀行（所在地：台北県台北城内西門街1丁目39番戸）である。しかし、同行設立のもともとの動機は、邨松一造、山口清ら日本銀行台北出張所員が組織した「行友会」の積立金をいかに運用するかにあった[9]といわれる。[10]

配人となるが、83年銀行を辞して宮崎県日向延岡（現延岡市）に小松精製脳場を起こし、さらに87年神戸に出て事業を拡張。95年に小松組を組織して樟脳視察のため渡台。このとき鈴木商店の番頭・金子直吉との関係が深まる。その後、台湾製脳会社を設立し社長となるなど台湾で多数の会社事業に参画。1920年死去。関連文献として『台湾商報』1899年3月10日、20日「商業談 小松楠弥氏」、『台湾日日新報』1907年12月17日「商海拾珠（二）小松楠弥氏」、1912年2月14日・木村匡「小松楠弥君の台湾事業小史」、前掲『台湾実業家名鑑』91頁、福田東作編『人物と其勢力』（毎日通信社、1915年）宮崎県之部、3頁、大園市蔵編『台湾人物誌』（谷沢書店、1916年）216〜217頁、『台湾日日新報』1920年3月30日、4月1日、3日・一歩生「小松氏の事（上・中・下）」などを参照。

8）近藤喜恵門は1860（万延元）年兵庫県に生まれ、のち大阪堺市に移り種々の事業を手がける。近藤喜禄（大阪の銅鉄商）の実弟。95年に山下秀実と共同商会を組織して渡台し、軍・官衙の物品用達業を営む。97年、近藤商会を起こして台北における代表的な和洋酒類・洋食料品販売業者となる。1913年、堺市の自宅にて死去。長男の喜千松が家督を継ぎ喜恵門を襲名。関連文献として安斎源一郎編、前掲『写真倶楽部 一名台湾人物写真帖』、前掲『台湾実業家名鑑』96頁、『台湾日日新報』1913年8月4日・訃報「近藤喜恵門氏」参照。

9）山口清は鹿児島県出身で、1868年生まれ。同県収税属、鹿児島第百四十七国立銀行員を経て97年に日本銀行台北出張所員として渡台。99年の台湾銀行設立にともない同出張所は閉鎖となり台湾銀行に移るが、邨松一造の勧奨により同年12月台湾貯蓄銀行設立にさいし同行支配人となる。しかし、同行専務取締役の金子圭介と疎隔が生じ、1902年再び台湾銀行に戻る。その後、嘉義銀行の破綻整理（1913年）に尽力し、同行専務取締役、台南州協議会員などを歴任。さらに23年、台湾商工・新高・嘉義3銀行の合同で誕生した新・台湾商工銀行の常務取締役に就任。関連資料として『台湾日日新報』1916年1月1日・山口清「辰年と我輩」、大園市蔵編、前掲『台湾人物誌』128〜129頁、上村健堂編『台湾事業界と中心人物』（新高堂書店、1919年）222〜223頁、内藤素生編、前掲『南国之人士』264頁など参照。

10）前野鶴若編『始政記念四十年間の台湾』（台湾日日新報社、1935年）45〜48頁、第一銀行慶祝創立七十週年籌備委員会編『第一銀行七十年』（台湾第一商業銀行、

領台当初の台湾における日本人の職業別構成をみると、官吏・商工業者・雑業者（芸妓・酌婦、苦力などを含む）がほぼ三分・鼎立し合っていたが、なかでも官吏の割合が圧倒的であった。たとえば在台日本人の職業別構成中に占める官吏の割合は、1898年末（家族等の無業者を含む）が２万5,060人中の23.6％、1900年末（本業者のみ）が１万7,938人中の41.3％、1904年末（同）が２万5,095人中の35.3％であった。[11]これは日本による植民地統治の一つの特徴、いわば官僚統治型とでも呼ぶべき特徴をなしており、さらに商工業者層と雑業者層を加えれば、まさに都市型職業構成なのである。

　要するに台湾貯蓄銀行は、こうした官吏を中心とする都市型職業層の給与所得、つまり貯蓄性の高い社会的遊休資金の吸収を目的とする銀行として誕生したのである。したがって、同行の預金は長期性の貯蓄預金と短期性の小口当座預金（現在の普通預金）が中心で、いずれも小口・多口座の性格が濃く、一方、貸出金も割引手形（実質は手形貸付）による短期性のものが多かったから、台湾全域にネットを張りめぐらす広域的な展開を期待できる銀行ではなかった。

4-2-2　台湾商工銀行の設立経緯

　台湾商工銀行は、木村匡の三十四銀行京都支店長在任中、つまり台湾不在中の1910年６月に設立された銀行である（開業は同年８月）。領有後すでに10年以上を経過した日露戦争後になると、台湾経済は製糖業を中心として急速な成長過程に入り、それにともない台湾への日本人の流入者数が激増し、その経済的すそ野をなす中小商工業者層も増大するにいたった。しかし彼らの大半は、大銀行の台湾銀行には相手にされず、また短期商業資金融通の

　　1970年）９頁参照。
11)　1898年末は「官吏殖民」（『台湾協会会報』第25号、1900年10月）11〜13頁、1900年末および1904年末は永山嘉一「最近五年間ニ於ケル台湾人口ノ消長（承前）」（『台湾統計協会雑誌』第20号、1906年11月）25〜30頁による。

96

三十四銀行支店や他の族系地場銀行（嘉義銀行や彰化銀行[12]）だけでは事足りなかった。とくに台湾南部に地場銀行がなかったため、1909年夏頃からこの地方で新銀行設立の要望が高まり、これが台湾最南端の都市・阿緱街での台湾商工銀行設立へと結実したのであるが、そこに至るまでには紆余曲折があったようである。たとえば、木村匡の回顧談[13]によると、桑原伊十郎[14]（山陽貯蓄銀行頭取）が岡松参太郎[15]の紹介で当時の台中庁長佐藤謙太郎[16]に銀行設立を相談したのがことの始まりで、その後、佐藤が阿緱庁長に転任したこと、また

---

12) 嘉義銀行と彰化銀行については、拙稿「植民地台湾における地場普通銀行の経営分析−1905〜1913年の嘉義銀行と彰化銀行を事例に−」（『獨協経済』第86号、2009年）を参照されたい。

13) 『台湾日日新報』1925年6月20日「今昔の感（四）木村商銀頭取談」。なお、筆者はかつて波形昭一・木村健二・須永徳武監修『社史で見る日本経済史 植民地編Ⅰ 台湾商工銀行誌ほか』（ゆまに書房、2001年）の「解題」（5頁）において木村匡のこの回顧談を紹介したが、そのさいに『台湾日日新報』の日付を1925年6月29日と誤記してしまった。正しくは20日である。ここに陳謝し訂正しておきたい。

14) 桑原伊十郎は1874年、広島県安那郡法成寺村（現福山市駅家町法成寺）に生まれる。台湾弁務署属、山陽貯蓄銀行頭取、中条銀行・広島酒造(株)各専務取締役、台湾商工銀行取締役、衆議院議員、公海漁業(株)常務取締役、東京瓦斯電気工業(株)取締役、福山市会議員などを歴任。なお、衆議院議員については1912年5月に初当選（所属政党は中央倶楽部）したにもかかわらず、早くも同年11月に辞任している。また28年8月の選挙で当選した福山市会議員についても、福山市公民の資格なしの理由で30年6月に行政裁判所から議員資格取消の判決を受けるなど、桑原にはなにかと不可解な点が多い。40年死去。関連文献として衆議院事務局編『第一回及至第十八回総選挙 衆議院議員略歴』（1932年）317頁、福山市議会史編さん委員会編『福山市議会史』第1巻（記述編、1975年）619〜626頁、第2巻（資料編、同年）985〜986頁、1015頁、前掲『議会制度七十年史 衆議院議員名鑑』181頁、市川太一『広島の代議士』（広島修道大学総合研究所、1992年）110〜111頁、田辺良平『ふるさとの銀行物語［広島編］』（菁文社、2005年）91〜97頁などを参照。

15) 岡松参太郎は1871年、儒学者・教育者の岡松甕谷の三男として熊本県に生まれる。94年に帝国大学法科大学を卒業し、のちに民法学分野で偉大な業績を残す。後藤新平の要請により1900年から台湾旧慣調査の大事業に尽くした。また南満洲鉄道理事、京都帝国大学教授などを務め、21年死去。岡松の経歴・業績について

第 4 章　台湾商工・台湾貯蓄両行の合同と頭取就任　97

この頃、台湾製糖(株)が阿緱工場を大拡張したことなどの諸事情も手伝って、台中に設立する予定のものが阿緱に変更されたのだという。

　木村匡の回顧談はおおむね正鵠を射ているが、つぎの 2 点を補足しておきたい。その一つは、設立予定地が台中から阿緱に変更された要因についてである。ちょうどその時期（1909 年 8 月）に彰化銀行が台中出張所を開設し、その後引き続き本店を彰化から台中へ移転する計画が進められていたことも[17]、新銀行の設立地を阿緱へ変更せざるをえなかった要因として考えるべきであろう。同年、彰化庁が廃庁となり台中庁に合併され、いきおい台中が台湾中部経済の中心地となったことが、彰化銀行の台中への本店移転を決定的にしたようである[18]。地元台中での評判は、すでに経営実績のある彰化銀行の方が高く、桑原らの新銀行計画は「官民の気受も余り好からず　且つ内部に面白からざる事情もあり旁々此場合右計画を中止すべしと伝ふ」[19]と紙上に報じられる有様であった。彰化銀行の本店移転計画はその後着実に進められ、1910 年 6 月、台中に移された。

　いま一つ確認しておきたい点は、桑原伊十郎の新銀行設立計画には、上述の佐藤謙太郎のほかに、1909 年 9 月下旬、関口隆正がわざわざ来台して支援していたことである[20]。関口は 1897 年から 1901 年まで台中弁務署長を務めたこ

　　　は、早稲田大学図書館・東アジア法研究所編『岡松参太郎文書目録』（雄松堂アーカイブズ、2008 年）所収の浅古弘「解説」に詳述されている。

16)　佐藤謙太郎については情報が少なく、岡山県が原籍地で、1902～04 年に台湾総督府臨時土地調査局調査課長、06 年に同専売局塩務課長、07～09 年に台中庁長、10～14 年に阿緱庁長であったことくらいしか確認できなかった。なお、第 2 次大戦後、台湾の台中県長、総統府秘書長、国民党秘書長などを歴任し、2013 年まで台湾の対日民間交流窓口である亜東関係協会の会長を務めた廖了以氏（1947 年生まれ）は、佐藤謙太郎の孫（母方）にあたるといわれる。

17)　『台湾日日新報』1909 年 8 月 31 日「彰銀出張所近状」、同年 11 月 28 日「彰化銀行増資」、1910 年 1 月 23 日「彰化銀行総会」参照。

18)　台湾総督府財務局金融課編『台湾の金融』（1930 年）158 頁参照。

19)　『台湾日日新報』1909 年 11 月 28 日「彰化銀行増資」。

とがあり（弁務署は県や庁など地方行政機関の支所に相当）、桑原もまた台湾の弁務署に勤務経験があったとされる[21]から、二人は弁務署勤務を通して旧知の間柄にあった可能性もあるが、当時の台湾総督府職員録を丹念に調べても桑原の弁務署勤務を確認することはできなかった。したがって関口隆正の来台は、桑原との関係からというよりも、佐藤謙太郎の支援要請に応えたものとみるのが自然であろう。

ともあれ、桑原伊十郎が主導するこの新銀行設立計画は、佐藤謙太郎が台中庁長から阿緱庁長に転じた1909年12月頃から、銀行の仮名称も「台中銀行」から「阿緱銀行」へと変わり、新しい局面を迎える。新聞の報じるところによると[22]、総株数２万株（資本金100万円）のうち、桑原が一手に7,600株を引き受け、その他は地元阿緱の台湾人が１万株、蕃薯寮管内で2,400株を引

───────────────

20）『台湾日日新報』1909年９月28日「台中銀行設立計画」はつぎのように伝えている。「台中に有力なる地方銀行設立の要ありしと元台中弁務署長関口氏先頃渡台し之が創立に就き専ら調査中になるが右資金の調達は広島の某銀行家（桑原伊十郎のこと…引用者）之を引受くる筈にて其資金総額及び台湾銀行を親銀行とすべきか否や等は尚未定なりと云ふ」。
　　関口隆正は1856（安政３）年、江戸時代後期の儒者・剣術家であった清水礫洲（れきしゅう）の子として生まれたが、関口隆吉（1836〈天保７〉〜89年、幕臣で、維新後、山形・山口・静岡各県令、元老院議官などを歴任）の養子として育てられる。隆正が３歳のときに父礫洲が死去したために養子に出されたものと思われるが、確証はない。台中弁務署長ののち日露戦争に陸軍通訳として従軍し、1907〜08年には南満洲鉄道調査部嘱託、さらに旅順高等学堂教授を務めたとされる。26年死去。『台湾歴史歌』（金港堂書籍、1900年）、『台中地方移住民史　附、彰化弁務署管内移住民調査書』（私家版、1901年）、『関口隆吉伝』（何陋軒書屋、1938年、隆正が生前に養父・隆吉の伝記として書き遺したものを隆吉の五十回忌にさいし遺族が編纂したもの）などの著書がある。なお、『広辞苑』の編纂など言語・国語学者として偉業を成し遂げた新村出（しんむらいずる）（1876〜1967年）は隆吉の次男（実子）。上田正昭ほか監修『日本人名大辞典』（講談社、2001年）991頁、日外アソシエーツ編『新訂　政治家人名事典　明治〜昭和』（2003年）333頁参照。
21）前掲『議会制度七十年史　衆議院議員名鑑』181頁参照。
22）『台湾日日新報』1909年12月17日「阿緱銀行の真相」参照。

き受ける案に纏まりそうだ、と記されている。しかし、どうみても、これが
実現性のある案とは思えない。台湾に、とりわけ台湾南部の阿緱に経済的な
足場をもたない桑原にとって、たとえ佐藤阿緱庁長による行政権力の後ろ盾
があったとしても、銀行設立資金の糾合がそう容易なわけがない。桑原は方
針転換を迫られたのではなかろうか。

　桑原伊十郎は1910年に入るや早々に来台し、台北で奔走しているが、その[23]
目的はおそらく台北在住の主立った日本人実業家に協力・参加を呼びかける
ことにあったと推測される。それを反映してか、同年2月以降、この新設予
定銀行と台湾貯蓄銀行との合同問題が紙上で取りざたされるようになり、さ
らに銀行の仮名称も「阿緱銀行」から「台湾興業銀行」へと変じ、設立発起
人として荒井泰治、山下秀実、金子圭介らの貯蓄銀行役員が登場するにいた[24]
る。ともかくも、このようにして新銀行設立の資金調達の目途は立ったので
あるが、新銀行と既存の台湾貯蓄銀行との関係をいかに処理するか、つまり
新銀行に貯蓄預金業務を兼営させるかどうかをめぐって貯蓄銀行役員側と桑
原側の調整が難航する。

　貯蓄銀行役員側としては新設銀行に貯蓄預金業務を兼営させ、ゆくゆくは
両行合同の道筋をつけておきたかったであろう。一方、桑原側としてはでき
るだけ貯蓄銀行とは別建ての独立性の強い新銀行が望ましかったであろう。[25]
双方の思惑がぶつかり合うなかで、1910年も5月に入った頃、ようやく両者
は妥協点に達する。その妥協点とは、①両行の合同問題はひとまず棚上げに
し、その代わり②貯蓄銀行の株主は同行株数（3,000株）と同数の新設銀行株

23）　『台湾日日新報』1910年1月12日「阿緱銀行設立」参照。
24）　『台湾日日新報』1910年2月24日「阿緱銀行設立成行」、同年3月29日「台湾興
　　業銀行成立」、および「台湾興業銀行の設立」（『大阪銀行通信録』第151号、同年
　　4月）参照。
25）　『台湾日日新報』1910年4月7日「興業貯蓄合併内情」、同月10日「台湾興銀設
　　立に就て」、同月20日「興業貯蓄合併成行」など参照。

100

を引き受け、またこれとは別口で貯蓄銀行自体も新設銀行株1,000株を引き受ける、つまり新銀行2万株中の4,000株を貯蓄銀行側が所有する[26]、というものであった。

　1910年6月21日の創立総会で、当時の台湾における地場銀行としては破格の資本金高100万円（払込25万円）をもって台湾商工銀行は設立された。『台湾商工銀行十年誌』（1920年）の冒頭には、「発起ノ最初ハ台湾興業銀行ト称セシモ創立総会ニ於テ台湾商工銀行ト称スルコトニ決議シタルナリ」（1頁）と記されているが、事実はもっといわく付きであった。既述のように、当初は地名に由来する「台中銀行[27]」という名称が新聞などに報道されていたが、その後、「阿緱銀行」へと変わり、さらに営業領域の拡張と設立目的を明確にする意図から「台湾興業銀行」へと変更された。ところが、この名称に内地の日本興業銀行（横浜正金銀行、日本勧業銀行と並ぶ政府特殊銀行）からクレームがつき変更を余儀なくされ、考えあぐねた末、一旦は農業・商業・工業にちなんだ「台湾三業銀行」に内定したが、6月21日の創立総会で急遽「台湾商工銀行」に変更されたのであった[28]。「三業」のうちから「農業」が抜けて「商工」に変更されたわけである。

　かくして台湾商工銀行は1910年8月12日、阿緱庁阿緱街に開業した。頭取山下秀実[29]のもとで支配人に就任したのは小倉文吉[30]であった。営業課目は、①諸預り金および貸付金、②証券割引および代金取立、③為替および荷為替、

26）『台湾日日新報』1910年5月8日「貯蓄興業合併せず」および「貯蓄株主評議会」、同月10日「台湾興業銀行決定」参照。

27）　1909年当時、台中では地元銀行設立の気運が高まり、種々の設立計画が新聞で報じられたが、銀行名が決まっていたわけではなく、すべからく「台中銀行」の名称で報道されることが多かった。たとえば、『台湾日日新報』1909年7月18日「台中銀行設立計画」、同年10月9日「台中銀行の予定」のなかで取り上げられた設立計画は、本書でいう「台中銀行」のことではない。

28）『台湾日日新報』1910年6月1日「日日雑信」、同月8日「興銀の発起人会」、同月24日「三業銀行創立総会」など参照。

④有価証券、地金銀の売買および両替、⑤官公金の保管、⑥金銀貨幣、貴金属、諸証券の保護預かり、⑦他銀行の業務代理からなり、貯蓄預金業務は取り扱わなかった。

4-3　新・台湾商工銀行の成立と頭取就任

　台湾商工銀行は、設立発起人29名の構成が日本人12名、台湾人17名から成っていたことでわかるように、日台合弁で設立されたところに意味があった。既設の台湾貯蓄銀行、嘉義銀行、彰化銀行なども日台相互の資本参加を排除するものではなかったが、結果的に貯蓄は日系、嘉義・彰化は族系というように偏っていたから、合弁組織の商工銀行設立には、単に銀行が一つ増えたという以上の、いわば植民地統治上ないし「日台融和」上の政治的意味があったといえよう。

　設立発起人の数は台湾人側の方が多かったものの、役員構成では日本人側が多数を占めた。日本人側は山下秀実（台中在住）が初代頭取に就任し、取

---

29)　小倉文吉は1868年の生まれで（出生地不詳）、93年に日本銀行に雇で入り、領台後の96年に同行台湾出張所詰めとして渡台。99年台湾銀行開業にともない同行に転じ、その後、斗六製糖（名）庶務主任を経て1910年台湾商工銀行設立と同時に同行支配人となり、さらに16年設立の新高銀行の常務取締役に就任。『台湾金融小史』（台湾商工銀行、1914年・推定）のほか著書多数。20年1月、上京の途次盲腸炎を患い内地神戸で手術を受けたが、術後の経過不良で死去。『台湾日日新報』1920年2月1日「小倉氏逝去」、拙稿「台湾」（文献解説、高嶋雅明・波形昭一共編『近代日本金融史文献資料集成』第38巻、日本図書センター、2005年）など参照。

30)　『台湾日日新報』1910年8月14日付広告欄、参照。

31)　設立発起人は、日本人側が桑原伊十郎（創立委員長）、山下秀実、荒井泰治、賀田金三郎、柵瀬軍之佐、金子圭介、小松楠弥、安田乙吉、古賀三千人、大石友次郎、近藤喜恵門、沢井市造の12名、台湾人側は藍高川、黄耀元、蘇雲英、李延光、李南、黄添福、林鞠臣、黄文韜、戴阿丙、阮達天、張達、陳吉六、李仲義、陳順和、藍高全、宗守四、許宗朝の17名、計29名であった。『台湾日日新報』1910年5月11日付広告欄の「株式募集広告」を参照。

締役は桑原伊十郎のほか台北在住の柵瀬軍之佐[32]、金子圭介、小松楠弥など5名、台湾人側は蘇雲英（阿緱）、藍高川（阿緱）の2名、さらに監査役は日本人側が荒井泰治（台北）、安田乙吉（台北）、山本三朗（不明）の3名、台湾人側が韓哲卿（台南）、林子瑾（台中）の2名であり、都合、日本人側8名、台湾人側4名という構成であった。明らかに日本人側が経営を牛耳る役員構成である。しかも表4-1の左側（合同前の1911年9月末、開業から1年2か月後）にみられるように、日本人側役員の顔ぶれは台湾貯蓄銀行の役員とほとんど重複しており、また貯蓄銀行自体が法人株主として大株主の二番手に位置している。したがって、台湾商工銀行の経営主体は、筆頭株主（所有株数4,592株）である桑原伊十郎の存在を無視できないとはいえ、台湾の南部というよりも北部および中部、とくに台北に活動基盤をおく日本人実業家達であったといえよう。

　こうした役員構成からみても両行の合同は、一時棚上げされたものの、もはや時間の問題であった。合同問題が再び表面化したのは、台湾商工銀行の開業から1年後の1911年7月頃である。同月20日に開催された台湾貯蓄銀行の定時総会・臨時総会において、同行の阿緱代理店を台湾商工銀行に委託し、その代わりに商工銀行の台北代理店を引き受ける、いわば相互乗り入れが決議され、と同時に安田乙吉の後任取締役・支配人として木村匡が正式に選任された[33]。これを承けて三度目の来台を果たした彼にとって、当面の最大の仕

---

32)　柵瀬軍之佐は1869年、岩手県西磐井郡中里村（現一関市）に柵瀬信六郎の三男として生まれる。89年に英吉利法律学校（中央大学の前身）を卒業し、以後、『山梨日日新聞』主筆、『東京輿論新誌』（『嚶鳴雑誌』の後身）記者、『毎日新聞』（『東京毎日新聞』の前身）編輯長などを経て、1900年大倉組台北支店主任として渡台。06年、弟和太理（信六郎の養子）と柵瀬兄弟商会（貿易業、代理業）を起こし、かつ台北における各種会社・銀行に関係する。08年から衆議院議員に6回当選。32年死去。著書に『見聞随記朝鮮時事』（陽春堂、1894年）がある。関連文献として古林亀治郎編『実業家人名辞典』（東京実業通信社、1911年）サ28頁、東京毎日新聞社編纂局編『大日本重役大観』（1918年）298頁、前掲『議会制度七十年史　衆議院議員名鑑』225頁参照。

第 4 章　台湾商工・台湾貯蓄両行の合同と頭取就任　103

事は両行の合同を速やかに成就させることにあった。ちょうどこの時期、荒井泰治（台湾貯蓄銀行頭取）は貴族院議員（多額納税者議員、在任期間：1911年9月～18年9月）に選ばれてまさに意気軒昂の絶頂にあり、と同時に台湾を留守にすることが多くなった。両行合同という荒井の意を承けて、この懸案事項の解決に果たすべき木村の責任は重かった。

　1911年秋から翌12年初頭にかけて、木村匡の阿緱・台北間（南北間）の往来が頻繁になった。12年1月、台湾商工銀行の定時総会が開かれた。この総会に合同のための定款改正案が附議される予定であったが、それに必要な出席株主数・役員数の不足が生じて協議が不可能となり、次期総会に持ち越されることになった。[35]既述のように、商工銀行側役員と貯蓄銀行側役員の大半は日本人であり、かつ重複していたから、両行合同の筋書きに関して役員間に意見の離齬はなかった。しかし両行のトップ同士、すなわち商工銀行頭取の山下秀実と貯蓄銀行頭取の荒井泰治の意見調整に手間どったようである。というのは、台湾における両者の居住地が遠隔にあり（山下は台中、荒井は台北）、かつ当時、両者とも内地出張の頻度が増し多忙を極めたため、会談する時間的余裕がなかったからである。しかし、合同問題に決着をつけるには、どうしても商工銀行頭取の山下に決断を迫る必要があった。

　1912年7月上旬には台湾商工・台湾貯蓄の両行とも株主総会を開催する予定になっていた。もはや合同問題の先延ばしは許されなかった。5月16日、荒井泰治と木村匡は同道して台中滞在中の山下秀実を訪問している。[36]台中訪

33）『台湾日日新報』1911年7月21日「貯蓄銀行総会」、同月29日「貯蓄の代理開始」参照。

34）　衆議院・参議院編『議会制度七十年史　貴族院・参議院議員名鑑』（1960年）177頁参照。また、1911年7月1日、荒井泰治の貴族院議員当選の祝賀会が台北の梅屋敷で盛大に催された。その様子については『台湾日日新報』同月2日「荒井氏当選祝賀園遊会」参照。

35）『台湾日日新報』1912年2月2日「商工銀行総会」、同月10日「商工貯蓄合併成行」参照。

表4-1　合同前・合同後の台湾商工銀行大株主・役員比較

合同前（1911年9月末）							合同後（1916年末）			
株主	所在地	台湾貯蓄銀行		台湾商工銀行		持株数計	株主	所在地	持株数	役員
		持株数	役員	持株数	役員					
桑原伊十郎	広島			4,592	取	4,592	呉汝祥　T	台中	3,000	
台湾貯蓄銀行	台北			728		728	林烈堂　T	台中	1,200	監
沢井市造	台北	100		600		700	呉鸞旂　T	台中	1,048	
荒井泰治	台北	250	頭	450	監	700	古賀三千人	台南	856	監
賀田金三郎	台北	335	取	350		685	金子圭介	台北	578	取
金子圭介	台北	229	取	300	取	529	林霽川　T	台南	502	
林子瑾　T	台中			500	監	500	沢井市良	台北	500	
山下秀実	台中	218	取	218	頭	436	林献堂　T	台中	500	
辜顕栄　T	台北			420		420	林澄堂　T	台中	500	
古賀三千人	台南			400		400	蔡蓮舫　T	台中	500	
小松楠弥	台北	166	監	200	取	366	柵瀬軍之佐	台北	415	取
張文選　T	台南			300		300	林祖藩　T	台中	415	
林烈堂　T	台中			250		250	近藤喜恵門	台北	392	
柵瀬軍之佐	台北	50	監	200	取	250	小松楠弥	台北	366	取
韓哲郷　T	阿緱			211	監	211	董金書　T	台中	365	
小畑駒三	台中			200		200	邨松一造	台北	330	常
田辺幸三郎	－			200		200	荒井泰治	台北	300	取
蘇雲英　T	阿緱			200	取	200	山下秀実	東京	300	取
頼長英　T	－			200		200	坂本素魯哉	台中	300	
藍高川　T	阿緱			200	取	200	蘇雲英　T	阿緱	297	監
王山東　T	台南			200		200	古賀達朗	台南	265	
李仲義　T	阿緱			200		200	吉岡徳松	台北	262	
李南　T	阿緱			200		200	木村匡	台北	250	頭
張達　T	阿緱			200		200	田辺幸之助	台北	250	
龔陽　T	阿緱			200		200	柵瀬和太理	台北	250	
木村匡	台北	200	取・支		監	200	韓哲郷　T	阿緱	226	監
							李仲義　T	阿緱	217	
							八馬栄之助	台南	215	
							藍高川　T	阿緱	208	取
							李南　T	阿緱	200	
							龔賜　T	阿緱	200	
							林熊徴　T	台北	200	

大株主持株数 A	1,548	11,719	13,267	大株主持株数 A	15,407
総株数　B	3,000	20,000	23,000	総株数　B	23,000
A／B　%	51.6	58.6	57.7	A／B　%	67.0
台湾人大株主の持株数　C		3,281	3,281	台湾人大株主の持株数　C	9,578
C／A　%		28.0	24.7	C／A　%	62.2

出典：合同前（1911年9月末）は杉浦和作編『台湾商工人名録』（1912年）66〜69頁、合同後
　　　（1916年末）は『台湾商工銀行株主名簿』（1916年末）により作成。
備考1：頭＝頭取、常＝常務取締役、取＝取締役、監＝監査役、支＝支配人。
備考2：Tは台湾人を示す。
備考3：沢井市造は1912年に死去したため、1916年欄は継嗣・市良名義。
備考4：所在地は日本＝府県、台湾＝庁を示す。－は不明。

問の甲斐があってか、その後の手続は順調に進んだ。6月22日、台湾商工銀行臨時株主総会が阿緱街武徳会場で催され、「台湾貯蓄銀行と合併の件並に定款変更案を全部満場一致にて可決[37]」したという。阿緱から台北にとって返した商工銀行の役員たちは、同日午後2時から鉄道ホテルで臨時取締役会を開き[38]（当時の鉄道事情からみて、午前中に阿緱街で株主総会を済ませ午後2時までに台北に移動するのは、いかにも不自然だが、ここでは新聞報道のままに記しておく）、頭取の人選について協議した。協議の結果、今後は頭取職専従者が必須であるということから、木村匡の頭取就任が承認されたのであった。商工銀行側の処理に決着がつけば、一方の貯蓄銀行側についてはなんら問題はなかった。6月25日、台湾貯蓄銀行臨時総会が鉄道ホテルで開催され、すんなりと合同案が承認された[39]。

36)　『台湾日日新報』1912年5月16日「商貯両銀合併」参照。
37)　『台湾日日新報』1912年6月23日「商工銀行臨時総会」。
38)　『台湾日日新報』1912年6月24日「商銀取締役会（木村匡氏頭取に推薦さる）」
　　　参照。

106

　1912年7月1日、資本金115万円（貯蓄銀行資本金15万円加算）の「新」台湾商工銀行が誕生した。[40]早くも同月22日、本店を阿緱街から台北の旧貯蓄銀行本店内（台北城内文武街1丁目16番戸）に移すとともに、8月中に商工銀行の阿緱本店・打狗出張所および貯蓄銀行の台南支店・花蓮港出張所をそれぞれ阿緱・打狗・台南・花蓮港の4支店に改組し、新銀行の体制が固められたのであった。

　ところで、両行の「合同」は、台湾商工銀行が台湾貯蓄銀行を「合併」[41]するという形で決着したが、実体的には、その逆だったのではないかと思われる。合同後、株主・株式構成にどのような変化が生じたかを調べてみたい。前掲表4-1の右側は合同後4年半近くが経った時期（1916年末）のデータなので、上記の疑問を解くのに適切かどうか問題ではあるが、資料の制約上これに頼るしかない。合同前（左側）と合同後（右側）を比較すると、明らかに大きく変化した点、なんら変化しない点、という双方の特徴がみられる。

　その第一は、大株主（200株以上株主）の持株数（A）に占める台湾人大株主の持株数（C）の割合（C/A）が合同前の24.7％から合同後には62.2％に激増していることである。これは大株主にかぎったことではなく、表4-2に示されるように、総株数における台湾人持株数の割合も62.1％を占め、全株主数に占める台湾人株主数の割合にいたっては実に74.5％、つまり3/4に達している。総株数は合同前も合同後も変わらず2万3,000株であるから、合同後5年ほどの間に株式所有権が日本人から台湾人に大移動したことになる。

　第二は、所有権移動の大枠についてである。両行合同時に一方の台湾貯蓄

---

39)　『台湾日日新報』1912年6月26日「貯銀臨時総会（商銀合併案件に就て）」参照。

40)　合併当初は1912年7月1日が設立年月日として商業登記されたらしいが、後日、前身銀行の設立年月日（1910年6月21日）に改訂された。『台湾日日新報』1912年11月6日の広告欄「商業登記公告」参照。

41)　『台湾日日新報』1912年6月26日の広告欄に「株式会社台湾貯蓄銀行ヲ株式会社台湾商工銀行ニ合併セシムルノ決議ヲ為シ」と催告掲示されている。

銀行は解散したから、同行所有の商工銀行株（1911年9月時点でいえば728株）がだれかの手に移ったはずであり、また筆頭株主の桑原伊十郎の所有株（同じく4,592株）も桑原の取締役退任時（1913年7月）になんらかの形で他者の手に分散したであろう。これに対応しての事象であろうが、大株主の上位に台湾人が進出し、とりわけ呉汝祥・林烈堂・呉鸞旂など1,000株以上の巨大株主が登場する。貯蓄銀行と桑原の所有分を合わせて5,320株、同じく呉汝祥・林烈堂・呉鸞旂の所有分を合わせて5,248株、妙なまでに符合しているのである。その結果、合同前には500株以上の上位大株主7名中、日本人が6名（台湾貯蓄銀行を含む）であったが、1916年末には上位大株主が10名に増え、そのうち台湾人が7名を占めて逆転している。

　第三は、台湾人株主の構造変化についてである。台中庁を所在地とする株主が上位大株主（500株以上）10名中6名の多数を占めているが、これは、上記のごとき単なる日本人株主と台湾人株主との逆転現象にとどまらず、台湾人株主全体の構造変化でもあった。次頁表4-2のB/A欄にみられるように、株主一人当たり平均持株数について、日本人の場合は所在地別でそれほど差がないのに対して、台湾人の場合は大きな差がある。株主数が少なく平均持株数の多い台中庁、株主数が多く平均持株数の少ない阿緱庁、という対極的な構造に変化している。

　第四は、株式所有構造のこうした激変にもかかわらず、役員構成、いわば経営権構造はほとんど変わっていないことである。役員構成としては取締役（頭取を含む）が7名から8名へ増加し、監査役が5名から4名へ減じているが、総数（12名）に変化はない。合同前の役員中、合同後、1916年末までに退任した桑原伊十郎、林子瑾、山本三朗の3名、逆に新しく就任した林烈堂、古賀三千人、郁松一造の3名が入れ替わっただけであり、いうなれば日本人2名、台湾人1名の交代人事にすぎない。要は、この3名の役員人事を除き、そのほかの役員9名は引き続き役員にとどまっていた。ただ、役員構成中、台湾人役員はこれまで取締役7名中2名だったものが8名中1名に減員され、

表4-2 台湾商工銀行の株式分布 (1916年末)

			甲　株			乙　株			計		
			株主数A	株数B	B/A	株主数A	株数B	B/A	株主数A	株数B	B/A
日本人	台湾	台北庁	41	3,686	90	23	1,417	62	49	5,103	104
		桃園庁	1	100	100				1	100	100
		新竹庁				1	40	40	1	40	40
		嘉義庁	1	10	10				1	10	10
		台中庁	3	370	123				3	370	123
		台南庁	23	2,149	93	2	29	15	24	2,178	91
		阿緱庁	12	351	29				12	351	29
		宜蘭庁	1	50	50				1	50	50
		花蓮港庁	4	61	15				4	61	15
	内地		8	382	48	5	57	11	10	439	44
	朝鮮					1	20	20	1	20	20
		計　A	94	7,159	76	32	1,563	49	107	8,722	82
台湾人	台湾	台北庁	9	242	27	8	289	36	11	531	48
		桃園庁									
		新竹庁	1	6	6				1	6	6
		嘉義庁	1	109	109	1	90	90	1	199	199
		台中庁	13	6,818	524	1	1,000	1,000	13	7,818	601
		台南庁	42	1,920	46	8	54	7	45	1,974	44
		阿緱庁	240	3,746	16	1	4	4	242	3,750	15
		宜蘭庁									
		花蓮港庁									
		計　B	306	12,841	42	19	1,437	76	313	14,278	46
計	台湾	台北庁	50	3,928	79	31	1,706	55	60	5,634	94
		桃園庁	1	100	100				1	100	100
		新竹庁	1	6	6	1	40	40	2	46	23
		嘉義庁	2	119	60	1	90	90	2	209	105
		台中庁	16	7,188	449	1	1,000		16	8,188	512
		台南庁	65	4,069	63	10	83	8	69	4,152	60
		阿緱庁	252	4,097	16	1	4	4	254	4,101	16
		宜蘭庁	1	50	50				1	50	50
		花蓮港庁	4	61	15				4	61	15
	内地		8	382	48	5	57	11	10	439	44
	朝鮮					1	20	20	1	20	20
		計　C	400	20,000	50	51	3,000	59	420	23,000	55

| A／C | ％ | 23.5 | 35.8 | 62.7 | 52.1 | 25.5 | 37.9 |
| B／C | ％ | 76.5 | 64.2 | 37.3 | 47.9 | 74.5 | 62.1 |

出典：『台湾商工銀行株主名簿』（1916年末現在）より作成。
備考：甲株（旧台湾商工銀行株）と乙株（旧台湾貯蓄銀行株）の株主数はそれぞれで計算したので、その合計人数は計欄の株主数とは一致しない。

その減員分を埋め合わせるべく監査役は5名中2名から4名中3名に増員されている。これは明らかに日本人役員の経営権増幅といえるが、それ以上に注目すべき重要点は、旧貯蓄銀行時の役員が、合同後の台湾商工銀行においても役員の中核的ポストを独占し、経営権の中枢を掌握し続けていることである。

　以上の4点を総括すると、まさに「所有と経営の分離」を梃子として、「小」の台湾貯蓄銀行（日本人側経営者）が「大」の台湾商工銀行（台湾人側資本）を飲み込んだところに、この合同劇の本質があったとみるべきであろう。頭取は山下秀実から木村匡に引き継がれ、以後、大正末期までの14年間、木村匡が同行を率いていくことになる。

　　　　　　　　　…………………………

　本書の筋書きに直接影響する問題ではないが、今ここでふれておかなければならないことが、二つある。その一つは、台湾商工銀行の設立に主役を演じた桑原伊十郎の行動に、理解しがたい点が多々みられることである。たとえば、巨額な資金を投じてまで、彼はなにゆえに台湾での銀行設立に奔走したのか、その意図がいっこうに見えてこないのである。というのは、桑原が台湾での銀行設立に奔走していたその時期（1909〜10年）、一方、彼が頭取の任にあった山陽貯蓄銀行（広島県）は火の車状態にあり、本来ならば台湾で新銀行を設立するような状況にはなかったはずだからである。台湾への進出で本丸の窮状を乗り越えようとしたのであろうか。その辺の関連がわからない。ちなみに山陽貯蓄銀行は1912年9月（この時点では桑原は頭取を退任）、預

110

金取付けに遭い臨時休業している。[42]

　さらに不思議なことに、桑原は1912年5月の第11回総選挙に広島県郡部から立候補し、みごと当選したにもかかわらず、なぜか6か月後の同年11月に代議士を辞職している。[43]この時期は既述したように、台湾商工銀行と台湾貯蓄銀行の合同が成立して新・台湾商工銀行（木村匡頭取）がスタートしたばかりの頃である。また13年7月には台湾商工銀行の取締役を辞任している。筆頭株主としての持株を手放したのも、この頃と思われる。

　ところが後年、すなわち貴族院議員の安立綱之[44]が台湾商工銀行の監査役に選任された1922年7月のことであるが、このときも桑原伊十郎は不可思議な行動をとっている。たとえば、当時の『台湾日日新報』はつぎのように伝えている。「此程商工銀行総会で監査役に選任された貴族院議員安立綱之氏が来台した　同行創立者とか称する桑原伊十郎氏が基隆まで出迎へて何呉れと斡旋してゐたが（中略）尚ほ商銀問題とかの中心人物である桑原氏の語る処により推すれば問題は一段落をつげたけれども、余燼は未だブスブス燻つて

---

42)　明治大正財政史編纂係編『銀行事故調・全』（駒沢大学経済学会編『経済学論集』第6巻臨時号、解題・渋谷隆一、1975年）62〜63頁および高嶋雅明「金融危機と銀行経営─1910年代前半の広島県・山口県の事例を中心に─」（粕谷誠・伊藤正直・斎藤憲編『金融ビジネスモデルの変遷─明治から高度成長期まで─』日本経済評論社、2010年）参照。

43)　中国新聞社編『広島県大百科事典』下巻（1982年）841〜842頁参照。

44)　安立綱之（1859〈安政6〉〜1938年）は薩摩藩士国分市郎右衛門の三男（幼名・彦七）として生まれたが、のちに同藩士安立（旧姓・迫田）利綱の養子となり、綱之と改名。東京の共立学舎（1870年、幕末・明治初期の代表的な英学者・尺振八らが本所相生町〈現在の墨田区両国〉に創立した英学塾）に学ぶ。1878年の警視局雇から1905年の警視総監辞任まで一貫して警察畑を歩んだ明治期における典型的な警察官僚。その後、貴族院勅選議員（1909〜38年）。参考文献として、前掲『議会制度七十年史　貴族院・参議院議員名鑑』85頁、高橋雄豺「明治年代の警保局長（15）安立綱之」（『警察学論集』第23巻第8号、1970年）167〜180頁、戦前期官僚制研究会編・秦郁彦著『戦前期日本官僚制の制度・組織・人事』（東京大学出版会、1981年）11頁、などがある。

第4章　台湾商工・台湾貯蓄両行の合同と頭取就任　111

ゐるやうだが、安立監査役の着任で何とか鳧がつくだらうと思はれる」（ル
ビ…原文、踊り字は横書用に修正…引用者）、と。「基隆まで出迎へて何呉れと斡
旋してゐた」桑原と安立がどのような関係にあったのか、「余燼は未だブス
ブス燻つてゐる」商銀問題とはいったい何のことか、など疑問は尽きない。
前述したように、桑原が台湾商工銀行の取締役を退任したのは13年7月のこ
とであり、それから10年近くも経った22年に同行と桑原との間に「未だブス
ブス燻つてゐる」ようなトラブルがあったのであろうか。その後、安立の監
査役在任はわずか10か月間で終わり、翌23年5月に辞任している。そもそも
台湾にはなんら縁のなかった安立がなにゆえに商工銀行の監査役に就任した
のか、というごく単純な疑問さえ解けないのである。

　このように桑原伊十郎の行動には解せない点が多々みられるが、資料上の
制約もあって、残念ながら整合的な解釈にたどり着くことができなかった。
　いま一つの問題は、商工・貯蓄両行の合同を達成し、新・台湾商工銀行が
スタートしたその時期、頭取木村匡の私生活に不可解ともとれる事態がみら
れたことである。木村匡は多くの著述を遺しているが、私生活面にふれると
ころがほとんどない。そのため家族構成を知るには興信録類に頼るしかない
が、それらによれば妻か祢、長女たか、長男愿、次男昌との5人家族で

---

45)　『台湾日日新報』1922年7月29日「明治七年の征台の役に十六歳で従軍したと往
　　事を追懐する安立商銀新監査役」。

46)　台湾商工銀行『第二十五期営業報告書』（1922年下半期）3頁、『第二十六期営
　　業報告書』（1923年上半期）9頁参照。このときの経緯には、三好徳三郎（台北の
　　辻利茶舗主、台北商工会副会長）も若干かかわったようであり、後日そのことを
　　書き残しているが（拙編著『民間総督三好徳三郎と辻利茶舗』日本図書センター、
　　2002年、180～181頁参照）、残念ながらその文脈からはことの真相を読みとること
　　ができない。また、三好のこの記録では、話し合いの結果、「足立氏の監査役は実
　　現せざる事とし、何かの挨拶にて円満に解決した事があつた。」と記されているが、
　　わずか数か月間のこととはいえ安立綱之は台湾商工銀行の監査役に就いた。おそ
　　らく三好の記憶違いであろう。

あった。しかし彼の戸籍謄本によれば、1912年4月、か祢との間に三男の格[47]が生まれたことになっている。にもかかわらず、格の名は興信録類に一度も登場してこないのである[48]。そのわけは、格は13年12月（生後1年8か月の頃）に岡山県・藤田家へ養子に出され、さらに翌14年7月、大阪市・吉田家へ再び養子転籍となり、以後、原籍に戻ることはなかったからである。明治から大正への時代には、幼児期のこうした養子縁組はどこにでも見られ、とくに子供のない親類縁者などから養子縁組を請われた場合、さしたる抵抗感もなくおこなわれた社会慣習だったのかも知れない。ただ、格の場合のように、二度も転籍がおこなわれるのは稀であっただろうし、木村匡の経済力からいって、どう考えてもやむをえない養子縁組とは思えない。

さらに不可解なのは、1940年2月、木村匡が死去したさいの新聞訃報欄[49]に載った遺族名とその並び順である。「嗣子　木村愿」「男　木村昌」のあとに「孫　日野格」とあり、続いて「親戚　木村力」（敏の長男）、「同　木村太郎」（剛の長男）とある。日野姓は匡の長女たかの嫁ぎ先（夫・日野一郎）の姓であり、格が母たかの名代として3番目に名を連ねた形になっている。要するに、

---

47) 2014年6月初旬、木村匡の令孫に当たる木村景二氏に初めてお会いすることができた。そのさい同氏より匡の戸籍謄本（写し）を提供していただいたが、それを一瞥して筆者は驚いた。というのは、そのとき初めて三男格の存在および妻か祢との協議離婚の事実を知ったからである。大正中期以降になると興信録類に妻か祢の名前がみられなくなるため、か祢は死亡したものと筆者は勝手に思い込んでいた。なお、景二氏との邂逅の経緯については本書「おわりに」を参照されたい。

48) 参考にした興信録類は、内尾直二編輯『人事興信録』第3版（人事興信所、1911年）き之部17頁、第5版（1918年）き之部14頁、第7版（1925年）き之部8頁、中西利八編『財界人物選集』（同選集刊行会、1929年）き11～12頁、商工事情調査会編『最新業界人事盛衰録』（1931年）キの部12頁、猪野三郎編輯『大衆人事録』第3版（帝国秘密探偵社・帝国人事通信社、1930年）キ之部17頁、第7版（1932年）キ之部20頁などである。ただし、木村匡の戸籍謄本を入手したのちに三男格の存在が記載されている別の文献、前掲『大衆人事録』第12版（1937年）宮城の部14頁、百合藤五郎編『宮城縣名士宝鑑』（同宝鑑発刊事務所、1940年）8～

格は匡の三男ではなく日野一郎・たか夫婦の子、つまり匡の孫とされている
のである。長女たかが日野一郎と結婚したのは1917年10月のことであり、か
つまた木村匡が19年4月、内地へ出張したさい佐賀県から台湾日日新報社に
送った通信文[51]に、「小生は十四日門司上陸佐賀県下相知炭坑女婿日野医学士
の客となり生れて、始めて初孫の顔を見候。」（ルビ…原文）と好々爺ぶりが
したためられている。したがって格が一郎・たか夫婦の実子であるはずはな
い。養子先の吉田姓ではなく日野姓を名乗った理由はなぜなのか、ますます
不可解の度が増す。

　しかも、これに関連して気になるのは、1915年7月に匡と妻か祢が協議離
婚していることである。匡・か祢夫婦は、台湾在任中の匡がほとんど単身赴
任で同居機会の少ない夫婦であったから、離婚の遠因もその辺にあったのか
も知れない。それにつけても、協議離婚と三男格の養子縁組とが時期的にあ
まりにも近接している。両者になんらかの因果関係があった、とみるのが自
然であろう。協議離婚の原因は？、養子縁組の原因は？、日野姓（孫）を名
乗った原因は？、などと疑問符は続くが、確証に足る資料はないし、これ以

　11頁に遭遇したので、その旨を記しておきたい。
　　木村匡の家族情報について知りえたかぎりで記しておく。前掲の木村家系譜
　　（第1章12頁）を併せて参照されたい。妻か祢＝1874年生まれ、東京平民、菅波
　　貞・ヒサの長女。長女たか＝1894年生まれ、京都第一高等女学校卒業、のち日野
　　一郎（宮城県生まれ、医学士）に嫁す。長男愿＝1901年生まれ、東北帝国大学理
　　学部卒業、理化学研究所助手、ドイツ留学を経て日本アルミニューム㈱技師、
　　理学博士。次男昌＝1903年生まれ、東京商科大学卒業後、三越呉服店に勤務。三
　　男格＝1912年生まれ、大阪府・吉田政吉の養子となり、東京工業大学卒業。なお、
　　長男愿についての詳細は後述の第9章脚注26を参照されたい。
49）『河北新報』1940年2月9日付訃報欄、参照。
50）『台湾日日新報』1917年10月20日付人事欄に「木村匡氏　令嬢結婚の為め郷里仙
　　台に帰省中なりしが二十二日神戸発帰台の由」とあり、ここでいう「令嬢」が長
　　女たかであることは間違いない。
51）『台湾日日新報』1919年4月26日・木村鬼村（匡）「青葉の旅より」。

114

上の詮索は本書の主旨でもないので疑問符はこの程度にとどめたい。ともあれ、離婚後の匡は20年間も男所帯を通し、西村婦し（1890〜1988年、京都府、西村嘉兵衛・たきの三女）と再婚したのは内地に帰還してすでに8年も経った1934年のことであり、74歳のときであった。いずれにせよ木村匡は、台湾で銀行頭取に就任し、なにかと責任重大な立場にあったその時期、一方では内地での複雑な家族問題に人知れず悩んでいたことになる。

52）　長野県上伊那郡赤穂村（現駒ヶ根市）の村長福沢泰江は1928年6月、北海道旅行の帰途、桃生郡北村の木村匡宅に立ち寄り、「其夜は木村村長の宅に一泊して家人の厚き待遇に浴し……」との記録を残している（福沢泰江「宮城縣北村の郷土教育」『斯民』第275号、1928年、42〜44頁。福沢については前掲『日本人名大辞典』1597頁を参照）。ここにいう「家人」が誰なのかは特定できないが、当時、匡が独り暮らしだったとは考えにくい。当時の彼は多忙で仙台に出向くことが多かったから、北村の家を留守にしがちであっただろうし、すでに老境の身でもあったから家事を切り盛りしてくれる「家人」を必要としたはずである。

さらにまた、1930年4月26日に催された桃生郡須江村における愛宕神社祭典の模様を報じた『河北新報』の記事（同月28日付「重景公万歳」）にも留意したい。記事はつぎのようにいう。「此日、木村匡氏はわざわざ仙台から夫人同伴で重景公奮戦の場を飾つただし見物に来村し馬に跨つて敵軍に包囲を受けてゐる祖先の面影を感慨無量の面持ちで見物し感極まつて涙に袖を濡らした場面はたゞの〈お祭り騒ぎ〉とは全然趣きを異にし意味深長の活きた教訓であつた」（傍点…原文）、と。

これはあくまでも推測の域を出ないが、これら二つの資料に登場する「家人」「夫人」とは婦しのことであり、匡と婦しは正式の婚姻関係を結ぶ前から同居していた、つまり内縁関係にあったのではないか、と筆者は考えている。ただし、これはあくまでも推測・憶測のこととして理解されたい。

第5章　台湾商工銀行の経営戦略と業容

5-1　木村頭取の銀行経営姿勢

　木村匡は1911年7月に三度目の来台をはたし、およそ1年後の12年6月、台湾商工銀行の頭取に就任した。まさに文字どおり「台湾に生きた銀行家」になっていくのは、これ以降のことである。かつて同行台北南門出張所長であった中村小太郎は、木村の頭取在任期を偲んでつぎのようにいう。「本当の木村先生の台湾生活は、その時（台湾商工銀行頭取就任時…引用者）以後に開始されたと曰つても決して過言ではあるまい。（中略）大正の末期、本島を引上げて帰国せられるまで、二十有余年、公人としてまた私人として、台北否台湾に於ける第一人者と曰はざるまでも、中核的の存在としての先生は、先づ稀に見らるべきものであつたらう」[1]、と。

―――――――――――

1)　中村小太郎「木村匡先生の追憶」（緒方武蔵編著『始政五十年台湾草創史』新高堂書店、1944年）140頁。中村小太郎については詳しい経歴データがなく、早期のものとしては杉浦和作編『台湾会社銀行録』第8版（台湾実業興信所、1927年）4頁に台湾商工銀行台北南門出張所長の肩書で掲出され、伊地知郁造編『台北市人名簿』（台湾案内社、1928年）95頁に商工銀行員、宮城県出身で出てくる程度に過ぎない。さらに7、8年後の『台湾銀行会社録』第17次（前掲『台湾会社銀行録』の改称・続版、1935年）6頁および金高佐平編『台北民間職員録』（同職員録発行所、1935年）126頁にも同じ肩書で出ている。また第2次大戦後、1959年作成の大沢貞吉『台湾関係人名簿』（愛光新聞社）127頁に妻愛子（仙台市内在住）の名で夫中村小太郎（故人）を確認することができる。木村匡の頭取在任中に中村がどのような職位にあったかは不明だが、大路会（台湾総督府初代民政局長の水野遵を偲ぶ会）の世話役・裏方を引き受けていたのが中村であり、木村とは同郷のよしみもあって近い関係にあったらしい（大路会編『大路水野遵先生』大路会事務所、1930年、168頁参照）。

三十四銀行台湾総支配人当時における木村匡の銀行経営理念が商業銀行主義にあり、この理念は同行頭取小山健三のそれに見合うものであったことは既述した。商業銀行の経営基盤は預金資源に規定されるから、その業容は預金の範囲（量と質）を超えてはならない、という基本原理を守りとおせるか否かが銀行頭取たる者には問われる。すなわち経営「理念」は経営「姿勢」にあらわれる。自らが銀行頭取になった木村にとって、三十四銀行小山頭取の経営姿勢が貴重な教科書になった、と考えてもそれほど的はずれな推測ではなかろう。小山健三の座右の銘が「一人一業主義」であったことは有名だが、木村匡にもこの銘が似つかわしい。また、福沢桃介が喝破したように、「小山の頭取は、世間並の盲ら判を押す頭取ではなかつた。名は頭取だが、実は頭取兼常務取締役兼支配人兼書記で、行員と同時に出勤し、伝票には悉く目を通し、僅々百円の手形でも、小山の判がなければ割引出来なかつ
た。」といわれる。この点も木村匡に通ずるものがあった。[2]

たとえば、頭取就任時における木村匡の執務の様子を紹介してみたい。『台湾日日新報』1912年7月13日「台北の銀行界」はつぎのように伝えている。「頭取木村匡氏は銀行業者中の僧侶なりと自認せる位なれば往々斯業者に避くべからざる慾深き様の事毫も無く現在の営業所の狭き粗造なる見通しの一隅なる頭取室の応接室を兼ねたる椅子に痩軀を置き眼を輝かし現今の事業熱などに対し冷然たるは正に斯界の僧侶たるの名に背かずと云ふべし　其能く談じ能く語るは銀行家らしからざれど植民地的の銀行頭取としては夫れ或は適せんか　行員の少数にて切廻せる車輪の活動善くも手の廻るものかなと思はしむ　時に百五十万円（正しくは百十五万円、資本金額…引用者）の銀行頭取は支配人ともなり行員ともなり窓口に通帳を交付する等の雑務をも執りつゝあるは自から動きて不知不識他を動かす所ろか」。

意識的にしているわけではなく生来のタチからであろうが、いずれにせよ

2）　福沢桃介『財界人物我観』（ダイヤモンド社、1930年）155頁。

木村匡は実にマメな男であった。人に頼まれれば厭とは言わず（「言えず」ではない）、さまざまの世話役、紹介役、橋渡し役などを引き受ける。そうした木村は、頭取だからと悦に入っていられる性格ではなく、行員の手が足らなければ自然体で窓口業務もこなす。「銀行頭取ともあろうお方が……」と、ひとになんと揶揄されようが意に介さないというふうであった。『台湾日日新報』1913年5月7日付コラム欄「無絃琴」は、「内地新来の某氏が台湾の人物評を試みた中に……」としてつぎのような面白い人物寸評を紹介している。「中川台銀副頭取の風采は、先天的に銀行家らしく何う見てもお役人上りとは見えない　木村商工頭取に至つては横から見ても縦から見ても銀行屋らしくは無い、<ruby>圷<rt>そ</rt></ruby>して其前身がお役人であつたことも一寸受取難い」（ルビ…原文）、と。この寸評は中川・木村両人の身なり風采からなされたものであり、言いえて妙である。身なりや体裁に無頓着な木村匡の人間像が目に浮かぶようである[3]。

5-2　積極的な店舗展開と人事異動

　頭取就任後に木村匡がとった銀行経営策の最大の特徴は、店舗展開の拡張であった。1912年、木村頭取の率いる新・台湾商工銀行は、旧・台湾商工銀行の阿緱・打狗・基隆3店舗と旧・台湾貯蓄銀行の台北・台南・花蓮港3店

3）『台湾日日新報』1916年8月8日「無絃琴」によるつぎの寸評も木村匡の人柄を知るのに参考となる。「豊頬象眼にして禿頭の中川台銀は……」と表現したのちつぎのようにいう。「同じ銀行屋でも木村鬼村翁と来ては又特別で、詰襟の洋服の胸の所がグシヤグシヤに汚れたのを着て、平気でアノ五十銭の帽子でテクテク押しかける、此の間も台銀の秘書課に表はれ例の温しい語調で、倉庫の三巻サン（台湾倉庫（株）専務取締役の三巻俊夫…引用者）は何処に居りますかと吉野君（吉野小一郎カ…引用者）に問ねる　吉野君も吉野君で皮肉に出て、呼び寄せたら宜いでしやうと答へると、鬼村翁今日は人を傭つて貰はうと思つてお願ひに来たのだから卜、其まゝトコトコと二階へと昇る」（踊り字は横書用に修正…引用者）。

118

舗、都合 6 店舗を引き継いでスタートした。表 5 − 1 に示したように、島内銀行の先輩ライバル銀行にあたる彰化銀行の店舗数は同年時点で、台中本店と彰化・南投・台北 3 出張所の 4 店舗を有するにすぎない。また同じく島内銀行の嘉義銀行（表示は省略）も嘉義本店のほか斗六・南投の 2 出張所しかなかった。台湾銀行と三十四銀行台湾店（台北・台南 2 支店）を除く島内地場 3 銀行（嘉義・彰化・台湾商工）中、台湾商工銀行はスタート時点から、彰化・嘉義両行が本拠地とする台湾の中部・西部は手薄であったものの、北部・南部・東部に広く店舗を配置していた。木村頭取は、この店舗網の優位性をさらに拡大することから始動したのである。

　まずその手始めに、1912年11月、台北の代表的な台湾人居住地区である大稲埕と艋舺に派出所を設け（大稲埕中街10番戸の年茂號内と艋舺の龍山寺内）、『台湾日日新報』（1912年11月21日）の広告欄に「預金事務ヲ御取扱申候也」と大々的に掲示した。この台湾人居住地区における 2 派出所の設置は、台湾商工銀行が台湾人預金の吸収に積極的であることを宣言するものであった。さらに翌12月には、いまだ台湾銀行の出張所しかない新竹に支店を設置した。[4]13年に入ると、台北本店舎の新築に取りかかるとともに、 3 月に基隆出張所を支店に昇格させ営業を開始した。「開業当日（ 3 月11日…引用者）の取扱高は預金二万八千余円にて頗る好況を呈したり（中略）従来台銀との取引なかりし預金者には将来成るべく自由なる方法にて商工銀行の貸出し行はるべく一般に歓迎されつゝあり」[5]と紙上に伝えられている。また同年10月、阿緱支店の出張所として東港出張所を設置し、ここでも「人気至つて宜しく預金一万五千七百六十円に達せり」[6]と、地元での受けはよかった。

　1914年には店舗の新設はなかったものの、同年 1 月、阿緱街屏東会館で開

---

4 ）　新竹支店設置の模様については、『台湾日日新報』1912年12月17日「商工新竹支店開業」、同月18日「新竹商銀支店開業」など参照。
5 ）　『台湾日日新報』1913年 3 月14日「基隆商工支店開業景況」。
6 ）　『台湾日日新報』1913年10月19日「商工銀行東港出張所」。

第5章 台湾商工銀行の経営戦略と業容 119

表5-1 台湾商工銀行と彰化銀行の店舗展開

年次	台湾商工銀行	彰化銀行
1905		彰化（本）⑥［1910出張所、1915支店］
1906		
1907		
1908		
1909		台中（出）⑧［1910本店］
1910	阿緱（本）⑧［1912支店］、打狗（出）⑪［1912支店］	南投（出）⑤［1915支店］
1911	基隆（出）⑧［1913支店］	
1912	台北（本）⑦、台南（支）⑧、花蓮港（支）⑧、大稲埕（派）⑪、艋舺（派）⑪、新竹（支）⑫	台北（出）⑨［1915支店］
1913	竹南（出）④、東港（出）⑩	桃園（出）④、鹿港（出）⑫［1915支店］
1914		
1915	苗栗（派）②、宜蘭（支）⑤	
1916	羅東（派）②	
1917		
1918	台中（支）②、龍潭陂（派）⑧［1920廃止］、鳳山（派）⑧	葫蘆墩（出）①［1919支店］、員林（出）①、枋橋（出）⑧、東勢（出）⑧
1919	蕃薯寮（派）①	埔里（出）⑤、基隆（出）⑥［10月支店］、打狗（出）⑦
1920	嘉義（支）③、桃園（派）⑦	
1921	東京（支）②、中壢（派）⑧	

出典：前掲『台湾商工銀行十年誌』（1920年）7～8頁、前掲『第一銀行四十年誌』（1951年）40～44頁、第一銀行慶祝創立七十週年籌備委員会編『第一銀行七十年』（台湾第一商業銀行、1970年）273～276頁、彰銀六十年史編輯委員会編『彰化商業銀行六十年史』（1967年）66頁より作成。

備考1：（本）は本店、（支）は支店、（出）は出張所、（派）は派出所を示す。なお、台北本店、台南支店、花蓮港支店は台湾貯蓄銀行からの引継ぎ。

備考2：①～⑫は店舗開設の月。

備考3：1921年、阿緱支店を屏東支店、打狗支店を高雄支店、蕃薯寮派出所を旗山派出所と改称。

備考4：台湾商工銀行の竹南出張所（1913年）と中壢派出所（1921年）は上掲の『七十年』には記載されているが、『十年誌』と『四十年誌』には記載されていない。理由は不明だが、ここでは『七十年』に従った。

催された定時株主総会において、将来に向けた店舗拡張構想として大稲埕・
艋舺・宜蘭・苗栗・台中・嘉義・鳳山・恒春・卑南にも支店または出張所を
新設するべく定款改正がおこなわれ、その設置場所（設置優先順位）、設置時
期および店舗規模については取締役会に一任された[7]。こうした将来構想のな
かで、まず1915〜16年に着手されたのが、台北からみて西南部の苗栗派出所、
東南部の宜蘭支店と羅東派出所の設置であった。いわば台北・基隆・新竹な
ど台湾北部をさらに強固にする戦略であったと思われる。15年5月に開業し
た宜蘭支店の場合、開業当日は「朝来取引客群集の盛況を呈」し、預金高は
2万1,150円余に達したという[8]。

　そしてついに1918年、ライバル銀行たる彰化銀行の本拠地・台中に切り込
んだのである。同年2月の台中支店の設置がそれである。開業当日の様子を
新聞記事によってみると、「午前九時より十時迄は大山（大山彦熊…引用者）
支店長を初め森（森春喜…同）助役外四名の行員が何れも大車輪の働きをな
し寸時も休憩する暇無き程の多忙を極め貯金預入者陸続として絶エず　正午
迄に内地人本島人を合せ二百人の取扱ひをなせり　同行の特色とせる貯蓄預
金及び定期積金最も多く金高は大ならざるも口数は頗る多数に上り午前中の
取扱高は約十万円に達せり[9]」と伝えている。

　台中支店を設置したこの年（1918年）は、台湾の諸銀行が店舗網の拡張に
しのぎを削った年である。16年の設立で、店舗はいまだ台北本店と桃園出張
所しかなかった新高銀行（本店＝台北大稲埕、資本金50万円）が、18年に入る
と猛烈な勢いで店舗展開を推し進め、新竹・基隆・水辺脚・大嵙崁・中壢・
樹杞林の6出張所と厦門支店を開設した。彰化銀行も同年、員林・葫蘆墩・
東勢角・枋橋の4出張所を増設し、嘉義銀行も打狗支店を設置したのであっ

7）『台湾日日新報』1914年1月28日「商銀支店設置」参照。
8）『台湾日日新報』1915年5月2日「商銀宜蘭支店」および「商工銀行預金高」参
　　照。
9）『台湾日日新報』1918年2月3日「商工台中支店」。

た。台湾の銀行界はまさに店舗網拡張戦時代にいたったのである。こうした状況下にあって台湾商工銀行は、すでに13年に設立許可をえながら嘉義銀行の破綻騒動で一時延期していた嘉義支店の設置を20年に果たすとともに、さらに19年上半期頃から推し進めてきた東京支店の設置を、ついに21年2月、東京市日本橋区呉服町1丁目（現東京都中央区八重洲1丁目の辺り）の地に実現したのであった。

　以上、1912～1921年における台湾商工銀行頭取木村匡の積極的な店舗戦略を概観したが、店舗展開が急速だっただけに、同行幹部の人事異動にはそれ相応の苦労がともなったようである。表5-2をみられたい。これは『台湾日日新報』の記事から拾い集めたデータを他の文献で補正しつつ作成したものである。しかも当該期の同紙には欠号や毀損部分が多い。したがって、当表については不完全の誹りを免れないが、不完全ながらも店舗展開の急進性によって生じた人事異動の特徴を読み取ることに、それほどの差し障りはないであろう。

　その特徴とは、台湾銀行・三十四銀行など他銀行や他企業から人材を引き抜いて支店長・助役クラスに抜擢していることである。ここに登場する幹部行員（若干の新卒採用も含まれる）26名のうち10名がこうした外部からの人材補給である。店舗展開には資本力がものをいうが、ただそれだけでは済まない。とくに植民地期の台湾では銀行業務に長けた人材の確保が至難である。

---

10)　『台湾日日新報』1919年12月5日「商工銀行発展　嘉義にも支店」はつぎのように伝えている。「木村頭取の語る所に依れば嘉義支店設置のことは大正二年の定時総会にて株主の同意を得て定款にも明記しあり　其当時大蔵大臣の認可を得たる所にして其後台中、宜蘭両支店と倶に開設の筈なりしも不幸にして同業者たる嘉義銀行の整理期限中なりし故時の財務局長中川友次郎氏より商工銀行支店設置の為嘉義銀行の整理に影響することあつては不如意に付き当分延期する方可ならんとの懇談あり　自然今日まで延期した」、と。なお、嘉義銀行の整理問題については、拙稿「植民地台湾における地場普通銀行の経営分析―1905～1913年の嘉義銀行と彰化銀行を事例に―」（『獨協経済』第86号、2009年）をみられたい。

表5-2　台湾商工銀行幹部行員の人事異動（1912～1915年）

氏名		異動年月	異動職位	学歴
小倉文吉		1912年7月	阿緱支店長⇒台北本店支配人	
松浦隆		1912年8月	貯銀台北本店助役⇒商銀花蓮港出張所長	
田辺文索		1912年8月	貯銀花蓮港出張所長⇒商銀台南支店長	
伊藤文吉		1912年8月	貯銀台南支店長⇒打狗整地会社へ転出	
畑江徳太郎	#	1912年12月	台銀台南支店支配人代理⇒商銀阿緱支店長	
小林清蔵		1912年12月	阿緱支店長事務代理⇒新竹支店長	法政大法科
植田莞爾	#	1913年2月	三十四銀行・大分二十三銀行⇒商銀台南支店助役	
福井文雄		1913年3月	台北本店出納課長⇒基隆支店長事務取扱	
山田斉		1913年8月	阿緱支店次席⇒新竹支店次席	長崎高商
沼田宏	*	1913年8月	打狗支店次席（新卒採用）	東京高商
山本耘三	*	1913年8月	阿緱支店次席（新卒採用）	早大商科
川本直松		1913年8月	本店割引主任⇒花蓮港支店次席	
奥田清記		1913年8月	花蓮港支店次席⇒本店割引主任	
渡辺光治		1913年10月	阿緱支店書記⇒阿緱支店東港出張所主任	
菱川十一郎		1913年10月	本店調査課長心得⇒休職、内地へ帰還	
高橋泰雄	*	1913年10月	書記（新卒採用）	学士
小林清蔵		1913年11月	新竹支店長⇒本店主事・割引課長	
曾我純太郎	#	1913年11月	台北製糖（株）会計主任⇒商銀本店主事（庶務課長・調査課長）	

第 5 章　台湾商工銀行の経営戦略と業容　123

遠藤裕太	＃	1913年11月	三十四銀行台南支店長⇒商銀新竹支店長	
川辺仁蔵	＊	1913年11月	書記（新卒採用）	東京高商
小林清蔵		1914年1月	本店主事・割引課長⇒嘉義銀行へ転出（台南支店長）	
宗像幹司	＃	1914年4月	三十四銀行⇒商銀新竹支店次席	同志社
森春喜	＃	1914年4月	高砂製氷会社⇒商銀阿緱支店次席	高知商業学校
鈴木九三	＃	1914年4月	東京本所銀行⇒商銀宜蘭支店次席	東京専修学校
植田莞爾		1914年8月	台南支店助役⇒花蓮港支店長	
山本耘三		1914年8月	阿緱支店割引主任⇒台南支店助役	
小倉文吉		1914年12月	総支配人辞職⇒台銀助役補へ転出	
邨松一造	＃	1914年12月	台銀基隆支店長⇒台北製糖（株）専務取締役⇒商銀総支配人	
田辺文索		1915年5月	台南支店長⇒宜蘭支店長	
深江彦二	＃	1915年5月	台銀打狗出張所長⇒商銀台南支店長	慶大
遠藤裕太		1915年6月	新竹支店長⇒台北印刷（株）へ転出（社長）	
宗像幹司		1915年6月	新竹支店助役⇒新竹支店長事務取扱	
松岡忠毅	＃	1915年9月	台銀本店勤務⇒商銀⇒1918阿緱支店長心得	函館商業学校
山際霜太郎	＃	1915年10月	第一銀行・名古屋銀行を経て⇒商銀本店主事⇒新竹支店長	

出典：主に『台湾日日新報』、『大阪銀行通信録』、川崎潔治編『台湾実業家名鑑』（都大観社、1912年）、台湾新聞社編『台湾商工便覧』第2版（1919年）、内藤素生編『南国之人士』（台湾人物社、1922年）などによる。

備考：＃は異動時に外部から台湾商工銀行に移籍したこと、＊は新卒採用されたことを示す。

124

後発銀行であり、かつ店舗展開に積極的な台湾商工銀行はとくにそうした苦労に悩まされたと考えられる。たとえば、1913年11月に曾我純太郎（台北製糖(株)会計主任）と遠藤裕太（三十四銀行台南支店長）を引き抜き、それぞれを本店主事（庶務課長・調査課長）と新竹支店長に配したのは、「台湾商工銀行に於ては各支店の増加と俱に幹部の機関を充実するの必要[11]」に迫られたための措置であったとされる。14年4月における宗像幹司、森春喜、鈴木九三の採用人事も同様の措置であった[12]。

　さらにまた、台湾商工・彰化両行の店舗展開を比較してみると、つぎのような相違のあることに気づく。前掲表5-1をいま一度参照していただきたい。この間における両行の新設店舗数を比較すると、台湾商工銀行は本店1、支店7、出張所2、派出所8（1920年廃止の龍潭陂派出所を除く）の計18店を増設したようにみえるが、台北本店と台南・花蓮港の2支店は台湾貯蓄銀行の店舗を合同時に引き継いだものであるから、これらを除くと支店5、出張所2、派出所8の計15店の純増となる。これに対して彰化銀行は支店4、出張所6、派出所0の計10店の純増である。両行の増設店舗数には5店の開きがあり、ここに相違点があるように思えるが、実はそうではない。より本質的な相違はつぎの点にある。彰化銀行の場合はすべて支店と出張所の増設であり、派出所の増設はゼロである。とくに出張所の多いのが特徴である。これに対して台湾商工銀行の場合は、出張所はわずか2店にすぎず、支店・出張所合わせて7店の純増であり、むしろ彰化銀行より少ない。商工銀行の特徴は、派出所が非常に多い点にある。両行のこの差はなにを意味していたのであろうか。

　表5-3は、台湾商工銀行の重役・職員構成を1916年と1920年とで比較したものである。取締役については、この4年間で1名減じたもののほとんど変

---

11)　『台湾日日新報』1913年11月4日「商工銀行と幹部」。
12)　『台湾日日新報』1914年4月5日「商工の新行員採用」参照。

第5章　台湾商工銀行の経営戦略と業容　125

化はない。注目したいの
は、職員（スタッフ）が
幹部行員と一般行員の二
層構造からなっており、
書記職の上位助役職と下
位書記職を分岐点として
員数に大きな開きがある
ということである。ス
タッフのトップは本店主
事（課長）職であり、以
下、支店長・支店長心
得・出張所長・支店助役
と序列化されているが、
これら幹部行員数を1916
年と1920年で比較すると、
前者の14名に対して後者
の19名、すなわち5名増
にすぎない。この4年間
における店舗増設を勘案
すれば、それほどの増員

表5-3　台湾商工銀行の役員・職員数

	1916年2月末		1920年6月末	
役員	頭取	1	頭取	1
	常務取締役	1	常務取締役	1
	取締役	6	取締役	5
	監査役	4	監査役	4
	小計	12	小計	11
幹部行員	主事	1	課長主事	2
	支店長	5	支店長主事	6
	支店長心得	2	支店長書記	3
	出張所長	1	出張所長書記	1
	書記（助役）	5	支店助役書記	7
	小計	14	小計	19
一般行員	書記	37	書記	53
	書記補	5	書記補	37
	見習	16	見習	74
	雇	11	雇	41
	給仕	6	使丁	41
			守衛	3
	小計	75	小計	249
	計	101	計	279

出典：台湾商工銀行編『台湾商工銀行誌』（1916年）39頁、
　　　同行編『台湾商工銀行十年誌』（1920年）10頁
　　　（共に波形昭一ほか編『社史で見る日本経済史
　　　植民地編』第1巻、ゆまに書房、2001年、収録）
　　　より作成。

ではない。ところが一般行員数の状況は一変する。下位書記職は37名から53
名へ16名増、書記補は5名から37名へ32名増、見習は16名から74名へ58名増、
雇は11名から41名へ30名増、給仕・仕丁は6名から41名へ35名増、守衛3名
増と、実に174名もの増員である。

　こうしたスタッフの二層構造が、台湾商工銀行の店舗網の拡張戦略に基因
したことはいうまでもないが、とくに派出所の増設が顕著だったことによる
と考えられる。派出所は一般的に本店・支店・出張所のいずれかにぶら下が

る、預金業務取扱が主たる任務のいわば軒下業務店であり、特別の単独店舗を構えるような存在ではない。ある一定の日時に親店舗の行員（書記、書記補ないし見習のクラス）が出張することで賄える規模のものである[13]。のちに詳述するように、そもそも派出所設置の目的は台湾人預金の吸収にあったから、その設置場所は概して地方の中小市街地である。したがって、来客の多くは日本語の通じない市井の台湾人預金者であったはずであり、派出所の増設は接客上、通訳に長けた台湾人スタッフの増員を必要としたであろう。書記補・見習・雇などの下位スタッフの急激な増員は、こうした事情の反映と考えられる。派出所にはあえて所長（日本人の上位スタッフ）を頭にいただく必要はなく、経費は格段に安上がりである。安い経費で台湾人預金の吸収力を高めるには派出所の出店が有利であり、木村頭取の派出所戦術の狙いはここにあったと思われる。

5−3　内地コルレス網の開拓・拡張

　店舗展開の積極性と並んで、木村匡頭取が描くもう一つの経営戦略は、ただ台湾領域内にとどまるのではなく内地銀行界との結合を強化すること、すなわち内地コルレス網の積極的な開拓・拡張であった。木村は公用・私用の別を問わず、内地に上京したさいには可能なかぎりコルレス契約先の開拓に努めたようである。たとえば『台湾日日新報』（1914年7月12日）には「商銀コルレスの拡張」と題してつぎのように記されている。「同銀行は業務の発展と共に為替取引を拡張する必要に迫りたる為頭取木村匡氏が過日内地へ私事旅行したる序を以て二三の信用ある銀行にコルレス契約の内議を開きて

---

13)　当時の派出所について、台湾商工銀行編『台湾商工銀行誌』（1916年）は「緒言」につぎのように記している。「預金者ノ便ヲ計ランカ為台北大稲埕及艋舺ニ預金集金派出所ヲ設置シ新竹支店ハ毎日苗栗ニ、打狗支店ハ隔日鳳山街ニ、宜蘭支店ハ毎日曜日羅東ニ行員ヲ派出シテ預金ノ集金ヲ為サシメツヽアリ」。

帰台せしが其内名古屋銀行（資本金三百万円、頭取春日井丈右衛門）は最先承諾を表し来れるが其結果名古屋、京都、津島、岐阜等の各地に為替の便を得るに至りたれば特に本島と尾濃両地の間に取引を有する綿布商等は便宜を得べし」。

　1915年以前における台湾商工銀行の営業報告書をもたないため、それまでのコルレス契約状況の詳細は不明だが、16年上期の営業報告書にその累積結果が記されているので契約箇所の確認はできる。それによると、16年上期末までに同行の本支店が内地の銀行と結んだ契約総数は256箇所であり、以後、同年下期末295箇所、17年上期末464箇所、同年下期末516箇所、18年上期末601箇所、同年下期末不明（営業報告書欠落のため）、19年上期末899箇所、同年下期末1,070箇所、20年上期末1,171箇所、同年下期末1,244箇所といった具合に急増している。16年下期から20年下期までの4年半9期の間に988箇所の増加である。1期（半年）当たり平均110箇所、増加したことになる。

　ただし、この数字の読み方には注意を要する。台湾商工銀行がある内地銀行の1支店（たとえばA銀行X支店）とコルレス契約を結ぶ場合、台湾商工銀行の本店ないし各支店それぞれが単独で契約するので、上記の数字がそのまま内地銀行側の契約店数を示すわけではない。つまりダブリが生じる。このダブリを修正して内地側契約店の実数をはじき出すと、本店66箇所、支店178箇所、出張所7箇所の計251箇所となる。

　この数字を道府県別にみると、大阪所在の銀行店舗（府県外銀行の支店・出張所も含む、以下同様）が30箇所でトップ、ついで東京・広島の各27箇所、熊本の14箇所、愛知・山口の各13箇所と続く。台湾商工銀行の内地コルレス契約先の広がりを概観するに、大阪を太い横軸（中心軸）にして、愛知⇒大阪・兵庫⇒広島・山口の縦軸が交わる姿がみえてくる。そして、横軸・縦軸の交差を囲むように、東京圏、福岡・佐賀・熊本の九州圏、北海道・青森・岩手の東北圏が三つの塊となってぶら下がる形である。これらコルレス先251箇所のうち10箇所以上のコルレス契約先銀行は、芸備銀行（本店所在地・

広島県、以下同じ）16箇所、住友銀行（大阪府）14箇所、名古屋銀行（愛知県）14箇所、盛岡銀行（岩手県）13箇所、九州貯蓄銀行（熊本県）11箇所、近江銀行（大阪府）10箇所などであり、さらに5箇所以上のコルレス契約先銀行も含めると14行にのぼり、うち5行（住友、近江、加島、三十四、浪速の各銀行）が大阪府を本店所在地とする銀行である。

　さて、以上をふまえて、台湾商工銀行の対内地為替取組高を他の地場銀行である彰化銀行、嘉義銀行のそれと比較してみたい。表5-4は台湾・内地間と台湾内の為替取組高を銀行別に比較したものである。台湾内の取組高では彰化銀行が頭一つ抜きんでており、嘉義銀行とともに仕向高の方が大きい。一方、台湾商工銀行は被仕向高が1918年上期まで大きく、同年下期になって仕向高が優るにいたる。要するに、台湾内の為替取組では商工銀行は相対的に守勢にあり、店舗増設の効果があらわれるにともない、ようやく積極的な取組状況になったといえる。

　これに対して台湾・内地間の為替取組では、彰化・嘉義両銀行の追随を許さない。仕向高の安定的な増加傾向がはっきりとみてとれる。この点を内地の地域別でみたのが表5-5である。台湾商工銀行が、取組高の大きさだけでなく取組先の広域性においても他の2行を圧し、大阪を中心としたコルレス網を張り巡らせていたことの意味が理解できよう。このことは、裏面からみれば、商工銀行が彰化・嘉義両行よりも、対内地取引に依拠する商工業者を多く顧客にしていたことを物語っている。

5-4　預金・貸出金の増進とその構造

5-4-1　預金

　つぎに銀行の本業である預金と貸出金の状況を検討したい。まず預金状況からみてみよう。『台湾日日新報』（1914年1月27日「商銀の活動」）は、1913年における「商工銀行は各地に支店出張所を設置し取引関係者に対し種々の便

第5章　台湾商工銀行の経営戦略と業容　129

表5-4　地場3銀行の為替取組高

単位：千円

期別		台湾商工銀行			嘉義銀行			彰化銀行		
		仕向	被仕向	差引	仕向	被仕向	差引	仕向	被仕向	差引
【台湾・内地間】										
1915	上	396	78	318	153	16	137	164	163	1
	下	602	281	321	170	20	150	263	153	110
1916	上	734	397	337	188	62	126	296	221	75
	下	1,195	851	344	272	37	235	221	449	-228
1917	上	1,645	767	878	359	27	332	259	313	-54
	下	912	164	748	496	26	470	385	592	-207
1918	上	2,334	1,192	1,142	236	8	228	299	721	-422
	下	2,918	1,590	1,328	563	48	515	671	1,006	-335
1919	上	5,315	2,280	3,035	493	105	388	833	1,313	-480
	下	5,990	3,059	2,931	1,395	449	946	1,415	1,309	106
1920	上	6,218	3,695	2,523	1,254	237	1,017	1,033	1,403	-370
	下	4,334	2,312	2,022	760	87	673	671	866	-195
【台湾内】										
1915	上	2,108	2,777	-669	1,611	620	991	6,176	3,186	2,990
	下	2,397	2,620	-223	1,460	765	695	4,601	3,512	1,089
1916	上	2,593	2,996	-403	2,419	1,309	1,110	4,700	3,677	1,023
	下	3,425	3,932	-507	2,992	1,602	1,390	6,102	4,693	1,409
1917	上	4,055	4,799	-744	3,493	1,764	1,729	6,167	4,358	1,809
	下	3,372	3,948	-576	4,980	3,466	1,514	8,316	6,044	2,272
1918	上	7,338	7,860	-522	4,682	2,490	2,192	11,639	6,822	4,817
	下	10,640	10,297	343	7,098	5,269	1,829	17,202	10,301	6,901
1919	上	17,459	15,423	2,036	7,649	6,897	752	18,199	13,523	4,676
	下	29,978	25,431	4,547	18,327	16,767	1,560	37,578	24,549	13,029
1920	上	24,489	21,802	2,687	18,068	15,329	2,739	29,165	26,821	2,344
	下	16,798	15,240	1,558	7,919	6,506	1,413	23,683	20,285	3,398

出典：台湾銀行編『台湾金融事項参考書』第12次（1918年10月調）142～145頁、第13次（1919年10月調）96～99頁、第16次（1922年9月調）110～113頁より作成。

備考：為替種目は送金為替、割引手形、荷為替手形、代金取立手形。

表5-5　地場3銀行の内地地域別為替取組高　　　　　　　　　　　　　　　　単位：千円

	台湾商工銀行			嘉義銀行			彰化銀行		
	仕向	被仕向	差引	仕向	被仕向	差引	仕向	被仕向	差引
【1917年上下両期】									
東　京	524	369	155	101	15	86	160	138	22
横　浜	15	2	13	5		5	1	2	-1
名古屋	46	11	35				17		17
京　都	122	10	112				34		34
大　阪	1,355	516	839	613	33	580	188	133	55
新　宮							2		2
神　戸	145	14	131	38	1	37	182	631	-449
下　関	78		78	77	4	73			
門　司	4		4						
長　崎	4		4						
その他	264	9	255	21		21	60	1	59
計	2,557	931	1,626	855	53	802	644	905	-261
【1918年下期】									
東　京	344	399	-55	70	8	62	261	328	-67
横　浜	19	10	9				4		4
名古屋	69	209	-140				4	4	0
京　都	237	21	216				18	2	16
大　阪	1,466	802	664	397	35	362	160	102	58
新　宮	27		27				25		25
神　戸	185	131	54	21		21		564	-564
下　関	28	3	25	4	4	0			
門　司	30		30						
長　崎	33		33				136		136
その他	480	15	465	71	1	70	63	6	57
計	2,918	1,590	1,328	563	48	515	671	1,006	-335

出典：前掲『台湾金融事項参考書』第12次、146～149頁、第13次、102～103頁より作成。
備考：1918年上期については数字上の不備があり、利用できなかった。

宜を計れる為め預金貸出共に前年に比し激増を告げ殊に本島人間に取引者を
増た」と報じているが、1912〜14年の実数を確かめると、それほど成果を上
げたといえない。成果が実数上にあらわれるのは15年以降のことであり、そ
れは前年11月に開始した月賦据置貯金が予想以上に有利に機能したからで
あった。台湾商工銀行は台湾貯蓄銀行と合同したさい、貯蓄銀行条例（1890
年公布、93年施行）にもとづく貯蓄銀行業務も継承したので、いわば普通銀行
（銀行条例による）と貯蓄銀行の両金融機能を併せもっていた。

　据置貯金[14]とは、ある一定の契約期間（通常は3年間、最長でも5年間まで）を
預入期間と据置期間に二分し、預入期間中に任意の分割預入（月毎の預入を
月賦預入という）をおこない、残余の据置期間はこの貯金を引き出すことが
できず満期まで据え置く（この据置期間は普通銀行の定期預金に類似）、そうし
た小口金銭の預入が可能で利殖上も有利な貯金のことである。しかも据置貯
金は、一般の普通銀行（商業銀行）が避けたがる、長期固定的になりがちで
回収不能に陥る可能性が高い不動産担保貸付の安全性を高める機能を有して
いた。この点について『台湾日日新報』（1915年12月13日「商銀の活動」）はつ
ぎのごとくいう。

　「商工銀行が庶民銀行として中流階級に手を伸ばし盛に活動しつゝあるは
近来著しく注目を惹きつゝあるが同行は近来預金貸出共大に増加し営業状態
も甚だ良好なる成績を見つゝあり　而して同行は貯蓄銀行として据置貯金を
有するより商業銀行の放資上困難とする不動産担保の貸付にも大に便宜を与
へつつあるが如く其貸付の方法は月賦償還の法に依り償還を終るまで担保の
不変なるより極めて安全なる貸付法にして銀行としては金融界に貢献するも
の大なりとせざるべからず　本島銀行の通弊として徒らに預金を擁しまた貸
出の能力を有しながら管理の煩雑を厭ひ土地の如き担保として確実なる分に

────────────

14)　据置貯金については、橋爪明男編『金融大辞典』Ⅱ（日本評論社、1934年）
　　1151頁および吉原省三ほか編『金融実務大辞典』（金融財政事情研究会、2000年）
　　932頁を参照。

対しても融通を避け退嬰に甘んじつゝあり　換言すれば貸付の法に関し苦心を重ねざるの嫌あるに独り商銀が預金吸収にまた貸出に新なる便宜を与へつゝあるは大に興味あることゝせざるべからず」。

　要するに、銀行が不動産担保貸付をおこなうさい、その返済期限と同一期間の据置貯金を借受人と契約することによって貸付金の分割償還を据置貯金の分割預入に連動させれば、結果的に不動産担保貸付のリスク低減に役立ち、銀行の融資活動を活性化させるというにある。台湾商工銀行基隆支店では他行にないこの利点を最大限に活かすべく、大正天皇の即位礼（1915年11月10日）にあやかって、同年10月に契約した据置貯金にかぎり「紀念貯金」のスタンプを押捺して優遇する妙策を編み出し（利率面で優遇したのかどうか、具体的には不明）、同月1日〜25日の間に4万4,000円の契約高をあげたという[15]。

　また、台湾商工銀行が『台湾日日新報』の1916年1月元日号第56面に「当行の特色」として掲出した広告が振るっている。

「一　当行ハ普通銀行営業ノ外貯蓄銀行条例ニ依リ貯蓄預金ノ取扱ヲナス
　一　貯蓄預金ハ金五銭以上ハ何程ニテモ御預リ申スベシ
　一　貯蓄預金ハ特別利息ヲ御附ケ申スベシ
　一　当行ノ貯蓄預金ハ払戻保証トシテ準備金ヲ政府ニ供託アリ
　一　当行ノ貯蓄預金ハ当行取締役連帯無限ノ責任ヲ負フモノナリ
　一　貸付、割引、貸出等ハ簡便敏活ニ御取扱申スベシ」

　これを四方から取り囲む形で「貯金は安楽の母なり」「貯金は子弟教育の資本なり」「貯金は独立自営の基礎なり」「蒔かぬ種は生えぬ」などの殺し文句が並ぶ。当時の宣伝広告としては、なかなかの出来映えである。店舗網の拡張に連動させた、商工銀行のこうした預金（貯金）吸収努力は、他のライバル銀行の追随を許さないものがあった。

　台湾商工銀行の預貯金吸収策が功を奏してか、表5−6（本表では台湾銀行、

---

15)　『台湾日日新報』1915年11月29日「基隆商工紀念貯金」参照。

第5章　台湾商工銀行の経営戦略と業容　133

表5-6　台湾における銀行預金と台湾人預金比率の推移　　単位：千円、%

年末		台湾商工銀行	B/A	台湾貯蓄銀行	B/A	三十四銀行支店	B/A	嘉義銀行	B/A	彰化銀行	B/A	計	B/A
1910	預金総額 A	183	6.6	532	17.1	2,236	14.9	447	11.6	827	16.7	4,225	14.8
	台湾人預金 B	12		91		334		52		138		627	
1911	預金総額 A	190	10.5	865	16.9	2,801	15.0	554	16.4	935	21.1	5,345	16.4
	台湾人預金 B	20		146		420		91		197		874	
1912	預金総額 A	1,545	20.3			2,978	20.6	956	17.2	1,011	29.5	6,490	21.4
	台湾人預金 B	313				613		164		298		1,388	
1913	預金総額 A	1,658	20.4			1,429	24.8	298	29.9	837	59.4	4,222	30.3
	台湾人預金 B	339				355		89		497		1,280	
1914	預金総額 A	1,663	21.1			1,534	18.4	437	25.4	716	49.3	4,350	25.2
	台湾人預金 B	351				283		111		353		1,098	
1915	預金総額 A	2,326	24.4			1,526	24.8	594	42.1	1,068	51.3	5,514	31.6
	台湾人預金 B	568				379		250		548		1,745	
1916	預金総額 A	3,697	36.4			1,877	29.8	878	48.3	1,698	55.4	8,150	40.1
	台湾人預金 B	1,346				559		424		940		3,269	
1917	預金総額 A	4,882	42.3			2,454	26.0	1,384	40.0	3,062	70.6	11,782	46.0
	台湾人預金 B	2,064				639		553		2,163		5,419	
1918	預金総額 A	7,639	51.0			3,182	25.7	1,937	54.0	4,991	64.6	17,749	50.6
	台湾人預金 B	3,895				817		1,046		3,222		8,980	
1919	預金総額 A	10,104	38.4			4,068	20.3	5,067	44.8	5,671	60.2	24,910	41.7
	台湾人預金 B	3,882				826		2,268		3,414		10,390	

【台湾人預金に占める各行の割合】

年末	台湾商工銀行	台湾貯蓄銀行	三十四銀行支店	嘉義銀行	彰化銀行	計
1910	1.9	14.5	53.3	8.3	22.0	100.0
1911	2.3	16.7	48.1	10.4	22.5	100.0
1912	22.5		44.2	11.8	21.5	100.0
1913	26.5		27.7	7.0	38.8	100.0
1914	32.0		25.8	10.1	32.1	100.0
1915	32.6		21.7	14.3	31.4	100.0
1916	41.2		17.1	13.0	28.7	100.0
1917	38.1		11.8	10.2	39.9	100.0
1918	43.4		9.1	11.6	35.9	100.0
1919	37.4		7.9	21.8	32.9	100.0

出典：『台湾総督府第十四統計書（明治四十三年）』以降の各年版「商業及金融」より作成。
備考1：預金総額には公金預金を除く。
備考2：台湾銀行と新高銀行を除く。

新高銀行を除く）にみられるように、1915年から預金の伸びが顕著になる。すでにそれ以前でも彰化銀行、嘉義銀行に水をあけてはいたが、三十四銀行台湾支店とはトントンの状態であった。ところが、同年になると預金総額（公金預金を除く）は232万円に達し、彰化銀行の2倍強、三十四銀行台湾支店にも80万円の差をつけている。その後もこの傾向は加速化し、17年に500万円台、19年にはついに1,000万円台に達したのであった。500万円台に達した17年、『台湾日日新報』（1917年8月8日）は「商工銀行発展　大銀行の列に入る」と題したつぎの記事を報じた。台湾商工銀行の預金高は「昨今は概して五百万円を往来し居るものゝ如し　而して之を内地各銀行の営業成績に比較するに全国銀行数二千百余行中五百万円以上の預金を有するものは僅かに七十三行にして是等は所謂大銀行と称せらるゝものなれば台湾商工銀行も即ち大銀行の列に入りたるものと云ふべし」と讃え、その原因は逐年の営業努力にもよるが、その「一半は支店制度の宜しきを得たるもの与つて力あらん」と店舗網戦略の効果を強調している。

　ところで、こうした預金急増は、店舗網の拡張が台湾人預金の獲得競争に功を奏した結果であったことに注目したい。銀行預金中に占める台湾人預金の割合は各銀行によって区々であり、当然のことながら彰化銀行や嘉義銀行など族系地場銀行ほど高いが、台湾商工銀行でも1916年以降における台湾人預金の増大は著しい。15年に24.4%（56万円）にすぎなかった台湾人預金比率が、18年には51%（389万円）に急伸している。この急伸は、台湾人預金に占める各銀行の割合にもあらわれるわけで、台湾商工銀行は彰化銀行に対して優位な競争状況にあった。

　『台湾日日新報』（1917年8月27日「本島経済界の膨脹（上）　預金著しく増加」）によれば、「近来著しく預金の増加したるは即ち本島経済界膨脹の一端を示すものにして特に注意すべきは其の預金が中央よりも寧ろ地方に於て増加しつゝあることなり」と指摘されているが、これを台湾商工銀行の場合に当てはめ、中央＝台北本店、地方＝各地支店と見立てて台湾人預金の比率を台北

表5-7　台湾商工銀行の本支店別台湾人預金比率

単位：千円、%

年末		計		本店		支店合計		基隆	宜蘭	新竹	台中	台南	打狗	阿緱	花蓮港
			B/A		B/A		B/A								
1912	預金総額 A	1,545		711		834									
	台湾人預金 B	313		141		172									
	B/A		20.3		19.8		20.6	16.5			30.7	19.8	13.0	13.0	2.5
1913	預金総額 A	1,658		914		744									
	台湾人預金 B	339		127		212									
	B/A		20.4		13.9		28.5	8.6		64.6	35.1		13.0	31.0	7.8
1914	預金総額 A	1,663		743		920									
	台湾人預金 B	351		118		233									
	B/A		21.1		15.9		25.3	10.5		32.6	43.9		11.4	43.0	6.2
1915	預金総額 A	2,326		1,109		1,217									
	台湾人預金 B	568		140		428									
	B/A		24.4		12.6		35.2	9.8	55.0	55.9	46.5		18.1	62.6	8.8
1916	預金総額 A	3,697		1,462		2,235									
	台湾人預金 B	1,346		230		1,116									
	B/A		36.4		15.7		49.9	25.2	53.9	65.7	61.9		39.1	66.0	10.7
1917	預金総額 A	4,882		1,762		3,120									
	台湾人預金 B	2,064		391		1,673									
	B/A		42.3		22.2		53.6	23.5	79.3	82.1	53.6	53.6	41.0	65.0	12.2
1918	預金総額 A	7,639		2,508		5,131									
	台湾人預金 B	3,895		627		3,268									
	B/A		51.0		25.0		63.7	19.6	73.3	73.2	85.3	62.9	49.8	77.2	11.6
1919	預金総額 A	10,104		3,840		6,264									
	台湾人預金 B	3,882		643		3,239									
	B/A		38.4		16.7		51.7	10.6	74.5	58.7	62.3	57.5	43.8	64.9	19.3

出典：『台湾総督府第十四統計書（明治四十三年）』以降の各年版「商業及金融」より作成。

備考：預金総額には公金預金を除く。

本店と支店合計とで比較したのが表5－7である。1912年にはほぼ互角の20％前後だったものが、その後、支店合計が徐々に比率を高め、18年末には総預金額の3分の2に近い63.7％に達している。前述した積極的な店舗拡張策の反映といってよいであろう。この点を支店別（1912～19年）で確認してみると、概して派出所をもつ支店ほど台湾人預金の比率が高いことに気づく。宜蘭支店（羅東派出所）、新竹支店（苗栗派出所）、阿緱支店（東港・蕃薯寮2派出所）の場合がそれであり、一方、派出所をもたない基隆支店と花蓮港支店の場合は他の支店に比べて極端に低い。派出所があってもそれほど高くない打狗支店（鳳山派出所）や、派出所はないが比較的高い台南支店や台中支店があるので一概にはいい切れないが、台湾人預金の吸収に派出所の多設戦術が奏功したといえよう。

5－4－2　貸出金

　上述のように、台湾商工銀行の預金増進は各地支店における台湾人預金の吸収によるところが大であったが、このことは、当然、同行の貸出金にも反映されることになる。表5－8にみられるとおり、族系銀行の彰化・嘉義両行にあってははじめから貸出金総額に占める台湾人向け貸出の比率が高かったが、台湾商工銀行においても、台湾各地への店舗網拡大が進むにともない台湾人向け貸出金の比率が高まった。とくに1916年からの増加は著しく、同年の対前年増加額は83万円に上った。さらに18年に115万円増、19年に331万円増と、その増加実績は族系銀行中で最大のライバル銀行たる彰化銀行に引けをとらなかった。

　貸出金については、預金のような本支店別の台湾人向け業務の統計数値がないので心もとないが、貸出金の趨勢を本支店別にみた表5－9によれば、1917年下期から支店合計が本店を引き離し、19年上期には本店貸出金461万円に対して支店合計貸出金は818万円と大差をつけ、台湾商工銀行の総貸出金1,279万円の64％を担うまでになっている。総貸出金に占める台湾人取引

表 5-8 地場 3 銀行の貸出金と台湾人貸出金比率の推移

単位：千円、%

年末	台湾商工銀行				嘉義銀行				彰化銀行			
	貸出金総額 A	台湾人貸出金 B	B/A	Bの対前年増加額	貸出金総額 A	台湾人貸出金 B	B/A	Bの対前年増加額	貸出金総額 A	台湾人貸出金 B	B/A	Bの対前年増加額
1910	318	203	63.8		1,087	348	32.0		1,176	804	68.4	
1911	362	81	22.4	-122	1,134	285	25.1	-63	1,270	759	59.8	-45
1912	1,604	308	19.2	227	1,413	437	30.9	152	1,662	934	56.2	175
1913	2,168	539	24.9	231	1,220	376	30.8	-61	1,710	865	50.6	-69
1914	2,125	481	22.6	-58	1,319	418	31.7	42	1,761	964	54.7	99
1915	2,532	655	25.9	174	1,076	417	38.8	-1	1,897	1,076	56.7	112
1916	3,605	1,487	41.2	832	1,505	547	36.3	130	2,529	1,386	54.8	310
1917	4,953	1,929	38.9	442	1,882	760	40.4	213	3,851	2,370	61.5	984
1918	7,250	3,084	42.5	1,155	2,449	1,099	44.9	339	5,599	3,439	61.4	1,069
1919	13,126	6,402	48.8	3,318	6,271	2,683	42.8	1,584	11,901	8,088	68.0	4,649
1920	14,173	5,402	38.1	-1,000	6,324	3,318	52.5	635	12,542	5,781	46.1	-2,307

出典：台湾銀行編『台湾金融事項参考書』第11次（1917年調）151～168頁、第16次（1922年9月調）105～107頁より作成。

表5-9　台湾商工銀行の本支店別貸出金構成

単位：千円、%

期末	合計 (千円)	(%)	台北本店 (千円)	(%)	支店合計 (千円)	(%)	基隆	宜蘭	新竹	台中	嘉義	台南	打狗	阿緱	花蓮港
1912 上	466	100.0	466	100.0											
1912 下	1,604	100.0	767	47.8	837	52.2			0.1			19.9	7.4	17.1	7.7
1913 上	1,987	100.0	891	44.8	1,096	55.2	1.7		4.9			16.2	7.8	12.9	11.7
1913 下	2,168	100.0	1,069	49.3	1,099	50.7	3.3		5.9			13.0	8.1	11.8	8.6
1914 上	2,080	100.0	969	46.6	1,111	53.4	3.8		5.8			14.5	9.6	11.2	8.5
1914 下	2,125	100.0	943	44.4	1,182	55.6	4.7		7.0			13.7	10.7	10.9	8.6
1915 上	2,122	100.0	1,046	49.3	1,076	50.7	5.2	0.3	6.5			11.6	9.9	9.7	7.5
1915 下	2,533	100.0	1,223	48.3	1,310	51.7	5.9	1.2	6.0			14.2	9.3	9.6	5.5
1916 上	2,729	100.0	1,397	51.2	1,332	48.8	7.6	1.8	7.2			11.5	8.0	8.2	4.5
1916 下	3,661	100.0	1,835	50.1	1,826	49.9	5.1	2.5	11.2			13.7	6.5	6.9	4.0
1917 上	3,519	100.0	1,735	49.3	1,784	50.7	6.0	2.8	10.6			14.8	6.6	7.0	2.9
1917 下	4,956	100.0	2,244	45.3	2,712	54.7	9.6	2.7	9.2			17.9	6.5	5.7	3.1
1918 上	6,127	100.0	2,713	44.3	3,414	55.7	8.7	3.2	10.3	6.1		12.8	6.5	6.4	2.1
1918 下	7,161	100.0	2,884	40.3	4,277	59.7	6.8	2.5	10.2	9.4		14.4	6.4	7.3	2.0
1919 上	12,794	100.0	4,609	36.0	8,185	64.0	4.8	2.7	8.5	15.8		19.8	4.3	6.4	1.9
1919 下	13,127	100.0	5,190	39.5	7,937	60.5	5.5	2.7	9.4	14.7		10.7	6.1	9.8	1.6
1920 上	14,927	100.0	6,657	44.6	8,270	55.4	5.4	2.7	7.6	12.9	1.0	8.8	5.7	9.4	1.9

出典：前掲『台湾商工銀行十年誌』10～70頁より作成。

備考：本店所在地は1912年上期まで阿緱、下期以降は台北。

比率が高まり、かつ本支店別貸出金で支店が本店を大きく凌駕したということは、間接的な説明方法ではあるが、支店における台湾人向け貸出金が増大したことを物語っている。『台湾日日新報』（1918年5月8日 「商工銀行成績良好」）の報じる同行台中支店のケースでは、18年4月末残高で預金32万1,435円中・台湾人預金23万7,000余円、貸出金27万3,608円中・台湾人貸出金19万400余円とされている。つまり預金の74％、貸出金の70％が台湾人との取引によっていた。

　貸出金の種目別構成をみたのが表5-10である。手形貸付が圧倒的である。1916年上期まで手形貸付は割引手形に一括されていたが、同年下期から両者は峻別されて手形貸付が証書貸付や当座貸越と同類の貸付金勘定の扱いとなったため[16]、それまで割引手形とされてきたものの中身が明らかになった。ほとんどが手形貸付だったのである。頭取の木村匡が1914年6月、「台湾には未だ商業手形と云ふものがない　若し有りとすれば一種の融通手形と云ふべきものに過ぎない有様であるから其の手形の信用程度はまだまだ内地のそれに比較する訳けには行かない」（踊り字は横書用に修正…引用者）[17]と述べたのは、このことをいっているのである。

　また、貸付金（証書貸付＋当座貸越）の担保別構成を本支店別にみたのが表5-11である。この種のデータは1916年上期末しか存在していないが、興味深いものがある。台北本店では株式担保融通が多く61.7％を占めるのに対して、支店では信用が61.4％を占め、両者はまったく対照的である。地所建物は本支店ともほぼ似た割合である。これは本店所在地と支店所在地とで顧客層が異なっていたことの表れといえよう。

---

16)　1916年3月の銀行条例中改正で銀行の営業報告書に関する規定が変わったことによる措置。この点については、加藤俊彦『本邦銀行史論』（東京大学出版会、1957年）134頁参照。

17)　『台湾日日新報』1914年6月16日「金利引下に就て　木村商工頭取談」。

表5-10　台湾商工銀行の種目別貸出金構成

単位：千円、％

期末		計 (荷為替手形共)		証書貸付	手形貸付	当座貸越	割引手形
1910	下	318	100.0	10.1		9.1	80.8
1911	上	250	100.0	12.8		9.6	77.6
	下	362	100.0	2.5		9.7	87.8
1912	上	465	100.0	11.2		6.5	82.3
	下	1,603	100.0	14.8		18.8	66.4
1913	上	1,987	100.0	6.4		14.6	79.0
	下	2,169	100.0	7.6		15.6	76.8
1914	上	2,080	100.0	8.9		18.2	72.8
	下	2,125	100.0	6.8		14.1	79.1
1915	上	2,124	100.0	8.4		11.1	80.5
	下	2,532	100.0	7.5		8.9	83.5
1916	上	2,729	100.0	10.7		6.4	82.9
	下	3,605	100.0	10.9	81.8	4.7	2.6
1917	上	3,519	100.0	12.7	80.2	3.4	3.6
	下	4,953	100.0	9.0	86.4	1.7	2.8
1918	上	6,090	100.0	9.2	82.4	2.4	6.0
	下	7,249	100.0	8.5	81.2	2.4	7.8
1919	上	12,794	100.0	5.7	84.7	1.7	7.3
	下	13,126	100.0	6.6	84.5	2.0	6.2
1920	上	14,931	100.0	6.0	87.3	2.6	3.4
	下	14,172	100.0	7.5	86.4	2.0	3.5

出典：台湾総督府財務局金融課編『台湾の金融』（1930年）
130～131頁より作成。

備考：計欄には荷為替手形を含むため4種目構成比の合計が
100％に満たない場合がある。

5-4-3　本支店間の資金調整

このように地方支店では台湾人取引の預金・貸出金がともに増加したが、預金の掘り起こしが貸出金のそれに先行したために、表5-12が示すように1915年上期頃から預金の貸出金に対する大幅超過が生じ、17年上期には預金の超過率が47.6％へと跳ね上がった（預貸率でいえば52.4％）。貸出先の開拓は

第5章　台湾商工銀行の経営戦略と業容　141

表5-11　台湾商工銀行貸付金の本支店別担保構成（1916年6月末）　単位：円、％

	貸付金		計	担保			
	証書貸付	当座貸越		株式	社債	地所建物	信用
台北本店A	149,481	123,338	272,819	168,388		80,415	24,016
	54.8	45.2	100.0	61.7		29.5	8.8
基隆支店	7,000	2,395	9,395			2,395	7,000
宜蘭支店	758		758			758	
新竹支店	51,420	5,895	57,315	5,000		30,600	21,715
台南支店	4,427	4,022	8,449	3,270	40	780	4,359
打狗支店	400	8,864	9,264	1,037		7,827	400
阿緱支店	58,029	2,242	60,271		540	2,242	57,489
花蓮港支店	20,210	28,339	48,549			20,453	28,096
支店計　B	142,244	51,757	194,001	9,307	580	65,055	119,059
	73.3	26.7	100.0	4.8	0.3	33.5	61.4
合計A＋B	291,725	175,095	466,820	177,695	580	145,470	143,075
	62.5	37.5	100.0	38.1	0.1	31.2	30.6

出典：台湾商工銀行『第十二期営業報告書』（1916年上期）27～30頁より作成。

　預金吸収の場合と違って慎重かつ煩雑な信用調査をともなうから、当然のことながら貸出金の伸びは概して遅行型である。台湾における地方支店の主な貸出先は地場の台湾人商工業者であるため、店舗網拡張期にはとくにそうした傾向が強かったと思われる。

　こうした地方支店の抱える余剰資金はどのように処理されたのか。頭取の木村匡は、新・商工銀行の創立5周年を記念して編纂された『台湾商工銀行誌』（1916年）の「緒言」で、「元来本島ハ南北ニ因リ金融季節ヲ異ニスルヲ以テ北部ニ余リアル資金ハ南部ニ融通シ南部ニ余リアルモノハ北部ニ運転スル等本島各地ニ支店ヲ設置シ南北各地ノ金融ノ緩和ニ努メタリ」と述べているが、それほどうまく資金循環したとは考えられない。

　表5-13は、この時期の台湾商工銀行における本支店間の資金調整の一端

142

表5-12 台湾商工銀行支店（合計）の預金、貸出金、預貸率

単位：千円、%

期末		預金 A	貸出金 B	預貸率 B／A
1912	下	910	837	92.0
1913	上	1,066	1,096	102.8
	下	1,143	1,099	96.2
1914	上	1,134	1,111	98.0
	下	1,278	1,182	92.5
1915	上	1,415	1,076	76.0
	下	1,713	1,310	76.5
1916	上	2,250	1,332	59.2
	下	2,838	1,826	64.3
1917	上	3,406	1,784	52.4
	下	3,986	2,712	68.0
1918	上	4,549	3,414	75.0
	下	6,947	4,277	61.6
1919	上	8,076	8,185	101.3
	下	7,196	7,937	110.3
1920	上	6,283	8,270	131.6

出典：前掲表5－9に同じ。

備考：預金に公金預金を含む。

を示してくれる。本表は本店および各支店の貸借対照表をもとに、ストック性の濃い勘定科目を除いて作成したものである。支店借方の「本店へ貸」と本店貸方の「支店より借」がほぼ対応する関係にあり、支店の余裕資金が本店の資金不足を埋め合わせることによって全体がバランスを取る構図になっていたことがわかる。つまり、店舗相互間における季節資金需給のバランスをはかったというよりは、各地支店の余剰資金を本店に集中し、その有効活用を推し進めたというべきであろう[18]。この時期、有価証券の買い増しが一気に進んだのも、このことの表れであったと考えられる。1915年末にわずか35万円程度だった有価証券所有高が、4年後の19年には263万円にまでふくらんでいる[19]（表5-14参照）。

以上述べてきたところを別の角度から、つまり商工銀行全体と店舗別（本

---

18) 『台湾日日新報』（1918年9月8日「打狗商銀成績」）は打狗支店と台北本店との資金移動についてふれ、「本年一月の交に支店より本店に廻送せる金額は常に十八万円見当なりしも今は十二万円台に止まり居るは是れ貸出の多きを語ると共に営業状態の良好なるを窺ふに足るべし」と記している。

19) 台湾商工銀行はこの時期から「諸公債類高価買入」の新聞広告を出すようになり、「各地支店ニテモ御便利ニ取扱致候」と勧誘している。『台湾日日新報』1916年10月22日付広告欄、17年9月9日付広告欄、参照。

第5章　台湾商工銀行の経営戦略と業容　143

表5-13　台湾商工銀行の本支店間貸借（1916年6月末）

単位：円

本店		支店（計）	
【借　　方】			
貸付金	149,481	貸付金	142,244
当座貸越	123,338	当座貸越	51,758
割引手形	1,123,773	割引手形	1,138,305
小計	1,396,592	小計	1,332,307
預け金	483,578	預け金	78,318
他店へ貸	30,400	他店へ貸	8,900
支店へ貸	13,143	本店へ貸	703,132
小計	527,121	小計	790,350
金銀有高	40,514	金銀有高	30,903
合計	1,964,227	合計	2,153,560
【貸　　方】			
公金預金		公金預金	187,798
定期預金	243,543	定期預金	244,625
当座預金	247,480	当座預金	422,149
小口当座預金	418,957	小口当座預金	803,979
普通貯金	270,133	普通貯金	442,571
定期積金	20,984	定期積金	120,518
別段預金	18,652	別段預金	24,328
預金手形	142	預金手形	3,918
小計	1,219,891	小計	2,249,886
他店より借	19,412	他店より借	28,769
支店より借	722,673	本店より借	1,290
小計	742,085	小計	30,059
前期繰越金	4,848	前期繰越金	
合計	1,966,824	合計	2,279,945

出典：台湾商工銀行『第十二期営業報告書』（1916年上期）本支店別
　　　貸借対照表、57～71頁より作成。

表5-14 台湾商工銀行の有価証券所有高

単位：千円

年末	公債証書	会社債券	株券	計	対前年増加額
1910	－	－	－	36	
1911	－	－	－	44	8
1912	－	－	－	252	208
1913	－	－	－	275	23
1914	－	－	－	300	25
1915	－	－	－	356	56
1916	510	18	329	857	501
1917	1,016	18	540	1,574	717
1918	－	－	－	2,113	539
1919	1,610	140	880	2,630	517
1920	1,443	131	966	2,540	－ 90

出典：台湾商工銀行『営業報告書』1916〜20年（ただし
　　　18年を除く）および前掲『台湾商工銀行十年誌』
　　　付録表より作成。

店と各支店）の預貸率の推移からみたのが表5-15である。一見してわかるように、①台北本店は1912年下期〜20年上期の全営業期を通してオーバーローン状態である、②支店の15年上期〜18年下期は一部の支店を除き全体的に預金過多の状態にある、③支店が預金過多の営業期には同行全体の預貸率は概して低位安定的である、といえる。

　ところが前掲表5-12にみるように、1919年上期になると貸出金が急増（対前期比390万円増加）して預金を上回り、それ以降、貸出金は抑制的ながら減少することなく、一方の預金だけが大幅減少（対前期比で19年下期88万円減、20年上期91万円減、計179万円減）をきたしたために、一転して貸出金が預金を大幅に超過する事態となっている。前掲表5-15のように、支店にもオーバーローンの店舗が目立ちはじめた19年上期から、台北本店だけでなく本支店全体の預貸率も上昇している。本店と支店との間における資金調整が、これまでとは異なった局面を迎えたのである。

第5章 台湾商工銀行の経営戦略と業容 145

表5-15 台湾商工銀行店舗別預貸率の推移

単位：千円、％

	1910 下	1911 上	1911 下	1912 上	1912 下	1913 上	1913 下	1914 上	1914 下	1915 上	1915 下	1916 上	1916 下	1917 上	1917 下	1918 上	1918 下	1919 上	1919 下	1920 上
預金総額 A	183	175	190	572	1,621	1,849	2,057	1,915	2,021	2,323	2,834	3,469	4,300	4,966	5,782	6,593	9,508	12,627	11,106	10,815
貸出金総額 B	318	249	362	465	1,603	1,987	2,168	2,079	2,125	2,532	2,728	3,621	3,519	4,956	6,126	7,162	12,794	13,127	14,929	
預貸率 B/A ％	173.8	142.3	190.5	81.3	98.9	107.5	105.4	108.6	105.1	109.0	96.3	104.4	81.8	99.8	106.0	108.6	118.2	104.0	138.0	
店舗別預貸率％																				
台北本店						107.9	113.8	116.9	124.0	115.1	109.1	114.5	125.5	111.2	124.9	132.7	112.6	101.3	132.7	146.9
基隆支店						86.9	88.7	78.6	81.5	72.1	75.4	97.3	58.2	55.2	122.9	121.6	97.0	96.0	94.5	113.8
宜蘭支店						0.7	106.2	44.6	71.3	62.5	12.4	45.8	62.6	67.0	71.7	42.6	48.3	67.4	88.1	93.8
新竹支店										446	79.3	45.5	49.7	74.6	49.4	81.1	34.3	77.1	93.9	134.2
台中支店									91.4	89.3	84.2	70.9	85.7	92.9	75.3	85.7	86.7	162.5	181.6	236.6
嘉義支店																				92.1
台南支店					93.6	105.1	100.7	120.0	121.5	78.8	51.7	91.1	69.5	67.6	110.9	96.0	121.6	127.9	131.9	157.9
打狗支店					101.9	143.1	124.8	142.0	108.1	80.8	97.7	85.8	62.8	52.6	60.4	79.8	77.1	76.5	128.0	135.3
阿緱支店	173.8	142.3	190.5	81.3	105.9	63.0	98.0	69.0	80.6	69.3	42.1	49.8	37.3	43.0	45.7	65.0	97.3	97.4		
花蓮港支店				143.2	190.5	136.0	203.5	195.8	132.0	109.1	77.1	69.3	73.4	65.5	40.7	58.1	41.1	45.4	52.8	66.3

出典：前掲『台湾商工銀行十年誌』10〜71頁より作成。

備考1：1910年下期〜12年上期は阿緱が本店所在地の時期。

備考2：囲み枠内は預貸率100％以上。（オーバーローン）の時期を示す。

5-5 損益状況と利益金処分

　以上、木村匡頭取が陣頭指揮をとる台湾商工銀行の経営戦略と業容をみてきたが、その結果としての損益状況と利益金処分をみておこう。

　表5-16によって台湾商工銀行の1912年下期からの純益金をみると、14年下期には本店行舎の移転・整備[20]にともなうへこみはあったものの、16年までおよそ4～5万円の水準で推移している。17年以降、純益金は漸増傾向に転じ、19年上期11万円、同年下期19万円、20年上期29万円、同年下期32万円と飛躍的な増益を実現している。と同時に、これを本支店別の趨勢に照らし合わせてみると、支店における収益趨勢の反映であったことがわかる。17年下期以降、支店の稼ぎが7割前後に達している。木村頭取による積極的な店舗拡大戦略が、預金吸収面だけでなく収益面でも功を奏したといってよかろう。ただ、純益率（総益金に占める純益金の比率）の面でみると、30％台前半から20％台半ばへ、さらに20％前後へと段階を踏みつつかなり急速に低下している。これは当然のことながら、店舗展開が積極的であっただけにコスト面の増幅が不可避であった結果であろう。

　そこで、その中身を表5-17に示した損益金構造で確認してみたい。1915年以前についてはデータがなく確認不能であるため十全を期しがたいが、おおよその傾向は把握できるであろう。総益金の大半は受取利息（貸付金利息、預け金利息など）と割引料（その多くは手形貸付利息）の2収益で約8割5分を

---

20)　1912年7月、台湾商工銀行は台湾貯蓄銀行との合併にともない本店を阿緱から台北の台湾貯蓄銀行本店内（城内文武街1丁目、昭和戦前期の栄町通、戦後現在の衡陽路）に移転し、貯蓄銀行解散（同年9月）後もそこを本店建物として使用していたが、翌13年下期、撫台街1丁目（のちの大和町4丁目、現在の延平南路と開封街一段の交差地点）にあった台湾瓦斯(株)の建物を買い取って再移転した。『台湾日日新報』1913年6月21日「瓦斯重役会決議（建物を商銀に売渡す）」、同年11月8日「市区改正と地価」、14年4月25日「商銀内部の模様替」など参照。

表 5-16　台湾商工銀行における純益金の本支店別構成と純益率の推移

単位：円、%

期末		総益金 A	総損金 B	純益金 A − B		本店	支店	純益率 （A − B）/A
1912	上	33,237	18,627	14,610	100.0	100.0		44.0
	下	130,744	84,823	45,921	100.0	35.8	64.2	35.1
1913	上	152,787	103,012	49,775	100.0	44.0	56.0	32.6
	下	167,000	112,756	54,244	100.0	35.5	64.5	32.5
1914	上	162,431	112,081	50,350	100.0	49.9	50.1	31.0
	下	167,925	142,644	25,281	100.0	− 13.8	113.8	15.1
1915	上	164,272	123,544	40,728	100.0	46.7	53.3	24.8
	下	158,147	116,104	42,043	100.0	45.5	54.5	26.6
1916	上	189,351	140,816	48,535	100.0	52.2	47.8	25.6
	下	214,922	164,220	50,702	100.0	59.0	41.0	23.6
1917	上	245,524	184,183	61,341	100.0	42.6	57.4	25.0
	下	311,380	249,628	61,752	100.0	29.6	70.4	19.8
1918	上	389,577	311,323	78,254	100.0	30.3	69.7	20.1
	下	452,324	361,902	90,422	100.0	27.3	72.7	20.0
1919	上	548,032	437,337	110,695	100.0	28.0	72.0	20.2
	下	826,507	631,309	195,198	100.0	30.4	69.6	23.6
1920	上	1,282,461	988,714	293,747	100.0	34.4	65.6	22.9
	下	1,253,909	927,690	326,219	100.0	−	−	26.0

出典：前掲『台湾商工銀行十年誌』および同行『営業報告書』各期（但し1915年下期以前と18
　　　年下期は『台湾日日新報』広告欄）より作成。
備考：総益金、純益金とも前期繰越金を含まない。

占めているが、比率的には前者が漸減、後者が漸増という傾向にあった。そ
のかぎりでは短期貸出への傾斜性が強かったといえよう。一方、総損金の内
訳では支払利息、給料、営業費（旅費、営繕費を含む）の３費目で約９割を占
める。そのうち営業費は16年上期と20年上期を除けば約１割であり、営業網
の拡張に沿った均衡的な推移を示している。人件費としての給料の比率は漸
減傾向にあり、店舗網拡張にともなう人員増を考えれば、地方店舗における
現地若年行員の雇用による人件費抑制が反映されたものと考えることができ
る。これに対して支払利息（預金利息と借入金利息）の比率は増える傾向にあ

表 5-17　台湾商工銀行の損益金構造　　　　　　　　　　　　　　　　単位：円、%

期末		総益金		利息	割引料	有価証券			その他
						利息	配当金	換算益	
1916	上	189,351	100.0	22.1	65.4	3.5	4.6	3.3	1.1
	*下	225,976	100.0	27.7	50.7	6.0	3.5	10.5	1.6
1917	*上	250,593	100.0	23.1	60.5	5.5	3.7	6.0	1.2
	下	311,380	100.0	27.4	58.8	5.9	2.8	3.9	1.2
1918	上	389,577	100.0	20.1	65.0	7.6	3.5	2.7	1.1
	下	452,324	100.0	－	－	－	－	－	－
1919	上	548,032	100.0	20.9	64.6	8.2	3.2	2.3	0.8
	下	826,507	100.0	19.7	70.2	6.0	2.4	0.7	1.0
1920	上	1,282,461	100.0	13.5	68.3	4.0	2.1	9.9	2.2
	下	1,253,909	100.0	19.6	70.5	4.0	2.9	1.0	2.0

期末		総損金		利息	有証換算損	滞貸金鋪却	給料	営業費	その他
1916	上	140,816	100.0	58.1	2.6		20.4	14.7	4.2
	*下	175,274	100.0	59.3	6.3		17.5	9.9	7.0
1917	*上	189,252	100.0	63.8	0.7	2.1	16.9	9.4	7.1
	下	249,628	100.0	65.3	1.3	1.8	15.8	9.2	6.6
1918	上	311,323	100.0	65.6	3.2	1.4	14.3	10.1	5.4
	下	361,902	100.0	－	－	－	－	－	－
1919	上	437,337	100.0	63.9	8.1		14.3	9.3	4.4
	下	631,309	100.0	66.5	0.8	0.2	13.4	10.0	9.1
1920	上	988,714	100.0	40.0	22.8		12.0	6.1	19.1
	下	927,690	100.0	52.4	5.8		15.2	15.8	10.8

出典：台湾商工銀行『営業報告書』各期の損益計算書より作成。1918年下期は欠本のため算出不能。

備考1：有価証券換算益に有価証券売買益を含む。有価証券換算損に有価証券鋪却損を含む。営業費に旅費、営繕費を含む。総益金に前期繰越金を含まない。

備考2：1916年下期（＊）と17年上期（＊）の総益金・総損金は『営業報告書』の損益決算と損益計算書の記載数値が異なるために別掲表5-16および表5-18の数値と合わない。

り（ただし戦後反動恐慌のあった20年上期は除く）、預金利息の支払増を反映したものといえよう。結局のところ、店舗網拡充による支払預金利息の相対的な増加が純益率の低下につながったのであるが、このことは経営戦略上当然に予想されるところであり、とくに問題視するほどのところではなかったと思われる。

　純益率は低下傾向にあったとはいえ、木村匡の頭取就任以降における台湾商工銀行の経営状況はおおむね順調に推移していた。表5-18によって同行の利益金処分と資本金利益率の様相を他の2地場銀行との比較でみてみよう。

　まず利益金の処分構成（配分構成）について、商工・嘉義・彰化3行それぞれの当該年次における配分率の最も高い項目を囲み枠で抽出すると、台湾商工銀行は配当金に、嘉義銀行は諸積立金に、彰化銀行は後期繰越金に配分の重点をおいていたことがわかる。破綻後の再建過程にあった嘉義銀行は、利益金のパイそれ自体が小さいため無配が5期（2年半）も続き、かつ配当率も商工・彰化2行のおよそ半分という状況にあったから、まずは諸積立金、次いで後期繰越金を優先的に選択している。利益金のほとんどを行内にとどめおく、いわば自転車操業的な状況にあったといえよう。

　これに比して彰化銀行は、高額の利益金をつねに確保する安定的な収益状況にあり、かつ配当率も3行中最高の1割3分を連続14期も実現するなど、きわめて恵まれた収益状況にある。にもかかわらず、役員賞与金への配分率を極力抑制しつつ、利益金の半分以上を後期繰越金へまわしている。こうした彰化銀行における利益金処分方法は、利益金をできるだけ行内にとどめおくという点では嘉義銀行と似ているが、後期繰越金に重点配分することによって次期利益金を安定的に確保しようとする点に大きな特徴がある。だが、次期利益金の半分ぐらいをすでに前期で確保しておくという経営手法は、安定的であるとはいえ変則的ではある。

　嘉義・彰化両行のこうした傾向に対して台湾商工銀行の利益金処分の特徴は、配当金への配分率が高く、加えて役員賞与金の割合も相対的に大きいな

150

表5-18　台湾地場3銀行の利益金処分構成と資本金利益率　　単位：円、%

期別	利益金A		諸積立金	役員賞与金	配当金	配当率	後期繰越金	払込資本金B	純益金C	C/B
【台湾商工銀行】										
1912 上	15,550	100.0	19.3	9.3	57.9	7分2厘	13.5	250,000	14,610	5.8
1912 下	53,867	100.0	39.0	8.5	27.9	8分	24.6	392,500	45,921	11.7
1913 上	63,001	100.0	38.1	7.1	30.8	9分	24.0	488,395	49,775	10.2
1913 下	69,345	100.0	34.6	7.8	35.5	1割	22.1	492,500	54,244	11.0
1914 上	65,646	100.0	36.6	7.7	38.8	1割	16.9	548,975	50,350	9.2
1914 下	36,347	100.0	8.3	7.6	75.6	1割	8.5	550,000	25,281	4.6
1915 上	43,825	100.0	16.0	10.1	62.7	1割	11.2	550,000	40,728	7.4
1915 下	46,968	100.0	21.3	9.8	58.6	1割	10.3	550,000	42,043	7.6
1916 上	53,383	100.0	18.7	9.9	51.5	1割	19.9	550,000	48,535	8.8
1916 下	61,305	100.0	16.3	9.0	44.8	1割	29.9	550,000	50,702	9.2
1917 上	79,646	100.0	28.9	6.9	34.5	1割	29.7	550,000	61,341	11.2
1917 下	85,398	100.0	21.1	6.7	32.2	1割	40.0	550,000	61,752	11.2
1918 上	112,402	100.0	18.7	7.3	28.9	1割	45.1	750,000	78,254	10.4
1918 下	141,074	100.0	19.8	7.1	29.0	1割	44.1	949,870	90,422	9.5
1919 上	172,969	100.0	20.2	7.1	31.3	1割	41.4	1,150,000	110,695	9.6
1919 下	266,887	100.0	21.9	7.8	39.6	1割	30.7	2,112,500	195,198	9.2
1920 上	375,647	100.0	12.0	6.5	58.7	1割3分	22.8	4,037,500	293,747	7.3
1920 下	411,700	100.0	13.4	6.8	49.0	1割	30.8	4,037,500	326,219	8.1
【嘉義銀行】										
1912 上	49,192	100.0	22.4	6.1	25.4	1割	46.1	250,000	25,517	10.2
1912 下	32,573	100.0	21.5	6.1	38.4	1割	34.0	250,000	9,881	4.0
1913 上	17,065	100.0	38.1	5.3	36.6	5分	20.0	250,000	5,992	2.4
1913 下	33,850	100.0	72.4			無配	27.6	250,000	30,435	12.2
1914 上	3,975	100.0	50.3			無配	49.7	250,000	-5,375	-2.2
1914 下	6,592	100.0	60.7			無配	39.3	250,000	4,617	1.8
1915 上	7,425	100.0	20.2			無配	79.8	250,000	4,831	1.9
1915 下	10,609	100.0	70.7			無配	29.3	250,000	4,684	1.9
1916 上	20,239	100.0	49.4	4.2	30.9	5分	15.5	250,000	17,130	6.9
1916 下	23,214	100.0	47.4	3.7	32.3	6分	16.6	250,000	20,075	8.0
1917 上	33,781	100.0	59.2	2.5	22.2	6分	16.1	250,000	29,917	12.0
1917 下	36,342	100.0	68.8	3.4	20.6	6分	7.2	250,000	30,911	12.4
1918 上	50,531	100.0	49.5	2.4	14.8	6分	33.3	250,000	47,908	19.2
1918 下	26,779	100.0	48.5	5.7	28.0	6分	17.8	250,000	9,969	4.0
1919 上	26,997	100.0	51.8	5.6	27.8	6分	14.8	250,000	22,218	8.9
1919 下	87,619	100.0	22.8	4.8	14.3	1割	58.1	250,000	83,622	33.4
1920 上	144,423	100.0	24.3	5.0	51.9	2割	18.8	750,000	93,505	12.5
1920 下	92,942	100.0	21.5	7.9	40.3	1割	30.3	750,000	65,861	8.8
【彰化銀行】										
1912 上	135,200	100.0	14.8	3.0	9.8	1割2分	72.4	220,000	52,550	23.9
1912 下	149,000	100.0	13.4	2.7	9.6	1割3分	74.3	220,000	51,000	23.2
1913 上	161,300	100.0	15.5	2.5	8.9	1割3分	73.1	220,000	50,600	23.0
1913 下	164,800	100.0	-	-	-	1割3分	37.3	220,000	46,800	21.3
1914 上	98,860	100.0	20.2	3.1	16.8	1割3分	59.9	275,000	37,360	13.6
1914 下	96,750	100.0	15.5	3.0	18.5	1割3分	63.0	275,000	37,500	13.6

年	期	利益金A					配当率		払込資本金	純益金C	資本金利益率
1915	上	104,125	100.0	19.2	2.8	17.2	1割3分	60.8	275,000	43,125	15.7
	下	146,250	100.0	51.3	2.0	12.2	1割3分	34.5	275,000	82,875	30.1
1916	上	96,325	100.0	20.8	3.0	22.3	1割3分	53.9	330,000	45,825	13.9
	下	94,025	100.0	21.3	3.1	22.8	1割3分	52.8	330,000	42,025	12.7
1917	上	96,825	100.0	20.7	3.0	22.2	1割3分	54.1	330,000	47,125	14.3
	下	100,725	100.0	19.9	4.7	21.3	1割3分	54.1	330,000	48,225	14.6
1918	上	110,814	100.0	27.1	4.3	22.5	1割3分	46.1	438,250	56,314	12.8
	下	126,900	100.0	27.6	4.7	22.5	1割3分	45.2	440,000	75,800	17.2
1919	上	385,900	100.0	15.5	2.1	66.7	1割3分	15.7	660,000	128,600	19.5
	下	686,060	100.0	14.6	1.9	11.9	1割	71.6	2,325,000	625,560	26.9
1920	上	314,460	100.0	19.1	5.1	65.4	1割	10.4	3,544,875	-177,040	-5.0
	下	261,500	100.0	19.1	5.0	67.9	1割	8.0	3,550,000	228,800	6.4

出典：主に『台湾日日新報』広告欄掲載の各銀行営業報告により作成。

備考1：利益金処分構成欄の利益金Aは前期繰越金を含み、資本金利益率欄の純益金Cは前期繰越金を含まない。

備考2：台湾商工銀行の1920年上期・配当金には創立10周年記念特別配当金50,745円（年3分）を含む。彰化銀行の1919年上期・配当金には特別配当金220,000円を、1920年上期・配当金には創立15周年記念特別配当金47,370円（年2分）をそれぞれ含む。

備考3：彰化銀行について、1913年下期営業報告書が入手不如意のため利益金処分構成を充足しえなかった。また1920年上期の交際費は役員賞与金に読み替えた。

備考4：諸積立金＝法定積立金＋準備積立金＋新築費積立金＋行員退職慰労金。

備考5：囲み枠について、利益金処分構成欄の囲み枠（ただし利益金Aを除く）は期別構成中比率が最大のもの、また利益金（A）、純益金（C）、資本金利益率（C/B）の囲み枠は3銀行中で最大のものを示す。

備考6：配当率は年利率。

ど、いわば行外へ流出する割合が大きいことである。これは同行が台湾貯蓄銀行との合同によって設立された銀行であったために、払込資本金の規模がもともと他の2行よりも大きく（ほぼ2倍）、かつ日本人役員が多かったことに基因する。前期繰越金を含む利益金（A）でみると、彰化銀行が台湾商工銀行を圧倒的に上回っているが、前期繰越金を含まない当期の純益金（C）だけでみると、むしろ商工銀行が彰化銀行を追い上げ追い越す増勢的傾向にある。企業（銀行）の収益力を表す資本金利益率（C/B）では彰化銀行が優っているものの、これは両行の払込資本金規模に大きな開きがあることから生じている現象であり、内容的にみると彰化銀行の漸減傾向に対して商工銀行は10％前後で安定的に推移している。

第6章　銀行合同の失敗と頭取退任

　本章では1923年における商工・嘉義・新高3銀行の合同経緯、およびその後における破綻・整理の状況と木村匡の頭取退任について検討するが、その詳細はすでに拙稿で分析ずみなので詳しくはそれに譲り、ここでは本書全体にとって必要な範囲内で述べるにとどめたい。

6-1　銀行合同の経緯と合同後の経営不振

　第1次世界大戦を奇貨として膨張した日本経済は、大戦終結後の1919年にいたっても戦後ブームに沸き返り、もはやおのれの立ち位置を冷静に認識し、事後の処理に備える状況にはなかった。こうした状況は台湾の経済界でも同様であった。『台湾日日新報』は1920年1月7日付「日日小筆」欄で、当時

1）　拙稿「金融危機下の台湾商工銀行」（石井寛治・杉山和雄編『金融危機と地方銀行―戦間期の分析―』東京大学出版会、2001年）。なお、本拙稿447頁の注（3）で記した木村匡のプロフィールに事実誤認箇所があるので、この場をかりて訂正しておきたい。その誤認箇所は、「73年、弱冠13歳にして北村小学校長となり、さらに郷里の師範学校教員などを経て85年に東京高等商業学校（のちの東京商大、現一橋大学）教授となった。89年に男爵久保田譲に随行して欧米に遊学したのち文部省に入り、（中略）26年4月、郷里の北村に帰るや村長に推され、……」の部分であり、これを以下のとおり訂正する。「73年、弱冠13歳にして北村小学校教師となり、さらに同校校長、宮城師範学校助教諭などを経て85年に文部省に入る。88年より高等商業学校（のちの東京商大、現一橋大学）教諭（のち教授）を兼務し、また89年から90年にかけて同省会計局長久保田譲に随行して欧米に遊学し見聞を拡げる。（中略）26年3月郷里の北村に帰るや翌年村長に推され、……」。また拙編著『民間総督三好徳三郎と辻利茶舗』（日本図書センター、2002年）106頁の注（40）でも類似の誤記を犯しているので、同様に訂正しておきたい。十分な裏付け調査を欠いたまま記述に及んだことの不明を恥じ陳謝するしだいである。

の台湾における異常な様相に対してつぎのごとく警鐘を鳴らしている。「台湾の株式熱は内地に於けるが如く白熱的ならずとするも、矢張り同一の傾向あるを免れず、（中略）内地人たると本島人たるとを問はず、昨年下半期に於ては株券の製造若くは売買に狂奔して殆んど其の正業を忘却したるの嫌あり、（中略）我台湾に於ては株式熱の流行と共に土地熱の燃盛を促進し、殆んど空売買に彷彿たる一種の賭博行為を見るに至りたるに於てをや、其の反動の近き将来に於て必らず来襲すべきは火を睹るより明なる所、（中略）吾人は本年を以つて一切を整理するの時期に利用し、出来得べくんば禍を未萌に防ぐの策を講じたしと思ふ」（ルビ…引用者）、と。

　大戦下にあって台湾の銀行間競争が激化したことは前章で縷々述べたが、その最終局面が大戦終結直後に増資競争となってあらわれた。元来、慎重居士の銀行までもが、先を争うごとく増資熱にとりつかれたのである。表6-1にみられるように、1919年4月における台湾商工銀行の増資から20年2月における嘉義銀行の増資までのわずか1年足らずの間に、台湾地場の4銀行が相次いで増資に踏み切った（特殊銀行の台湾銀行と国策的銀行の華南銀行は参考）。4銀行合計の増資額を18年下期末と20年上期末とで比較すると、450万円（払込金252万円）から2,200万円（同1,183万円）へと4.9倍（同4.7倍）に急増している。だが、この資本金の膨張がその後ほどなくして大きな重荷となって4銀行にのしかかってくるのであった。

　ところで、こうした状況下の1919年8月、台湾商工銀行頭取の木村匡は、新聞記者の取材に応じて、「大きい声では云へないが、余りに停滞を来さぬ範囲で（中略）世が不景気となることも一種の清涼剤であらう　而して吾輩の考へでは、夫れは来年中には必ず起り得べき現象と思ふ」と述べている。[2]あたかも戦後反動不況の襲来を予知していたかのようであるが、その応対振[3]

2）　『台湾日日新報』1919年8月28日「物価の将来は？木村商銀談」。
3）　木村匡は反動恐慌襲来の1か月前（1920年2月）、久保島留吉（天麗）編『台湾

第6章　銀行合同の失敗と頭取退任　155

表6-1　台湾における地場銀行の増資状況　　　　　　　　　　単位：万円、倍

| | 増資年月 | 1918年下期末 | | 1920年上期末 | | B／A | b／a |
		資本金 A	払込金 a	資本金 B	払込金 b		
台湾商工銀行	1919年 4月	115	95	500	404	4.3	4.3
彰化銀行	1919年 7月	110	44	600	354	5.5	8.0
新高銀行	1919年10月	200	88	800	350	4.0	4.0
嘉義銀行	1920年 2月	25	25	300	75	12.0	3.0
計		450	252	2,200	1,183	4.9	4.7
台湾銀行	1919年 9月	3,000	2,500	6,000	4,495	2.0	1.8
華南銀行				1,000	722		

出典：台湾総督府財務局金融課編『台湾の金融』（1930年）掲載の各銀行データより作成。
備考1：嘉義銀行は1920年2月に合資会社から株式会社に組織替え。
備考2：華南銀行は設立年月が1919年1月であるため、18年下期末は空欄。

りには余裕綽々の様子が伝わってくる。その余裕振りを裏付けるかのごとく、内地の新聞でも、台湾商工銀行について「今や其信用と営業振は内地人本島人を通じて斉しく認識する所　而して将来に於ける同行の堅実なる発展は蓋し刮目に値するものあるべし」と手放しの褒めようで報道されていた。[4]

　1920年3月15日、突然の株価暴落で東京や大阪などの株式取引所は大混乱に陥った。いわゆる戦後反動恐慌の勃発である。このときの恐慌の特徴について大島清『日本恐慌史論』下（東京大学出版会、1955年）は、「恐慌が好景

　　　経済政策論』（台湾之経済社、1920年）に寄稿した論説「恐慌来の前徴と商業会議所の設立を論ず」のなかでつぎのように述べている。「歴史は繰返すものであると云ふことが真理であるとすれば反動は来るものと覚悟せねばならぬ、恐慌も襲来するものと覚悟せねばならぬ、而して其の恐慌が如何なる程度で襲来するか〵最も注目すべき問題である（中略）然らば吾人は今後反動の来るものと覚悟して画策し、成るべく反動の徐々に来る様にせんければならぬ」（184～185頁）と。なお、同論説を要約した談話として、「恐慌対応策と経済施設論」（『実業之台湾』第123号、1920年）がある。
4）『国民新聞』1919年7月7日「株式会社台湾商工銀行　堅実なる経営振前途刮目に値す」。

気の絶頂から一転して商品の過剰生産として、過剰商品、過剰取引として現象するという意味ではこの恐慌はもつとも明瞭な姿をしめした」（107頁）と述べている。いわば経済学の教科書が教えるとおりの恐慌であったということか。

恐慌襲来におののく内地に対して、台湾の銀行界はどうであったか。表6－2にみられるように、台湾でも諸銀行の株価は急落している。しかし台湾では、こうした銀行株価の下落がただちに地場銀行の経営を脅かしたというふうではなかった。台湾商工銀行は、上述した木村頭取の予知によるものかどうかは即断できないものの、1919年末頃から「漸次金利を高めて貸出を引きしめ警戒を始め」[5]、守りを固めていた。20年3月以降の反動恐慌下にあっても嘉義・東京両支店の新設計画を予定どおり推し進め（それぞれ20年3月、21年2月に設置）、また20年10月には12、13の両日にわたって創立10周年祝賀会を盛大に挙行し[6]、かつ当期配当に3分の記念増配をつけるなど、順風満帆の勢いであった。21年1月の紙上[7]には、「島内銀行中預金額に於て常に第一位を占むる商工銀行は財界不況に拘はらず依然として預金増加の趨勢を辿り（中略）大に営業の堅実順調を示し居れり」と報じられていた。木村頭取の采配振りについては、すべてがそうとはいえないまでも[8]、台湾ではおおむね高い評価を受けていたといってよい。

ところが、1921年下期に入って台湾の諸銀行はやや変調をきたし、地場銀

5） 高北四郎『台湾の金融』（台湾春秋社、1927年）63頁。

6） 『台湾日日新報』1920年10月14日「商銀祝賀会」参照。

7） 『台湾日日新報』1921年1月7日「商銀預金増加」。

8） 熊沢寿太編『台湾実業大観』（都大観社出版部、1920年）は、「商工銀行頭取の木村匡と云へは台湾中で誰一人も其名を知らざる者のない位いの古物である（中略）同行の独り成績の振はざるは当然也、古きを尊ふは骨董品のみにして過度（過渡…引用者）時代の教育家を以て頭取と奉るに於てをや　現在商工の辛ふじて露命ある所以（所以…引用者）のものは部下に邑松、大山（邨松一造、大山彦熊…引用者）の壮者輿て力あるが為なり」（頁表記なし）と酷評している。木村匡に

第6章　銀行合同の失敗と頭取退任　157

表6-2　台湾諸銀行株価指数の推移（1920年）　　　　　1月10日 = 100

月日	台湾銀行（新株）		台湾商工銀行（新株）		彰化銀行（新株）		新高銀行	華南銀行	嘉義銀行
1月10日	100.0	100.0	100.0	100.0	100.0	100.0	100.0	100.0	100.0
	＊182	＊110	＊86	＊43	＊93	＊44	＊111	＊82	＊35
2月7日	103.3	96.4	100.0	111.6	93.5	109.1	105.4	107.3	111.4
3月6日	98.9	91.8	100.6	166.3	94.1	134.1	103.6	107.3	109.1
4月5日	93.4	103.6	93.0	153.5	87.1	127.3	94.6	98.8	104.3
5月8日	82.4	81.8	74.4	116.3	69.9	88.6	58.6	61.0	77.1
6月5日	77.5	75.5	69.8	110.5	65.6	86.4	54.1	89.0	70.0
7月3日	73.6	70.0	63.4	96.5	61.3	72.7	48.6	79.3	57.1
8月7日	75.8	72.7	60.5	100.0	58.1	72.7	45.0	85.4	51.4
9月6日	73.9	73.0	59.3	95.3	54.8	67.0	45.0	87.8	44.3
10月3日	68.1	67.3	58.1	82.6	54.3	58.0	41.4	80.5	38.6
11月6日	67.3	65.9	55.2	81.4	52.2	55.7	41.4	76.8	38.6
12月29日	68.4	66.4	53.5	73.3	51.1	54.5	37.8	74.4	37.1
	＊125	＊73	＊46	＊32	＊48	＊24	＊42	＊61	＊13

出典：『台湾日日新報』1921年1月1日「本島銀行株趨勢」より作成。
備考：＊は時価（円）。小数点以下四捨五入。

行の優等生たる台湾商工銀行でさえ約1万2,000円の滞貸銷却をおこなわざるをえなくなった。22年、状況はさらに悪化し、反動恐慌時から積み重なった不良固定貸付の回収がいっこうに進捗しないまま、各銀行は「利息書替すら出来ず[9]」、また借り手側にも「手形の書替をせぬとも別段商売が出来ぬと云ふ訳でもなし又人中で大きな顔が出来ぬと云ふのでもないから銀行に不義理をしても……[10]」といった風潮が蔓延し、銀行はしだいに貸出漸増の深みにはまり込んでいった。しかも預金吸収面では、同年4月の預金協定利率引上

　対する人物評価については評価視角の如何によって区々であり得るが、該書出版当時における台湾商工銀行の経営状態に関して「同行の独り成績の振はざるは……」との評価には客観的な根拠を認めがたい。
9 ）『台湾日日新報』1922年7月30日「最近の台北金融界」。
10）『台湾日日新報』1922年9月14日「高雄金融界の悪傾向」。

げにもかかわらず、定期預金を中心に「銀行預金は加速度を以て減少し」[11]、「資金は滔々相率ゐて社債化公債化すと云ふ状態」[12]が出現した。そのため各銀行は生き残りをかけて極度の貸し渋りと預金争奪に狂奔するようになった。また、銀行株についても、「本島株式界近来の状況は全く惨めなる淋れ方で其大部分が反古紙同様三文の直打も無くなり（中略）比較的堅実なる銀行株も親銀行（台湾銀行の意…引用者）の整理説乃至貸付回収難に禍せられ一斉に払込以下に落込むの惨憺たる有様である」[13]という状況に立ちいたった。

これまで1割配当を続けてきた台湾の各銀行も（ただし華南銀行は6分配当）、1922年下期決算でついに減配に追い込まれ、台湾銀行が7分に，その他の商工・彰化・嘉義・新高の各地場銀行も8分に減配せざるをえなくなった。このような窮状に加えて、内地における銀行動揺の激化と地方銀行合同論の高まりに影響されて、23年3月頃になると、台湾でもにわかに銀行合同の必要が叫ばれるにいたった[14]。

かつて1917年、台湾でも銀行合同の必要性が紙上で取りあげられたことがあったが[15]、経済膨張の続く第1次大戦下にあっては各銀行とも積極的経営に明け暮れていたから、これがまともに論議される状況にはなかった。しかし、大戦後、とりわけ反動恐慌後の不況期になると、銀行合同問題がにわかに現実味を帯びてきた。しかも、このときの旗振り役は、台湾銀行頭取の中川小十郎であった。中川頭取は東京滞在中の22年暮れ、新聞記者の取材に対して、台湾の地場銀行は「之を合同して一の極めて有力なる地方銀行とする事が出

---

11) 『台湾日日新報』1922年4月12日「預金利上後の金融如何なる推移を辿るか」。

12) 『台湾日日新報』1922年4月5日「預金利子引上と本島経済界」。

13) 『台湾日日新報』1922年9月4日「本島の諸株」。

14) 『台湾日日新報』1923年3月13日「島内銀行合同問題」、同月14日「銀行合同は必要」、同月22日「島内銀行合同問題」、同月31日・社説「四銀行の合併を断行せよ」など参照。

15) 『台湾日日新報』1917年6月2日・某氏談「銀行合同如何」、同年10月2日「銀行合同問題」参照。

来たならば各銀行自体の上より見るも財界の上よりいふも一大進歩であらう
と思ふ、是は一つ新年後の問題として同業者諸君の考究を願ひたいものであ
る」と語ったという。これはその後における彼の行動のための布石であり、
翌23年4月、1年8か月ぶりに帰台した中川は地場銀行の合同に向けて積極
的に動き出した。中川としては、新高・商工・彰化・嘉義の4行を合同させ
ることを企図していたが、彰化銀行専務取締役の坂本素魯哉が最後まで首を
たてに振らず、結果的には商工・新高・嘉義3行の合同という線に落ち着い
た。

　その後、これら3行は一瀉千里のごとく合同に向けて走ることになる。
1923年5月18日、商工・新高・嘉義3行は「合併仮契約書」に調印し、直ち
に6月7日、それぞれ臨時株主総会を開いて合併仮契約の承認を原案どおり
可決した。ここに実質的には台湾商工銀行が新高・嘉義両行を合併する形で
の3行合同が成立し、資本金1,600万円（3行資本金の合算、払込828万7,500円）
の新・台湾商工銀行（本店・台北市）が誕生したのであった（7月28日認可）。
重役の人選は台湾銀行頭取の中川小十郎に一任され、その結果、8月16日に
開かれた新・台湾商工銀行の臨時株主総会で新経営陣が決定された。役員の

---

16)　『台湾日日新報』1923年1月1日・中川小十郎談「台湾に於ける地方銀行合同必
　　要　本島金融上の急務」。なお、中川が同時期に語った談話（『時事新報』1923年
　　1月3～4日「植民地金融問題　同化主義か分化主義か（上・下）」）によると、
　　彼の意図は、地場銀行の合同によって台湾における長期拓殖資金の供給機関を整
　　備することにあったようである。

17)　『台湾日日新報』1923年4月13日・某銀行家談「銀行合同反対説の根拠は極めて
　　薄弱である」、同年5月24日「商工、新高、嘉義の三行は合同仮契約に調印　彰化
　　銀行のみは不賛成」参照。

18)　台湾商工銀行『第二十六期営業報告書』（1923年上期）4～8頁。

19)　1923年6月7日の新高銀行臨時株主総会において頭取の李延禧は出席株主に対
　　して、「今回の合同は絶対に無条件なるも三行共解散して新たに新銀行を樹立せん
　　とすれば手続上頗る面倒なるより便宜上商工銀行に合併の形式を執れり」（『台湾
　　日日新報』1923年6月8日「各行合併承認」）と述べ、あくまでも3行対等の合同
　　である旨を強調している。

160

顔触れは、頭取に旧商工銀行頭取の木村匡が、副頭取に旧新高銀行頭取の李延禧[20]がそれぞれ就任し、また常務取締役を1名から2名に増員して旧嘉義銀行専務取締役の山口清と旧新高銀行常務取締役の児玉敏尾[21]が就任した。その他の取締役・監査役を含めて新商工銀行の役員を旧銀行系統別にみると、商工系7名・新高系4名・嘉義系4名の計15名、また日本人・台湾人別では日本人7名・台湾人8名であり、商工銀行が新高・嘉義両行に、また日本人役員が台湾人役員に、数の上では配慮した形になっている。概して旧時の実勢にそった公平な措置がとられているが、経営の実務に携わる2名の常務取締役だけは日本人で独占した。

　木村頭取は、この臨時株主総会の席上、資本金規模の大きさのわりには預金量が過小なのは遺憾であるとしながらも、「資本金千五百万円以上の銀行は本邦に於て東京に八銀行、大阪に七銀行、横浜に一銀行、合計十六銀行で新商工銀行も全国十七銀行の一たるを得た訳である[22]」と大見得を切った。のちになって、資本金1,500万円以上の銀行は21行あることがわかったが[23]、その時の木村頭取の気持ちとしては、「全国十七銀行の一」でも「全国二十二銀行の一」でも、どちらでもよかったであろう。台湾の地場銀行5行（1921年に台湾商工銀行の貯蓄銀行業務が分離独立される形で設立された台湾貯蓄銀行を含[24]

---

20)　李延禧の経歴については後述の第7章脚注1および21を参照されたい。

21)　児玉敏尾は1877年栃木県に生まれ、東京帝国大学法科を卒業。1905年に台湾銀行に入り、その後、同行台北本店詰めから台中支店支配人代理、宜蘭出張所長、基隆支店長、台中支店長を経て、20年、急逝した小倉文吉の後任として新高銀行常務取締役となる。23年の商工・嘉義・新高3行合同により商工銀行常務取締役に就任するが、新高銀行時代の責任をとって副頭取李延禧とともに24年下期に退任。内地へ帰還後の25年、郷里の下野中央銀行の常務取締役に就任した。台湾新報社編『台湾商工便覧』第2版（1919年）49頁、『台湾日日新報』1925年9月20日「商銀漫言」などを参照。

22)　『台湾日日新報』1923年8月17日「木村頭取報告」。

23)　『台湾日日新報』1923年8月24日「合同銀行と預金」参照。

24)　1921年4月、普通銀行の貯蓄銀行業務兼営を禁止する貯蓄銀行法が公布され、

第6章　銀行合同の失敗と頭取退任　161

む）のうち３行が合同して新しい台湾商工銀行に生まれ変わったのだから、木村頭取の上気ぶりがわかろうというものである。

　ところが、台湾商工銀行はその船出に当たって、誰も予想しえなかった天変地異に見舞われることになる。1923年９月１日の関東大震災がそれである。同行東京支店（日本橋区呉服町１丁目、現中央区八重洲１丁目辺り）の建物は焼け落ちてしまったが、幸いにも重要書類は無事持ち出し台湾銀行東京支店（麴町区〈現千代田区〉丸の内１丁目）に避難したという。台湾商工銀行は、合同後最初の営業期という困難さ（経費膨張など）に加えて、関東大震災という不測の災厄に遭遇したのであった。合同時（1923年下期）の財務状況はどうであったか、表６-３によって確認してみよう。

　差引利益金135万円によって巨額の銷却100万円（滞貸銷却90万円とその他銷却＝東京支店建物什器銷却10万円）を断行しながらも、35万円の純益金を実現した形にはなっている。しかし実状はまったく逆で、税金・給料・旅費・営業費の膨張に加えて重役退職慰労金や行員恩給・一時給与金などの臨時支出増で30万円以上のマイナスであった。これをカバーして135万円の差引利益金をもたらしたのは「その他雑益」中の雑益171万円であり、その中身は、営業報告書には記載されていないが、実は旧新高銀行の諸積立金を当期決算

　　これが台湾にも施行されたために台湾商工銀行は同業務の兼営を廃止せざるをえなくなり、同行から分離独立させる形で同年11月新たに台湾貯蓄銀行が設立された（頭取荒井泰治、資本金100万円、払込４分の１、22年１月台北市府前街に開業、23年４月同市本町２丁目の新築舎に移転）。この新貯蓄銀行の筆頭株主は商工銀行であり（約４分の１所有）、役員のほとんどを商工銀行役員で占めた。木村匡は創立委員長を務め、かつ取締役に就いたが23年上期から監査役に転じた。

25）　『台湾日日新報』1923年９月８日「商工銀行支店　重要書類店員無事」参照。震災後の一時期は避難先の台湾銀行東京支店４階に仮事務所を設け営業を続けたが、幸いにも同年12月中旬、取り敢えずのバラック建築とはいえ自行の旧支店跡に営業所落成がかない、間借り生活を脱出することができたようである（同紙、同年12月12日「商銀東京支店」参照）。

表6-3　台湾商工銀行の財務状況（1923〜1925年）　　　　　　　　　　単位：千円

		1923 上	1923 下	1924 上	1924 下	1925 上	1925 下
利益金	A	900	3,668	2,078	1,868	2,138	2,486
営業利益		806	1,810	1,720	1,696	2,014	2,030
営業外利益		89	144	145	142	79	290
その他雑益		5	1,714	213	30	45	166
損失金	B	700	2,313	1,830	1,848	1,882	2,124
営業損失		462	1,410	1,419	1,446	1,422	1,469
営業外損失		49	183	61	32	116	209
経費・雑損		189	720	350	370	344	446
差引損益金	A−B	200	1,355	248	20	256	362
戻入	C				1,000	3,107	
準備金・積立金戻入					1,000		
払込資本金戻入						3,107	
繰越損・銷却	D		1,000		4,231	3,207	206
前期繰越損						3,107	
滞貸銷却			900		4,231	100	206
その他銷却			100				
当期純損益金　（A−B）＋C−D		200	355	248	−3,211	156	156
前期繰越金		30	103	104	104		3
当期総損益金		230	458	352	−3,107	156	159
配当率（年）		7分	7分	5分	無配	5分	5分

出典：台湾商工銀行『営業報告書』各期より作成。拙稿「金融危機下の台湾商工銀行」（石井寛
　　治・杉山和雄編『金融危機と地方銀行―戦間期の分析―』東京大学出版会、2001年、452
　　〜453頁）より引用。
備考1：営業利益は利息、割引料、手数料など、営業外利益は有価証券利息・配当金・価格換
　　算益、土地建物賃貸料など、営業損失は利息、割引料、手数料など、営業外損失は有価
　　証券価格換算損、給付補填備金繰入など。
備考2：払込資本金戻入は減資繰入金。

で雑益として計上し銷却に充てたものである。本来的には積立金を取り崩し[26]たのと同じであった。したがって、当期の台湾商工銀行はまさに自転車操業、火の車状態であり、実際は90万円もの滞貸を銷却できる状況にはなかった。それでもなお、巨額の滞貸銷却がおこなわれたのには、それ相当の事由があったとみなければならない。その事由を先取りしていえば、90万円くらいではすまない、もっと巨額な不良債権の山が奥に隠されていたからである。

6-2　援助問題と巨額不良債権の発覚

　こうして早くも台湾商工銀行の前途に暗雲が垂れこめると、同行株主の間から不満の声が高まってくる。合同時に台湾銀行が約束した援助の件はどうなっているのか、とのいわゆる「援助問題」が巷間を騒がすことになる。1924年1月28日の第27期定時株主総会で、頭取の木村匡が23年下期の営業不振の原因（所有有価証券の値下り、震災による損失、固定貸金の整理・銷却など）と援助問題について一通りの説明を終えるや、ある一株主が援助問題に関して「激烈なる質問を試みアワヤ一紛擾を醸さんとする形勢となつた」[27]という。その場はなんとか収まったが、以後、この問題は商工銀行の首脳陣を悩ますことになる。

　3銀行合同の合意が短期間のうちに成立したのは、中川台湾銀行頭取が合同予備交渉の段階で旧商工・新高・嘉義3行の首脳陣に対し、合同後には台湾銀行からの借入金500万円の利子引下げ、官吏義務貯金500万円の振替え、台湾銀行島内支店の委譲、地方税等の公金取扱範囲の拡張、低利資金の融通などの手厚い援助を惜しまないと約束したからであった。[28]しかし、その後に

26）『台湾日日新報』1924年7月10日「各銀行配当如何」参照。
27）『台湾日日新報』1924年1月29日「台湾商工銀行株主総会　配当七分」。
28）『台湾日日新報』1924年2月1日「取残されし諸問題」参照。

おける台湾銀行側の態度は、借入金500万円の利子についてわずかな引下げを実行したのみで、その他の約束についてはなんら関知せずというふうであった。

　3銀行合同直前の1923年上期末における商工・嘉義・新高3行の借入金高はそれぞれ約79万円、230万円、321万円の合計約630万円に達しており、合同によって嘉義・新高両行の借入分551万円が商工銀行に持ち込まれた結果、同年下期末における商工銀行の借入金は一気に642万円へと膨張した。このうちのおよそ8割方が台湾銀行からの借入金であったといえよう。見方を変えれば、当時、自らも整理に追われていた台湾銀行[29]が、嘉義・新高両行への焦げつき不良債権を経営状態の比較的健全な商工銀行に付け替え、債権の保全をはかったとみることができる[30]。嘉義・新高両行の借入金が巨額なことは、商工銀行頭取の木村匡も合同交渉の段階ですでに承知していたはずである。ただ、台湾銀行の「援助」があれば、これくらいの負債の背負い込みには耐えられる、と木村は踏んでいたようである。

　ところが、嘉義・新高両行から商工銀行に持ち込まれたのは、台湾銀行からの巨額な借入金だけではなかった。嘉義・新高両行、とくに新高銀行の巨額な不良固定貸付、すなわち本来ならば新高銀行の責任で整理しておかなければならない回収不能資産までもが持ち込まれたのである。当時は台湾銀行でさえ整理問題で世上に取りざたされていたくらいであるから、他の地場銀行が不良固定貸しを抱えていたことは世間の常識であった。しかし、新高銀行のそれは常識をはるかに超えており、しかも台湾銀行による査定段階で計数上の誤謬があったために、合同後まで木村頭取はこうした事実の存在に気づかなかったという。

---

29)　拙稿「植民地銀行政策の展開」（渋谷隆一編著『大正期日本金融制度政策史』早稲田大学出版部、1987年）275～282頁参照。

30)　高北四郎、前掲『台湾の金融』64～65頁参照。

その誤謬とは、副頭取の李延禧が新高銀行頭取時代につくった大口固定貸しの隠蔽に起因していたようである。木村は頭取を退任する直前の1925年8月、「三銀行合同に対して無茶苦茶な計算内容を其ま丶信じて今日の苦境に立つた木村匡は大馬鹿者です、実際あれ程とは思はなかつたネ」「李延禧君などは実にヒドイ、山口君（旧嘉義銀行専務取締役の山口清…引用者）も嘉義銀行があまり完全でないから大きな顔も出来ぬが、実際ヨソの重役はよくあんな事がやれたですネ[31]」と語っている。「あんな事」の具体的な内容について木村頭取は口外していないが、おそらく李延禧の関係会社に対する放漫な融資を含意していたと考えられる。

　たとえば1925年1月、木村匡は『台湾日日新報』に寄せた年頭の所感[32]のなかで、銀行の「重役が自分の管理してゐる、銀行より融通を受くる事」は禁じられるべきであり、これは総督府の監督権限で可能なはずである、と述べている。また、高北四郎[33]の前掲『台湾の金融』によれば、旧新高銀行は「重役の縁故貸出が多く背任横領と目すべきものが大部分であつたと噂されてゐた」（59頁）とされる。木村頭取にしてみれば、中川台湾銀行頭取と李延禧に「はめられた」との意識[34]が強かったようである。とくに李延禧については、後述するように（第7章7-1参照）、大正協会の創設・運営にあたって苦労を共にしてきた間柄であっただけに、慚愧の念に堪えなかったものと想

---

31)　永岡涼風『親愛なる台湾』（実業時代社台湾通信部、1927年）289～290頁。
32)　『台湾日日新報』1925年1月3日・木村匡「本年に期待する島内の十問題」。
33)　高北四郎についての情報はまことに手薄で、石川県出身、早稲田大学卒業、前掲『台湾の金融』の出版当時（1927）は台南新報の記者であり、また1937年頃は台湾総督府殖産局山林課嘱託、住所：台北市御成町5-7であったことくらいしかわからない。号は素玄居士。さしあたり渋谷隆一・麻島昭一監修『近代日本金融史文献資料集成』第38巻第Ⅵ期・植民地金融機関編（高嶋雅明・波形昭一共編、日本図書センター、2005年）の解説（拙稿箇所）14～15頁を参照されたい。著書に『禅境　其唯物論体系上の位置』（狗子堂、1937年）、『提唱無門関』（狗子堂、同年）がある。
34)　『台湾日日新報』1927年11月1日・(財界覆面士)「島内三銀行の合併観（上）」

像される。

　要するに、この問題の根幹は一見、新高銀行や嘉義銀行など地場銀行の不良固定貸付のようにみえるが、その淵源をたどれば、台湾銀行が地場銀行を介して放漫な貸付をおこなったことの末端的表出なのである。したがって、中川台湾銀行頭取が推進したこの銀行合同の本質は、それが意図的だったとはいえないまでも、台湾銀行が当時内地で吹き荒れていた銀行破綻、銀行合同政策の時代的潮流に便乗しつつ自行の膿を最終的には台湾商工銀行に押しつけ、その整理を負担させたところにあった、と解すべきであろう。

　こうした窮状の続くまま1924年上期の定時株主総会が間近に迫った同年6月初旬、木村頭取は内地に赴き、約1か月半にわたって大蔵省、日本銀行、台湾銀行（東京支店）などと折衝を重ねた。だが、ちょうどその頃、清浦内閣の総辞職、加藤（護憲三派）内閣の成立など内地の政局は激震の極にあり、新内閣は第49特別議会への対応に追われていたから、台湾の一小銀行に関する相談事に耳をかす余裕などなかったらしい。7月下旬に帰台した木村頭取の口からは、援助の大体の輪郭だけは決めたが今はそれを発表する時機ではないとして、明確な回答は出てこなかった。[35]

　確たる要領をえないまま帰台した木村頭取は、帰台早々の7月28日、第28期定時株主総会を迎えた。援助問題解決の一時的引き延ばしだけでなく、経営不振による減配（7分から5分へ）の承認も取りつけなければならなかった。台湾銀行による援助策が未確定の段階では当期の台湾商工銀行になんら明るい兆しはなかったから、巨額な滞貸銷却を計上する余裕などなく、ただ後期

は回顧談風につぎのように綴っている。「中川小十郎君の勧誘に乗つて無条件で合併に調印した木村匡君も男気を出したものゝ後では中川……よくも熱湯を呑ませをつたよと……思つた時はもう遅かつた、（中略）詰りそれは新高、嘉義両銀行の内容を良く調べずに遣つた祟りが即ちアノ始末なのだから」。

35)　『台湾日日新報』1924年7月26日「大体の輪郭は決定　使命を終つて木村氏帰台」参照。

第6章　銀行合同の失敗と頭取退任　167

繰越金と5分の配当金を捻出するのが精一杯であった。したがって、当期定時株主総会も平穏とはいかず、「あはや大波瀾を惹起せんとした際木村頭取は最後の断案とも見らるべき悲痛なる言葉の一節に曰く我々重役は株主諸君に対し行掛り上当面の問題を解決し八月下旬或は九月上旬までに臨時株主総会を開催し満足なる回答を与へなかつた場合は責任を明かにすると言明して」、株主中の不満分子を鎮めたという。[36]

　ひとまずは株主総会を乗り切ったものの、1か月後の1924年8月下旬から9月上旬には臨時株主総会を開いて援助問題に決着をつけると株主に公約したため、木村頭取は直ちに上京の途についた。しかし、8月末近くに内地から帰台した木村頭取は、「商工銀行整理案の鍵は台銀の川崎理事（川崎軍治のこと…引用者）が握つてゐる（中略）多分川崎君が該整理案を作つてゐる事と思ふ」と語るのみで口を固く閉ざし、あとは台湾銀行側に下駄を預ける態度[37]をとり続けた。台湾銀行から確たる回答のないまま時間ばかりが過ぎたが、そうこうするうちに内閣交替にともなう台湾総督の更迭（24年9月、内田嘉吉から伊沢多喜男へ交替）という想定外の事態が発生した。そのために台湾商工銀行は9月10日、同行株主に対して臨時株主総会を延期せざるをえない旨の通知書を送付し、結局、この問題の決着は年末に持ち越されることになった。[38]想像するに、総督の更迭で時間稼ぎができて助かった、というのが木村頭取の偽らざる心境だったのではなかろうか。

6-3　巨額不良債権の整理と頭取退任

　停頓に停頓を重ねた援助問題に結論が出たのは、1924年もすでに11月下旬

---

36)　『台湾日日新報』1924年8月19日「商銀の臨時総会は果して何時開かるゝか」。
37)　『台湾日日新報』1924年8月29日「商銀整理案の鍵は川崎理事の手にある」。
38)　『台湾日日新報』1924年9月11日「商銀声明」参照。

のことで、「台湾銀行に於て大体商銀の要求を容認した結果問題は急転直下具体化[39]」したという。かくして台湾商工銀行頭取の木村匡は、12月13日に臨時株主総会を開いて3分の1減資を骨子とする大整理案を提案し、かつ台湾銀行からの借入金利率大幅引下げを中心とする援助策決定を報告したのであった。整理案の要点は、①資本金を1,600万円（払込829万円）から1,000万円（同518万円）に減じ、同時に総株数32万株を20万株とする、②この減資額（払込）311万円および諸積立金中の100万円をもって滞貸金423万円の銷却に充てる（前掲表6-3参照）、③現取締役・監査役全員が辞任し、経費緊縮のため役員数を削減（取締役10名を7名に、監査役5名を4名に削減、副頭取は当分欠員）したうえで改めて選挙することとし、さらに役員報酬金2万5,000円以内を2万円以内に引き下げる、というものであった[40]。

　一方、援助問題の解決策については、以下の援助策はさきの大減資整理案が株主総会で成立することを条件に可能であるとしたうえで、つぎのような報告がなされた。①台湾銀行からの借入金利率を従来の8分から4分へ大幅に引き下げる、②日本銀行から100万円を限度とする直接融通（利率は規定年利率7分5厘）を受けることができる、③三十四銀行からも利率7～8分で融通を受けることができる、というものであった[41]。

　日本銀行・台湾銀行から破格の援助を受けるのだから、株主側も大減資を承諾してもらいたい、というのが木村頭取の提案の要点であった。株主にとって、減資による約311万円の損失は大事変であったに違いない。しかし株主側も、これ以上の援助策は期待できそうもないことがわかっていただけに、結局は退路を断たれた形でこれを飲まざるをえなかった。援助の道が断

---

39)　『台湾日日新報』1924年11月28日「商銀臨時総会開会期　愈十二月十二、十三日頃」。

40)　台湾商工銀行『第二十九期営業報告書』（1924年下期）3～9頁参照。

41)　『台湾日日新報』1924年12月6日「商銀整理決定まで」、同月11日「商銀株主に対する荒井泰治氏の声明」、同月18日社説「商銀の整理方策成る」など参照。

たれて台湾商工銀行が潰れたら、元も子も失ってしまうからである。

いま一つ留意しておきたい点は、大蔵大臣が幹旋の労をとってまで日本銀行に100万円の直接融通を約束させたことの意味である。荒井泰治がいうように、「日銀が地方銀行に対し直接大金を融通することは異例[42]」であった。台湾商工銀行への援助を政府・大蔵省が黙視できなかったのは、ある種の国家的な理由、すなわち同行が一地方銀行とはいえ単なる地方銀行ではなく、植民地の地場銀行であったからであろう。たとえば台湾銀行理事の川崎軍治が援助問題の紛糾真っ只中の1924年8月に語った、「同行の成立が本島人本位で株主の半分預金の半額は本島人の持分である関係上普通銀行として本島金融界に対し重要なる任務を帯びてゐるものを見殺しにする訳にいかぬ[43]」との談話が、ことの本質を突いていると思われる。

こうした艱難辛苦の末、木村匡頭取は1924年12月の臨時株主総会で3分の1減資という大整理案の決定に漕ぎつくことができたのであった。だが、彼に休息のいとまは与えられなかった。同年下期の決算が諮られる第29期定時株主総会がわずか1か月半後（25年1月末）の間近に迫っていたからである。「巨額の滞り不良貸付」を「巨額の減資と積立金取り崩し」で銷却する大整理案は年末の臨時株主総会で承認されたが、この整理案を年明け早々の定時株主総会で一挙に実行するのは不可能であった。というのは、まだ減資催告期間中にあったため当期での減資実行は時間的に無理があったからである。つまり、減資の実行は次期（25年上期）の決算に持ち越し、まずは滞貸銷却だけを当期（24年下期）で先行的に実施せざるをえなかった。ということは当然、当期決算では「巨額の損失」が発生するから株主配当はゼロ、ということを意味していた。巷では新聞が、据置か減配か、それとも無配か、と騒

---

42)　上掲『台湾日日新報』1924年12月6日「商銀整理決定まで」。

43)　『台湾日日新報』1924年8月14日「商銀援助と台銀　株主は安心して可なりと川崎台銀理事語る」。

170

ぎ立てていた。木村頭取にとって選択肢は、据置も減配もありえず無配しか
なかった。ただ、それを株主側にいかにして受け入れてもらうかで彼の頭は
いっぱいであった。

　1925年1月30日、第29期定時株主総会が開催された。木村頭取は、①滞貸
423万円の銷却、②無配当、③後期繰越金なし、という最悪の決算案を提示
しその承認を求めた。減資・無配・後期繰越金なしは、いずれも商工銀行創
立（1910年）以来初めての不名誉な出来事であった。銀行収益の根幹である
営業利益と営業損失をみると、前掲表6-3からわかるように、業績の悪
かった1年前の合同期（23年下期）に比べてさえ営業利益は減少し、逆に営
業損失は増加している。営業外損失は改善されたものの、差引利益金はわず
か2万円に過ぎない。この状態で423万円もの滞貸しを銷却するには、準備
金・積立金の戻入分100万円と前期繰越金10万円の充当くらいで間に合うは
ずがない。減資は次期株主総会（25年上期）での承認をまたねばならなかっ
たから、当期では310万円もの損失金（次期繰越損）を計上せざるをえず、無
配当と後期繰越金なしはやむをえない決断であった。このときの株主総会は
「前期の潑剌たる活気横溢した総会とは雲泥の差であつた（中略）多数株主
の内に誰一人として無配に対する理由を諮問する者が無かつた」という。総
会の沈痛な様子が臨場感をもって伝わってくる。

　悪夢のような1924年下期決算ののち、25年上期決算（第30期定時株主総会、
7月31日）で前期繰越損310万円と滞貸金10万円を処理し、かつ配当率5分の
復配を実現した木村頭取は、新経営陣の固まる秋の臨時株主総会（11月1
日）をもって頭取を退任した。その臨時株主総会の席上、木村匡は退任の挨
拶でつぎのように述べている。「三行合併後の不結果は自分の用意の欠けて

44）『台湾日日新報』1925年1月11日「商工銀行は配当据置か減配無配か」、同月15
　　日「商銀無配説有力」、同月20日「商銀は愈々無配か」参照。
45）『台湾日日新報』1925年1月31日「東西南北」。

ゐた為めで減資までして株主諸君に大なる御迷惑をかけた事は私自身として
は一生涯を通じて最も遺憾とする所である、之が為めに皆さんに損をかけた
事を思ふと今でもゾツトする位である（中略）将来共に遺憾とする所は三銀
行を合併しながら之を統一して手足の如く動かし得なかつた事は合併の意味
を為さない、新高、嘉義、商工と個々別々に別れて之を徹底的に統一し得な
かつた事は甚だ遺憾である、然し之は時間に依つて統一し得べき事であらう
（中略）此統一と云ふ大仕事の前途も見ずに此地を去るは返す返すも遺憾で
ある」[46]（踊り字は横書用に修正…引用者）。

　毀誉褒貶相半ばするのが世の習いである。木村匡についても当時の台湾に
おける世評は厳しかった。たとえば新高新報社主筆の橋本白水は著書『島の
都』（南国出版協会、1926年）で、「木村氏は商工銀行に対して幾何の功労者か、
これ著者等の疑問の大なるものである。木村氏は多年本島の開発に対して或
は官人となり或は銀行家となり̇̇相当の貢献あつた事は何人も認むるけ
れども、商銀の現状に対しては決して誇るべき何物もないと思ふ。況哉、君
子然たる木村氏を捉へて、其非を訐く重役連があつたといふに於てをや。
これ木村氏の対外的信用のなかつた事を裏書きするに足るでないか。重役株
として木村氏程晩年を損ふたものは蓋し他にあるまい。誠に同情の至りに堪
えない。」（49〜50頁、ルビ…引用者）と手厳しい評価を下している。

　すでに述べたように、台湾商工銀行は合同早々に90万円、さらに1年後に
は423万円と、わずか1年半の間に500万円以上もの滞貸金銷却を強いられた。
合同前における同行の資本金は500万円（払込403万円）であったから、意図
せざる結果とはいえ、合同によってちょうど同規模の銀行が1行消磨された
に等しい。木村匡は、台湾銀行の調査にもとづく基礎計数の誤謬に気づかず、
「無茶苦茶な計算内容を其まゝ信じて今日の苦境に立つた木村匡は大馬鹿者

46）「木村前商工銀行頭取の告別辞」（『大阪銀行通信録』第341号、1926年1月）115
頁。

です」（前出162頁参照）と悔やむが、練達の銀行家・木村匡がそうした落とし穴にはまった究極の原因はどこにあったのだろうか。この点に関連して、高北四郎が前掲『台湾の金融』で述べている、つぎのくだりが気にかかる。「商工銀行は頭取専制々度で当時の頭取木村匡氏の一存で決することが出来る、（中略）かつ株主総会などは眼中に置かれてゐない、這中の秘は局外者の伺ひ知る処ではない、一切が秘密裡に進行し商工銀行の専務邨松氏にも何の相談もなかつたらしい」（65頁）、と。

　銀行頭取は当該銀行の最高経営責任者であるから、頭取にはそれを全うするために必要な権限が与えられる。これは台湾商工銀行にかぎったことではなく、他の銀行・会社でも同様である。だが、「頭取専制々度」「頭取木村匡氏の一存で決する」「株主総会などは眼中に置かれてゐない」とまでの酷評のされかたは尋常ではない。それ相当の根拠がなければ公刊書に記述される類の表現ではない。もしこの酷評にそれ相当の根拠があったとすれば、基礎計数の誤謬を見抜けなかった軽率さが問題なのではなく、近代的な銀行経営のイロハを失念してしまったこと、これこそが問題なのである。今流にいえば、コーポレートガバナンスの機能麻痺とでもいえようか。練達の銀行家・木村匡がはまった落とし穴、それは、頭取在任期の長期化によって彼自身の心に巣くった慢心だったのではないか、というのが現時点での筆者の推測的結論である。

　とはいえ、彼が植民地期台湾において近代的銀行経営の理念、すなわち預金銀行主義・商業銀行主義の理念を頑固なまでに堅持しようとした姿勢は、高く評価されてよい。三十四銀行台湾総支配人期および台湾商工銀行頭取期の両期とも、台湾人取引が飛躍的に伸張した。これこそが「植民地の銀行家」というにふさわしい功績であったといいたい。「終わり良ければすべて良し」という諺があるが、必ずしもすべてがこの諺どおりとはいえない。「終わり悪ければすべて悪し」とは限らない場合もある。

第7章　台湾における社会活動—大正協会を事例に—

　本書の冒頭で述べたように、木村匡をもって「植民地期台湾の銀行家」と呼ぶためには、彼の銀行経営にとどまらず、その人並みはずれた社会活動にも分析の眼を向けなければならない。以下、本章で台湾での社会活動について大正協会を事例に検討し、さらに次章で帰郷後の宮城県における晩年の社会活動について述べたい。

　銀行の頭取ともなれば、内地・台湾の別を問わず、周囲からその公人的役割が期待される。商工銀行頭取期の木村匡にはとくにそうした期待が集中し、彼もまたそれに応えるよう努めた。台湾商工銀行の後継経営陣（荒井泰治頭取）も決まり、いよいよ内地への帰還準備にとりかかった1925年11月、『台湾日日新報』（同月6日付）はコラム欄で、木村は「台北で関係のある何々会長幹事或は何々代表者などと云ふ数十の肩書を除る為め各所の辞表を印刷して秘書に廻してゐる」（ルビ…原文）と報じている。「数十の肩書」はいささか誇大にすぎようが、木村が二桁に及ぶ肩書きをもっていたことは想像するに難くない。それらから主要な活動を組織・団体の役職別に抽出し、年次順に整理したのが表7-1である。ただ、こうした表の作成作業は、煩雑な労苦をともなう割には完璧を期しがたい。というのは、データベースそのものが十全的に整備・用意されているわけではないからである。本表も主に『台湾日日新報』の記事などから寄せ集めた情報を整理したものであり、悉皆調査を心掛けたとはいうものの確認不能箇所が多く隔靴掻痒の感を免れない。

　こうした事情をふまえてのことだが、頭取期における木村匡の社会活動は概略つぎの三つに大別される。すなわち①台北商工会、台湾実業協会、木曜会・台北銀行集会所など経済団体関係の役員活動、②台北公会、台北中央公会、台北防疫組合、台北州協議会など公共自治団体の役員活動、③平定紀念

174

表7-1 台湾商工銀行頭取期における木村匡の主な社会活動

組織・役職	1912	1913	1914	1915	1916	1917	1918	1919	1920	1921	1922	1923	1924	1925	備考
平定紀念会相談役・幹事長	*	*	*	*	○	○	○	○	○	○	○	○	○	○	*相談役 ○幹事長
大正協会委員長・会長	*	*	*	○	○	○	○	○	○	○	○	○	○	○	*委員長 ○会長
台北商工会評議員	○	○	○	○	○	○	○	○	○	○	○	○	○	○	
台湾実業協会理事・会長	*	*	*	○	○	○	○	○	○	○	○	?	?	?	*理事 ○会長
台北公会常議員	○	○	○	○											解散辞任
台北地方税調査委員	○	?	○	○	○	?	?	?	?	?	?	?	?	?	
大路会総代	○	○	○	○	○										
台湾仙台同郷会長	?	?													
台北学校父兄会長	○	○	○	○	○	○	○	○	○	○	○	○	○	?	
木曜会員、　台北銀行集会所委員長		*	*	*	*	*	*	*	*	*	○	○	○	○	*木曜会員 ○委員長
台北中央公会長					○	○	○		○						解散辞任
台北防疫組合組合長						○	○	○							辞任
台湾仏教青年会副会長					○	?	?	?	?	?	?	?	?	?	
崇聖会長									○						
西門外街町内組合長									○	○	?	?	?	?	
台北州協議会員									○	○	○			?	

出典：高野史惠「日據時期日台官紳的另外交流方式—以木村匡為例（1895-1925）—」（国立成功大学台湾文学系・碩士論文、2008年）99頁以下、緒方武蔵編『始政五十年台湾草創史』（新高堂書店、1944年）101～122頁、その他新聞情報などにより作成。
備考：？は確認不能。

会、大正協会、台北学校父兄会、大路会、台湾仏教青年会、崇聖会など私的ボランティアに近い社会活動、の三つのタイプである。①タイプの活動は、銀行頭取であれば当然廻ってくるであろう役柄であり、拒絶できない性質のものである。また、②タイプの活動も地域的「顔役」としての公人的立場か

第7章　台湾における社会活動—大正協会を事例に—　175

ら、かなり義務性の濃いものである。これらに比較して③タイプの活動は、必ずしも周囲との関係からやむをえず引き受けるといった性質のものではなく、むしろ自ら進んで参画するタイプの活動である。木村匡の社会活動を他の人のそれに比して際だたせたのは、実にこの③タイプの活動であった。そこで以下、頭取就任直後から内地へ帰還する直前までの長期間（1912～25年）かかわった大正協会を材料にして、台湾における木村の社会活動の意味を探ってみたい。なお、大正協会については、本書「はじめに」でふれた高野史惠氏の詳細な研究「日據時期日台官紳的另外交流方式—以木村匡為例（1895-1925）—」（中文、台湾国立成功大学台湾文学研究所・碩士論文［修士論文]、2008年）があり、本書でも同研究論文に負うところが大きい。

7-1　大正協会の設立と台湾同化会問題

　大正協会は、1912年8月30日、日台の融和を願う双方の同志が大稲埕の酒家（料亭）・東薈芳に集い、そのための機関設立が協議されたときに始まったという。それら同志の中心に、台湾商工銀行頭取に就任したばかりの木村匡と、台北屈指の富豪・李春生の孫に当たる李延禧がいた。同協会の創立十[1]

1）　李延禧は1883年に台北屈指の富豪・李景盛（李春生の継嗣）の次男として生まれ、96年祖父の李春生に伴われて日本に留学。日本での生活や言葉に慣れるため日本人家庭（東京音楽学校教授・鳥居忱の家）に寄宿して東京九段の富士見小学校に通学。1900年に明治学院普通学部へ進学。05年に普通学部を卒業して高等学部へ進んだが、06年に東京高等商業学校（現一橋大学）に移り、さらに翌07年渡米してニューヨーク大学商科に入学。同大学を10年に卒業した後、11年3月台湾に帰る。16年、新設の新高銀行（頭取は父景盛の李景盛）の常務取締役となり、22年父景盛の死去にともない頭取に就任した。この間、台湾総督府評議会員を務めた。23年に台湾商工銀行と合併して副頭取に就任したが、翌24年、合併時に持ち込まれた新高銀行の巨額な不良債権の責任をとって副頭取を退任。以後、台湾におけるいっさいの公務を辞して東京に居を移し、大成火災保険会社常務取締役を務めた。59年、中国天津にて死去。

周年を記念して編纂された『大正協会創立十週年記念文集』（1922年）の序文
「大正協会の沿革に就て」において、木村はその設立経緯を回顧してつぎの
ように述べている。

「大正協会は同化を促進し内台人の融和を図るの目的を以て起つたもので
あるが、抑々集会又は団体なるものは兎角人の誤解を惹き易いもので、本会
創立に就ても、其の目的は内台人の親密なる交際に在つたのであるが、世人
は政府当局の忌諱に触るゝを恐れて、之が為に社交的団体を結成せんと企つ
るものも無かつたのである。然るに世は大正と改まりて本島人も時勢の進運
に覚醒する所があつて、偶々大正元年八月三十日、同人東薈芳に相会して協
議した結果、遂に本会を組織するに至つたのである。爾来本会は毎月一回例
会を開き、会員相互に其の研究せる処を報告し、又た時に海外より帰朝した
人などに請うて講演会を催すを例とした。然るに兎角世間には疑惑の眼を以
て本会を注視するものもあつたが、本会は始終極めて穏健な進程を執りつ

　　なお、ある文献では1913年にコロンビア大学で修士号（経済学）を取得したと
　されているが、筆者の調査ではこれを確認できなかった。ちなみに明治学院同窓
　会編『白金学報』第１号〜第40号（1903〜16年）の消息欄や「明治学院卒業生一
　覧表（毎年度改訂）」によれば、李延禧の居住地は11年以降、台北大稲埕とされて
　おり、アメリカへ再渡航したとの記述は見当たらない。
　　李延禧の経歴に関する資料として、上掲『白金学報』のほか『東京朝日新聞』
　1896年３月３日・黒崎美智雄「総督状況」、『国民新聞』同年３月４日「珍客李春
　生一族」、『台湾日日新報』1911年３月24〜25日「外遊十四年　文明化せる本島人
　の紳士李延禧君（上・下）」、熊沢寿太編『台湾実業大観』（都大観社出版部、1920
　年、頁表記なし）、台湾新民報社編『改訂台湾人士鑑』（1937年）401頁、興南新聞
　社編『台湾人士鑑』（1943年）434頁、佐藤三郎『中国人の見た明治日本—東遊日
　記の研究—』（東方書店、2003年）第６章：李春生『東遊六十四日随筆』、許雪姫
　編（總策畫）『台湾歴史辞典』（行政院文化建設委員会、2004年）378頁、陳俊宏
　「李春生、李延禧與第一銀行」（李明輝編『近代東亜変局中的李春生』台湾大学出
　版中心、2010年）、紀旭峰『大正期台湾人の「日本留学」研究』（龍溪書舎、2012
　年）61〜68頁、明治学院百五十年史編纂委員会編『明治学院百五十年史　主題編』
　（同学院、2014年）271〜273頁、陳慈玉「買辨から資本家へ：日本統治期台北・大
　稲埕の李家」（『立命館経済学』第63巻第5・6号、2015年）などを参照。

第 7 章　台湾における社会活動―大正協会を事例に―　177

あつた為に、終に世人の諒解を得……」。

　この序文は、大正協会がどのような状況下で創設され運営されていたかを如実に物語っている。日本の統治下に組み込まれてすでに20年近くを経た台湾であったが、内地人と台湾人の組織的接近に対して、総督府は潜在的に警戒心を抱いていた。総督府は、経済的利害関係にもとづく企業組織や資本提携については相対的に寛容であったが、こと政治的な接近の可能性がある事柄には異常なまでに神経質であったから、周囲もまた内台人の別を問わず、触らぬ神に祟りなしのふうであった。要するに、当時の台湾で内台融和団体を創設するにはそうとうの覚悟を要したのである。

　木村匡は台湾のこうした特殊事情を百も承知していたから、慎重のうえにも慎重を期したであろう。その現れであろうか、大正協会創立後 2 年近くを経た1914年夏頃までは会員仲間内で数回の報告会を開いた程度であった。[2]協会側のいうには、明治天皇崩御の「御大喪にて休会」[3]し、表だった活動は差し控えたとしているが、明治天皇崩御は12年 7 月30日（同日、明治から大正に改元）のことであり、新しい元号を名称に冠した「大正協会」の立ち上げはそれから 1 か月後の 8 月30日のことである（規約など組織内容の決定は10月 7日）[4]。両者の前後関係を考え合わせると、いささか腑に落ちないところがある。ただ、活動遅延のもう一つの要因として、乃木希典夫妻の殉死（12年 9月13日）も考えられる。この突然の変事は乃木を尊敬してやまなかった木村匡にそうとうの衝撃を与えたと想われるからである。とはいえ、一時休会の最大の理由は総督府や世上の反応を慎重に見極めることにあったと思われる。と同時に、入会希望者の選別について選挙方法を採用するなど用意周到な準備作業がなされたことも、本格的な活動開始までに長年月を要した原因で

────────────────

2 ）　高野史恵、前掲「日據時期日台官紳的另外交流方式―以木村匡為例（1895-
　　　 1925）―」113頁の「附録（二）」参照。
3 ）　『台湾日日新報』1914年 6 月22日・消息欄。
4 ）　『台湾日日新報』1912年10月 9 日「大正協会成立」（漢文）参照。

あったらしい。ともあれ、大正協会は1914年夏頃から活動を表面化させ、その秋9月の例会で、いよいよ翌15年1月中旬に正式の発会式をあげることに決定したのであった。

ところが、その矢先の1914年11月、板垣退助を総裁にかつぐ「台湾同化会」設立問題が忽然として持ちあがり、翌15年春にかけて台湾中を席巻したのである。大正協会にとって、まさに寝耳に水の事態であった。この同化会問題については優れた先行研究があるので詳しくはそれらを参照していただくとして、ここでは行論上の必要範囲内で述べるにとどめたい。

台湾同化会の組織化は、台中の巨大地主・資産家で台湾エリート階層の一人であった林献堂が、自由民権運動の象徴的存在たる板垣退助を担ぎ出すこ

5） 『台湾日日新報』1914年9月27日「大正協会協議」によれば、「大正協会は一昨年八月に創立したるも元来内地人と本島人とを接触せしめんとする団体としては嚆矢に属するを以て其成立に関しては当初より慎重の態度を取り会員は選挙法に依ること、し然も毎回（例会の度毎にの意…引用者）二、三名づつ増加するの方針を取るなど用意の周到を勉めし……」という。

6） 同上および同紙、同年10月7日「大正協会例会」参照。

7） 蔡錦堂「台湾同化会に関する一考察—統治者と被統治者の同化観—」（『日本史学集録』第5号、1987年）、岡本真希子「植民地在住者の政治参加をめぐる相剋—〈台湾同化会〉事件を中心として—」（同志社大学人文科学研究所編『社会科学』第40巻第3号、2010年）、参照。また、資料的文献として、台湾総督府警務局編『台湾総督府警察沿革誌』第2編中巻（1939年）12〜23頁がある。

8） 林献堂は1881年、台中の巨大地主霧峰林家・林文欽の長男として生まれる。1907年、日本旅行中に中国の啓蒙思想家で政治活動家の梁啓超に出逢い、大きな影響を受ける。これを機に14年、板垣退助を担いで台湾同化会の創設をはかるが、台湾総督府の圧迫を受けて失敗に終わる。第1次大戦後、台湾議会設置請願運動の中心的存在として活躍。また、この間、彰化銀行監査役、台中庁参事、台湾製麻(株)社長、台湾製紙(株)取締役、華南銀行相談役、台中州協議会員、総督府評議会員、大東信託(株)社長など多数の会社役員や公共役員を務めた。アジア太平洋戦争後（台湾光復後）は彰化銀行理事長、台湾省政府委員、台湾省通志館館長などを歴任。1956年、東京にて病没。関連文献としては、新高新報社編『台湾紳士名鑑』（1937年）71頁、戴宝村「士紳型政治運動領導者　林献堂（1881-1956）」（張炎憲ほか編『台湾近代名人誌』第4冊、自立晩報、1987年）、許雪姫編、前掲

とによって台湾人の政治的・社会的・文化的な権利の伸張をはかろうとした、いわゆる台湾民族運動の先駆である。1913年、東京滞在中の林が総督府統治下における台湾人の民族的苦境を板垣に訴えたのがことの始まりであり、翌14年2月中旬、板垣は林による台湾視察の要請に応えて渡台したのであった。このとき板垣は、わずか3週間ほどのうちに台北⇒台南⇒阿緱⇒打狗⇒台中⇒台北帰着という驚異的な旅程をこなしている[9]。自他ともに自由民権運動の闘将をもって任ずる板垣退助のゆえであろうか、77歳の高齢をものともせず台湾各地を縦断し、ときには総督府政治批判をも辞さなかったとされる。こうした板垣の行動に対して、総督府当局が苦々しく思わなかったはずはない。だが、このときは板垣が早期に内地へ帰還したこともあって、何ごともなく収まった。ところが、その年（1914年）の11月22日、板垣は再び台湾を訪れ、12月下旬にかけて台湾の北部（台北）・中部（台中）・南部（台南）につぎつぎと台湾同化会発会の旗を揚げる行動に出たのである。これに呼応して入会した台湾人会員数は3,198名に上ったという[10]。

　さきに台湾同化会問題が「忽然として持ちあがり（中略）大正協会にとって、まさに寝耳に水の事態であった」と、あたかも大正協会のメンバーが不意打ちを食らったかのごとくに書き記したが、必ずしもそうとばかりはいえないようである。というのは、『台湾日日新報』はすでに「忽然として持ちあがる」前の1914年9月段階で台湾同化会創設をめぐる東京での動きを察知し、「吾人は在台内地人の信用を保持するの必要上、斯の如き計画の進捗す

　　『台湾歴史辞典』501〜502頁、呉密察監修・遠流台湾館編・横澤泰夫編訳『台湾史小事典』（中国書店、2007年）180頁、佐藤俊一『日本地方自治の群像』第3巻（成文堂、2012年）第2章「台湾議会設置請願運動から台湾地方自治連盟結成へ―林献堂を中心に―」などを参照。

9）　この旅程を詳細に追跡した岡本真希子、前掲「植民地在住者の政治参加をめぐる相剋―〈台湾同化会〉事件を中心として―」101〜103頁参照。

10）　上掲、岡本論文、114頁参照。なお、蔡錦堂、前掲「台湾同化会に関する一考察―統治者と被統治者の同化観―」25頁では3,134名とされている。

るを以て甚だ遺憾なりと思ふ」[11]と同化会不要の論陣を張っていたからである。木村匡ら大正協会メンバーは同紙を隅から隅まで読んでいたであろうから、彼らもすでに東京の動きを察知していたとみるのが自然である。いずれにせよ、板垣らの同化会創設運動が台湾で表面化したのは同年11月以降のことであり、急速に進むその創設作業に木村匡らの大正協会側は対応を迫られることになる。

　1914年12月11日、木村匡らは大正協会臨時会を開き、台湾同化会理事の樋脇盛苗[12]を招いて説明を受けている。その結果、大正協会としては、「各員の同化会に入会するは前例会にて議決したる通り各員の随意とすることにし（中略）同会員の内十余名は同化会に入会の意を洩したる由なり」[13]という。この新聞記事から察するに大正協会員のうち、とりわけ台湾人会員のなかには板垣退助率いる台湾同化会への参加を希望する者が相当数いて、彼らを無理に押さえ込む状況にはなかったものと思われる。「日台融和」をスローガンに掲げる点では大正協会と台湾同化会には共通するものがあり、大正協会員のなかに同化会への合流を望んだ者がいても不思議ではない。ただ、両者の日台融和観には同床異夢ともいうべき隔たりがあった。たとえば木村匡は同月20日、台北の鉄道ホテルで催された台湾同化会本部発会式に台北在住内地人代表の資格で列席し、「抑々同化の事業は新版図唯一の問題なり　板垣

---

11)　『台湾日日新報』1914年9月23日「日日小筆」。この新聞記事の所在については、上掲、岡本論文、109頁によって知った。

12)　樋脇盛苗については情報が少なく、士族出身で明治初期には警視庁に勤務し、また行政法協会会員、歌人・福崎季連の門人であったこと（福崎の『朝風舎歌集』を編纂、1909年）、および1909年から21年まで国光生命保険相互社（東京市京橋区）の取締役であったことくらいしか知りえなかった。生年は不明、没年は25年。生命保険会社重役の樋脇がなにゆえに台湾同化会の創設に関与するようになったのか、という最も肝心な点が残念ながら解明できなかった。国光生命保険相互会社編『国光生命保険史』（1926年）にもその経緯を示す記述はない。同社が台湾進出するための足場を築きたかったのかも知れないが、確証はない。

13)　『台湾日日新報』1914年12月13日「大正協会臨時会」。

第7章　台湾における社会活動—大正協会を事例に—　181

伯は蹶然起て之が解決の任に方らる　誰か敬嘆せざるものあらんや」と祝意
を述べつつも、つぎのような注文をつけている。[14]

「第一　同化事業は帝国より云へば台湾に対するの部分的問題にあらず
同化の必要は朝鮮も然り満洲も亦然りとすればなり　故に台湾同化会を帝国
同化会とし東京に本部を置き、台湾、朝鮮満洲に三大支部を置くの制となす
理由ありと認む（中略）第二　同化事業は其範囲頗る広汎なり　故に同化会
の幹部には少くも帝国有数の教育家、宗教家、医学家、農業家等にして同化
事業に最経験と趣味とを有する人を選挙し堅実な組織となすの必要ありと認
む　第三　同化事業は台湾総督府、朝鮮総督府、関東都督府に於て已に相当
の施設あるを信ず　故に帝国同化会は官設機関の及ばざる処に全力を尽すの
覚悟を要す……」、と。同化会の事業主旨に異論はないが、その組織のあり
方に問題がある、というのが木村匡のいわんとするところであった。

　ところが、年明けの1915年1～2月、台湾同化会をめぐる状況が一変した
のである。台湾在住日本人や『台湾日日新報』などによる同化会批判が激し
くなるなかで、総督府は同化会の会費徴収認可取消および解散命令を下すと
ともに、同化会創立関係者数名（日本人）を不敬罪容疑・詐欺罪容疑で拘引
したのである。そのために台北・台中・台南の3箇所に組織されていた台湾
同化会は、喧騒・不穏の状況下でたちまちにして解散・消滅してしまった。

　こうした事態のなかで、大正協会の木村匡らはどのように対処したのであ
ろうか。それを実証する資料をもたないが、そうとうの激震が走ったことは
容易に想像がつく。前年秋から予定していた1915年1月中旬の発会式開催は
吹き飛んでしまったようである。大正協会の立場からすれば、同床異夢の台
湾同化会が消滅したことに内心安堵したであろうが、他面では総督府権力の
怖さを再認識させられたのではなかろうか。後年、大正協会会員の劉克明が

―――――――――――――
14）『台湾日日新報』1914年12月21日「同化会発会式」参照。ここに引用した木村匡
　　の祝辞は、木村匡「台湾同化会は帝国同化会たるべし」（『実業之台湾』第63号、
　　1915年、20頁）による。

「此の十年の間本会を産み出した木村、李（李延禧…引用者）、正副会長の努力は実に一通りでなかつた」[15]と回顧しているが、この回顧には叙上の状況判断をめぐる木村や李の苦労が含意されていたものと推測される。

　大正協会の正式な創立総会は台湾同化会問題で延び延びになっていたが、1915年8月、いよいよその機運が熟したとみた木村匡、李延禧らは大正協会の臨時総会を鉄道ホテルで開催して新規約による役員の改選をおこなった。その結果、木村匡が会長に、李延禧が副会長に選出され、幹事として今川淵、林清月、李智物、呉時英、魏清徳が指名された[16]。内地人2名、台湾人5名の構成である。彼らのうち李延禧、林清月、魏清徳の3名は大正協会の立ち上げ時から木村委員長のもとで協会の運営を担ってきた[17]。

　これら台湾人役員に関して注目したい点は、すべて30歳前後の若者だったということである（ただし、李智物と呉時英については確認不能）。しかも当時の台湾人としてはいずれも高学歴者である。副会長の李延禧（1883年生まれ）は弱冠13歳で日本に留学して約10年間の青少年期を過ごし、その後さらに4年間のアメリカ留学を果たして台湾に帰国したばかりのエース級の青年であった。林清月（1883年生まれ）は1906年に総督府医学校を卒業し、赤十字社台湾支部医院・台北病院に勤務したのち、10年、大稲埕建昌街に宏済医院を開いた若手の内科医師であった。さらに魏清徳（1886年生まれ）は1906年に総督府国語学校師範部を卒業し、普通文官試験にも合格して公学校で教

---

15)　劉克明「我が大正協会創立十年の記念に就いて」（前掲『大正協会創立十週年記念文集』25頁）。劉克明は1884年台北に生まれ、総督府国語学校師範部を卒業して1908年国語学校助教授に任ぜられる。その後、昭和期には総督府翻訳官、師範学校教諭、台北第一師範学校・第三高等女学校各嘱託など主に教育畑を歴任。台湾新民報社調査部編『台湾人士鑑』（1934年）202頁参照。

16)　『台湾日日新報』1915年8月6日「大正協会総会」参照。

17)　高野史惠、前掲「日據時期日台官紳的另外交流方式―以木村匡為例（1895-1925）―」36頁によれば、協会創設当時の委員構成は木村匡（委員長）、李延禧、魏清徳、鉅鹿赫太郎、林清月、徐慶祥、加福豊次の7名であったという。このうち徐慶祥については後にふれる。

鞭をとったのち、10年、教職を辞して台湾日日新報記者に転じた人材である。[18]

　こうした若手台湾人の起用は何を意味していたのであろうか。推測するに、日本の統治下に入ってすでに20年近くが経ったこの当時の台湾には、静かなうちにも大きな地殻変動の波が押し寄せつつあったと考えられる。より具体的にいえば、台湾人社会が世代交代期に入りつつあり、と同時にいわゆる三民主義（民族主義・民権主義・民生主義）を掲げる辛亥革命が、国際的な新時代感覚を備えた若い世代に大きな影響を与えたということである。これまで旧世代の時代には顕在化しなかった台湾人としての民族意識が芽吹きはじめ、植民地統治という制約的な状況下にありながらも一つの大きなうねりとなりつつあったのではなかろうか。前述した林献堂（1881年生まれ）の率いる台湾同化会運動もそうした同時代的な現象であったと考えられる。大正協会と台湾同化会には同床異夢、つまり「異夢」ではあっても「同床」＝共通の時代性がその背景にあったとみることができる。

7-2　大正協会の設立経緯と活動

　それはさておき、木村匡が大正協会にかかわるにいたったその経緯がよくわからない。「内台融和、内台同化」を台湾統治の基本理念とする木村匡とはいえ、総督府の内情を知悉していた彼が、なにゆえにこのような厄介な団体の立ち上げに主役を演じることになったのであろうか。その具体的な経緯がわからない。木村匡が李延禧らの台湾青年に働きかけたのか、逆に相談を持ちかけられたのか、この疑問を資料的に確認することができないのである。

---

18)　林清月、魏清徳の経歴については林進発編『台湾官紳年鑑』（民衆公論社、1932年）418頁、581～582頁、前掲『台湾紳士名鑑』12頁、265頁、大園市蔵編『台湾人事態勢と事業界』（新時代社台湾支社、1942年）162～163頁、荘永明「稲江歌人医師　林清月」（張炎憲ほか編『台湾近代名人誌』第2冊、自立晩報、1987年）などを参照。

ただ、陳慈玉氏の研究によれば、木村の方から李延禧らに働きかけたとして
つぎのように述べられている。「1912年当時、木村が李延禧を誘って、共に
大正協会を創設した背景には、次のことが挙げられよう。延禧は内地の学校
に通っており、また初めてアメリカ留学をした台湾人であった。したがって
延禧が、近代文明の知識を交換することで内台融合を達成するという、協会
設置の目的に最もふさわしい台湾人であったからだったと言える。しかも、
延禧の背後にある李家は、当時台湾で相当の財力を持つ大家族であった。ゆ
えに、延禧と協力することで、その他の台湾人有力者たちも入会させること
ができたのだ。[19]」

　陳氏のこの解釈はもっともな筋書きであり説得力がある。李延禧はアメリ
カ留学から帰国したばかりの1911年3月、新聞記者の取材に対してつぎのよ
うに語っている。「日本内地に約十年米国に四年合せて十四年も自分の家庭
を放れ故郷を放れて居たので台北へ帰つても友人もなければ親しい人もな
く其上故郷の言葉を殆んど忘れて（中略）お耻しい話だが自分は台湾に生ま
れて台湾を知らんです（中略）何に致せ長い間の内地生活故故郷よりは寧ろ
内地の事に詳しいです[20]」、と。わずか13歳にして内地に渡り、その後、とき
には里帰りもしたであろうが10年間におよぶ内地留学生活を体験したのであ
る。[21] 人間の一生において最も多感で吸収力旺盛な青少年期を日本内地で過ご
したことになる。そうした特異な体験が李延禧を「内地化」させないわけが

---

19)　陳慈玉、前掲「買辨から資本家へ：日本統治期台北・大稲埕の李家」31〜32頁。

20)　前掲、『台湾日日新報』1911年3月24日「外遊十四年　文明化せる本島人の紳士
　　　李延禧君（上）」。

21)　陳慈玉、前掲「買辨から資本家へ：日本統治期台北・大稲埕の李家」の注（62）
　　　は李延禧の日本留学歴・アメリカ留学歴について、陳俊宏「李春生、李延禧與第
　　　一銀行」（李明輝編『近代東亜變局中的李春生』台湾大学出版中心、2010年）を典
　　　拠にされているが、陳俊宏論文の記述には当方（波形）の調査と食い違いがみら
　　　れる。たとえば陳俊宏論文では、1903年：明治学院中等部卒業、台湾へ帰還、
　　　1905年：渡米、ニューヨーク州立大学入学、1913年：コロンビア大学卒業、経済
　　　学碩士号（修士号）取得と記述されているが、当方の調べでは1900年：明治学院

第7章 台湾における社会活動―大正協会を事例に― 185

なく、「内地化」された彼に「内台融和、内台同化」の理念を抱く木村匡が接近したとしても、なんら不思議ではない。陳慈玉氏のいわれるとおりである。

とはいうものの、こうした解釈もいまひとつ立証の具体性に乏しく状況証拠的である。ちなみに木村匡と李延禧は乗馬愛好仲間として親しい関係に[22]あったらしいが、これも決定的な証拠にはならない。あれこれ想像をめぐらせてみるのだが、木村匡と李延禧の接点が具体的な形で見えてこない。そのようなわけで筆者は、木村匡が李延禧に接近した根拠についてつぎのような仮説―これも状況証拠的ではあるが―を立ててみた。

木村匡が大正協会に期待したものは、いったい何だったのであろうか。それは明治初期に設立された明六社の台湾版を実現することにあったのではないか、というのが筆者の仮説である。明六社は1873（明治6）年、アメリカから帰ったばかりの森有礼が当代最先端の洋学知識人であった西村茂樹、福沢諭吉、西周、津田真道、神田孝平、中村正直（敬宇）、加藤弘之らを糾合して結成した日本最初の近代的学会であり、講演会の開催や機関誌『明六雑誌』の発行をとおして日本国民を新時代に導こうとした啓蒙思想団体である。[23]その時代的インパクトは強烈であったから、後年、文部省吏員として森有礼に仕え、『森先生伝』を著した木村にとって、明六社は文化啓蒙のモデル

　　普通学部入学、1905年：同卒業、高等学部へ進学、1906年：同高等学部から東京高等商業学校（現一橋大学）へ移る、1907年：渡米、ニューヨーク大学商科入学、1910年：同卒業、1911年：台湾へ帰国、となる。コロンビア大学での修士号取得についてはいまだ確認不能。上掲の『台湾日日新報』記事の「外遊十四年　文明化せる本島人の紳士李延禧君（上）」に記載されている「日本内地に約十年米国に四年合せて十四年」という延禧の言葉にしたがえば、当方の調査が妥当のように思われる。

22)　『台湾日日新報』1913年4月14日「第十一回遠乗会」参照。

23)　明六社はその後、政府による言論統制（1875年公布の讒謗律および新聞紙条例）に圧されていちじは単なる社交場（「明六会」と改称）と化したが、79年発足の東京学士会院の母胎となり、さらに帝国学士院（1906年）⇒日本学士院（47

186

ケースであったに違いない。

　たとえば1916年1月17日、大正協会の新年会における会長挨拶のなかで木村匡は、明六社の例に倣って大正協会が台湾の文運に貢献することを期待する、との祝辞を述べている。[24] また19年8月30日に開催された大正協会定期総会および第7回創立紀念会においても木村は、「会員殊に本島人の青年会員は文明を台湾に輸入するに就ての新使命を有する者として奮起を要求し明治の初年に於ける明六社社員の意気あるを希望し更に日支親善を実行せんには台湾が其緩衝車の地位に立ちて活動せざるべからざることに就き演説」したと伝えられる。[25] 木村匡は、森有礼がかつて幕末・維新期の日本で担った啓蒙的役割を、多年の内地・アメリカ留学を体験した台湾の若きエース李延禧に期待したのではなかろうか。つまり、木村匡には森有礼と李延禧とがダブっていた、というのが筆者の仮説である。あくまでも仮説であり、真偽のほどは「当たらずとも遠からず」の譬えに託したい。

　さて、つぎに話を大正協会の活動に移そう。どのような活動内容だったのであろうか。創立後10年間くらいの活動は、前掲『大正協会創立十週年記念文集』の序文によると、①毎月1回例会を開催して会員相互の研究報告および会員外への依頼を含む講演会を催してきたこと、②通俗講演会を開催し主として教育、衛生等に関する台湾人の意識開発に努めてきたこと、③1916年の共進会開催に当たって淡水、基隆、水辺脚などに出張講演会を催し、その宣伝に努めたこと、④16年11月の裕仁親王（のちの昭和天皇）立太子礼についてもその宣伝に努めたこと、⑤祀孔典礼開催の端を開いて崇聖会創設に起因を与えたこと、[26] などであったとされている。なかでもとくに目をひくのは、表7-2に示したように、活発な講演会の開催であった。該表は『台湾日日

　　　年）へと歴史を刻んでいる。
24)　『台湾日日新報』1916年1月19日「大正協会新年会」参照。
25)　『台湾日日新報』1919年9月1日「大正協会総会」。
26)　崇聖会については高野史恵、前掲「日據時期日台官紳的另外交流方式─以木村

第7章　台湾における社会活動—大正協会を事例に—　187

表7-2　大正協会における講演一覧

講演者	職業・肩書	演　題	年月日
加福豊次	台北庁長	国語の普及、風俗の同化	1914年 8月28日
長谷慈円	僧侶、台湾仏教道友会長	日本仏教史	1914年11月 2日
今井周三郎	元総督府土木部庶務課長、元台湾日日新報社長	基督教の日本における歴史	同上
林清月	宏済医院主	日支融和手段としての観光団交換	同上
呉時英	（不明）	台湾に於ける支那民俗移住の小歴史	同上
葛関虎吉	巡回牧師	日本に於ける基督教伝播の由来	1914年12月 7日
郭廷俊	林本源第二房支配人	内地・南洋旅行で見聞した経済商業、風俗について	1915年 4月 5日
小野得一郎	台北地方法院検察官長	刑事政策の重要性について	同上
長瀬干城	帝国生命保険(株)台北支店長	南清旅行中の所感について	同上
館森萬平	総督府嘱託	大学中庸に就て	1915年 5月 3日
林清月	（前出）	医学と博物学に就て	同上
山口透	台湾神社宮司	台湾神社建設の由来	1915年 6月 6日
堀内次雄	総督府医学校長、医学博士	台湾に於ける既往二十年の衛生の進歩	同上
新元鹿之助	総督府鉄道部営業課長	台湾鉄道の現状	同上
木下宇三郎	台湾陸軍参謀長、陸軍少将	国民皆兵の要	同上
謝汝詮	台湾日日新報記者	風俗改良	同上
山口透	（前出）	御大典に就て	1915年10月11日
鉅鹿赫太郎	大稲埕公会常任理事、元総督府翻訳官	清国時代の対匪政策	同上
木村匡	台湾商工銀行頭取	松下村塾の歴史	同上
山口透	（前出）	御大典に就て	1915年10月24日
七種泉三郎	総督府中学校教諭	列強建国の由来	同上
木村匡	（前出）	御大典に就て	1915年11月 1日
七種泉三郎	（前出）	列強建国の由来	同上
高田元治郎	総督府殖産局長	（演題不明）	1916年 2月20日
野呂寧	総督府殖産局移民課長	（演題不明）	同上
角源泉	総督府土木局長	（演題不明）	1916年 2月27日
野呂寧	（前出）	（演題不明）	同上

高木友枝	総督府研究所長、医学博士	南洋視察談	1916年 7月 3日
海老名弾正	牧師	大日本新日本	1916年12月 1日
松岡均平	東京帝大法科大学教授	(演題不明)	1917年 1月 8日
西岡塘翠	児童文芸家	伊藤公幼時物語	1917年 3月22日
松本卓爾	総督府事務官	亜細亜主義	1917年 4月16日
折田(善次)	海軍少佐	商工業と海軍 附：列強海軍の現勢力	1917年 6月10日
高木友枝	(前出)	阿片談	同上
亘理章三郎	東京高等師範学校教授	日本国体に於ける日本人と台湾人	1917年 7月17日
宮地近思	台南新報社長	南清視察談	1917年 8月19日
三好重彦	総督府専売局翻訳官	(演題不明)	1918年 3月 4日
鉅鹿赫太郎	(前出)	南洋談	1918年 4月 1日
片山秀太郎	総督府参事官	共通法について	1918年 5月20日
古山栄三郎	総督府編修官	公学校漢文科廃止問題	1918年 6月 5日
上田一郎	法学士	同上	同上
魏清徳	台湾日日新報漢文部主任	同上	同上
有泉朝次郎	煙草売捌人、元総督府翻訳官	同上	同上
小川尚義	文学士、総督府学務部編修課	東洋特に殖民地の言語に就て	1918年12月 2日
野呂寧	総督府殖産局林野整理課長	台湾の山嶽に就て	1919年 3月11日
森(電三)	海軍大学校教官、海軍中佐	南米植民地に就て	1919年 4月 8日
大崎(教信)	海軍大尉	(演題不明)	同上
隈本繁吉	総督府学務部長、師範学校長、高等商業学校長	日支親善及び台湾	1919年11月10日
衣斐鉢吉	台湾銀行員	(演題不明)	1920年 1月26日
井上清純	海軍中佐、海軍参謀	(演題不明)	同上
魏清徳	(前出)	(演題不明)	同上
林済川	(不明)	(演題不明)	同上
有泉朝次郎	(前出)	(演題不明)	同上
片山秀太郎	総督官房調査課長	苦学に就て	1920年 4月18日
安西千賀夫	台湾銀行調査課長	金融及経済	同上
有泉朝次郎	(前出)	清国政府時代の官衙組織	1920年 7月12日
木村匡	(前出)	帝国市制の概要	同上
堀内次雄	(前出)	(演題不明)	1921年 1月17日
太田秀穂	台北師範学校長	(演題不明)	同上

木村匡	（前出）	（演題不明）	同上
鎌田正威	総督官房調査課長・外事課長	（演題不明）	同上
小野得一郎	（前出）	（演題不明）	同上
有泉朝次郎	（前出）	（演題不明）	同上
林清月	（前出）	（演題不明）	同上
三好一八	台北高等法院検察官	所謂六三法問題に就て	1921年 3月23日
加藤（某）	大稲埕小学校長	台湾の義務教育に就て	1921年11月 7日

出典：『台湾日日新報』1914年8月30日、11月4日、12月5日、1915年4月7日、5月5日、6月8日、10月14日、同月24日、11月3日、1916年2月22日、3月2日、7月5日、12月3日、1917年1月8日、3月20日、4月18日、6月9日、7月19日、8月19日、1918年3月6日、4月4日、5月20日、同月22日、6月5日、12月1日、1919年3月13日、4月7日、同月10日、11月12日、1920年1月28日、4月14日、7月14日、1921年1月19日、3月23日、同月25日、11月9日の各記事より作成。

備考：職業・肩書欄については不明箇所が多いため各種人名録類によって補充した。講演者欄の括弧内は推定。ただし、（某）は不明。

新報』を情報源にして作成したものであり、もとより正確度、網羅性の点で不完全の謗りを免れない。しかし、おおよその状況把握には役立つであろう。

　1915年6月6日、「始政二十年紀念兼大正協会創立三年紀念大講演会」が大稲埕公学校の講堂で開催された。これは公開方式による講演会活動の旗揚げであった。大正協会ではそれ以前から講演会を催してきたが、それは会員相互間で知見を披露し合う程度のものであり、場所も李春生洋行（台北大稲埕港辺街）の一隅でおこなわれていたにすぎなかった。それに対して、この公開講演会は台湾人を主たる聴衆者とする啓蒙活動として開催された点で画期的であったらしい。協会の活動がいわば内から外に向けて動き出したのである。会場も収容力のある大稲埕公学校講堂が使われている。[27]

　講演者と演題については、前掲表7－2のように、山口透（台湾神社宮司）「台湾神社建設の由来」、堀内次雄（総督府医学校長）「台湾に於ける既往二十

　匡為例（1895-1925）―」第4章を参照されたい。

27）『台湾日日新報』1915年5月17日「大正協会講演」、同年6月3日「大正協会講演」参照。

年の衛生の進歩」、新元鹿之助（総督府鉄道部営業課長）「台湾鉄道の現状」、木下宇三郎（台湾陸軍参謀長）「国民皆兵の要」、謝汝詮（台湾日日新報記者）「風俗改良」の５本立てであった。講演会場の様子を６月８日付の『台湾日日新報』は「空前の講演会　大正協会主催」の見出しでつぎのように伝えている。「同講演会は本島人本位の講演会として恐らく空前の盛況を呈せるものと云ふべく定刻に及ぶや来聴者約八百名に達し内数十名の内地人を除かば他は悉く本島人にしてしかも午後六時半の閉会時刻まで其の大多数を静聴せしめたるに徴しても講演の内容が如何に興味多かりしかを察するに足るべし　講演は全部通訳附きにて……」、と。講演内容を聴衆の台湾人がどのように受けとめたかは不明だが、当時の台湾では物珍しさも手伝ったのであろう。この公開講演会は木村匡や李延禧の期待を大きく上回る盛況ぶりであったらしい。

　以後、大正協会の講演会活動は「通俗講演会」と銘打つなど活発化した。講演者は内地人が圧倒的に多く、その意味では内地人主導型であった。講演者の職業・肩書を通観すると、総督府の官吏および通訳・翻訳官、教員、軍人、宗教家（僧侶、神官、牧師）、新聞関係者などが目立つ。会社や商店などの経営関係者は皆無に近い。演題については不明の場合が多く、その内容を知るのは困難であるが、おおむね講演者に任せられたらしい。なかでも台湾人聴衆に向けておこなった即位礼（1915年11月）、台湾勧業共進会（16年４月）、立太子礼（同年11月）の情宣活動は総督府当局の受けをよくしたようである。その証とでもいうべきか、17年２月には会長の木村匡など協会有志者36名が打ち揃って安東貞美総督を表敬訪問し、総督から励ましの訓示を受けている。いわば総督府から正式に認知されたわけである。18年、安東に替わって総督に就任した明石元二郎が同化主義の施政方針を表明し、さらに19年、

28）『台湾日日新報』1915年11月３日「大正協会講演会」、16年２月22日「大正協会講演」、同年10月14日「大正協会講演会　立太子礼に関する」、同月20日「大正協会講演会」、同月22日・消息欄「大正協会講演会」など参照。

29）『台湾日日新報』1917年２月７日「大正協会有志会　総督訪問と訓示」参照。

第 7 章　台湾における社会活動—大正協会を事例に—　191

台湾初の文官総督に就任した田健治郎が内地延長主義の統治方針を強く打ち出すに及んで、「内台融和、内台同化」の旗を掲げる大正協会の活動は水をえた魚のごとき様相を呈してくる。

7-3　台湾議会設置請願運動と大正協会

　ところが、この時期、世界の時代状況はこれまで経験したことのない大きな歴史的局面を迎えていた。約 4 年半近くに及んだ史上初の総力戦、すなわち第 1 次世界大戦がようやく1918年11月をもって終結し、その戦後処理の結果、これもまた史上初の戦争抑止機関として国際連盟が誕生した（20年 1 月）。と同時にこの大戦は、帝国主義列強の相対的力関係を変化させ、アメリカ合衆国の地位を格段に飛躍させただけでなく、これまで列強を列強たらしめてきた植民地支配そのものを拒否する社会主義・民族主義の芽を育む契機ともなった。ロシア革命（17年）、三・一独立運動（19年、万歳事件ともいう）、五・四運動（同年）などにみられる世界的潮流がそれである。こうした潮流が台湾に影響しないはずはなかった。21年から34年にかけて根気強く展開された「台湾議会設置請願運動[30]」に当時の台湾における時代潮流を見出すことができる。

　板垣退助を頭に戴く「台湾同化会」設立運動がかつて台湾を席巻したこと

---

30)　台湾議会設置請願運動については、浅田喬二「1920年代台湾における抗日民族運動の展開過程—〈台湾文化協会〉の活動を中心にして—」（『歴史学研究』第414号、1974年）、伊東昭雄「蔡培火と台湾議会設置運動—植民地台湾における抗日民族運動 (1) —」（『横浜市立大学論叢［人文科学系列]』第27巻第3号、1976年）、同「田川大吉郎と台湾」（同誌、第28巻第 2・3 合併号、1977年）、上沼八郎「日本統治下における台湾留学生—同化政策と留学生問題の展望—」（『国立教育研究所紀要』第94集、1978年）、春山明哲・若林正丈『日本植民地主義の政治的展開1895-1934年—その統治体制と台湾の民族運動—』（アジア政経学会、1980年）、若林正丈「台湾議会設置請願運動」（大江志乃夫ほか編『岩波講座　近代日本と植民

については前述した。この運動は総督府の弾圧によって結局は挫折したが、この挫折の経験が運動の中心にいた林献堂ら台湾人に大きな覚醒をもたらした。その覚醒とは、日本人との共同作業による「同化」ではなく台湾人「独自」の運動こそが重要であるとの認識を彼らに悟らせたことである。あるいは、「同化論」には台湾人が日本人に「なる」あるいは「させられる」という台湾民族消滅の論理が隠されていることに気づかされた、といいかえてもよい。林献堂らは再度1918年夏、東京で「六三法撤廃期成同盟」を立ち上げ、さらに同年12月、これを基盤に在京の台湾人留学生を糾合した「啓発会」を結成した。

　この頃の運動はいわゆる「六三法」の撤廃に主たる目標がおかれていた。六三法とは1896年に公布された法律第63号「台湾ニ施行スヘキ法令ニ関スル法律」の略称であるが、そのねらいは台湾における立法権を総督の律令発令権に委ねることによって、本国議会（＝帝国議会）の立法権が植民地台湾の行政に及ぶのを遮断した台湾統治の基本法である。この法律はこうした特性から時限立法（有効期限３年）とされ、期限切れのたびごとに延長が繰り返され、かつ1906年の法改正で名称も「三一法」（同年法律第31号の略称、有効期限を５年に延長）へと変わったが、台湾における立法権を行政権者＝総督の専横に委ねるというその基本内容はまったく変わらなかった。そのために六三法から三一法へ変わって以降も、もともとの「六三法」の呼び方が世間

　　地６　抵抗と屈従』岩波書店、1993年）、小熊英二『〈日本人〉の境界―沖縄・アイヌ・台湾・朝鮮　植民地支配から復帰運動まで―』（新曜社、1998年）320～361頁、伊藤幹彦「台湾議会設置請願運動の意義―台湾自治論と台湾独立論―」（『昭和大学教養部紀要』第29巻、1998年）、周婉窈「台湾議会設置請願運動についての再検討」（和田春樹ほか編『岩波講座　東アジア近現代通史』第5巻〈新秩序の模索1930年代〉、2011年）など多くの研究がある。なお、台湾議会設置請願運動そのものの分析ではないが、この運動に関する従来の研究には「抵抗を正統であるとする見方が隠れている」（４頁）という興味深い視点を提起した研究として、野口真広「台湾人から見た台湾総督府―適応から改革へ向かう台湾人の政治運動について―」（早稲田大学21世紀COE、Working Paper 39、2007年）がある。

で広く通用していた。[31]

　当時の林献堂らにとって、台湾における日台両民族間の不平等は六三法が堅固に立ちはだかっているからであり、この法律の撤廃こそが台湾人民族の自治権を獲得する、すなわち日本人と対等の権利を獲得する方途と考えられていた。しかし、よくよく考えてみれば、六三法の撤廃は内地の法律がそのまま台湾に適用され、結果的には内地日本が台湾を飲み込んでしまうことを意味している。たしかに六三法は台湾人に対して抑圧的・差別的な法律であるが、この法律を撤廃すれば日台間の民族的な支配・被支配の差別が解消するというほど単純な問題ではなかった。むしろ六三法の撤廃は「内地延長主義」の大波がストレートに台湾に襲いかかってくることを意味していた。この問題点に覚醒した林献堂らは運動の方向を転換する。台湾が日本の植民地であるという現実は認めざるをえないとしつつも、日本人と台湾人の人権上の対等を獲得するために、台湾の自治権を求める「台湾議会設置請願運動」へと舵を切りかえたのである。以後、蔡培火、蔣渭水ら若手台湾人の活躍を支えに、林献堂は「新民会」の結成（20年1月）⇒「台湾文化協会」の結成[32]

---

31)　六三法、三一法、さらに1921年制定の法律第三号（略称・法三号）に関しては、中村哲『植民地統治法の基本問題』（日本評論社、1943年）、山崎丹照『外地統治機構の研究』（高山書院、1943年）、江橋崇「植民地における憲法の適用―明治立憲体制の一側面―」（『法学志林』第82巻第3・4合併号、1985年）、栗原純「明治憲法体制と植民地―台湾領有と六三法をめぐる諸問題―」（『東京女子大学比較文化研究所紀要』第54巻、1993年）、春山明哲「明治憲法体制と台湾統治」（大江志乃夫ほか編『岩波講座　近代日本と植民地4　統合と支配の論理』岩波書店、1993年）、後藤武秀「台湾総督府審議室〈律令制定権ノ解釈ニ就テ〉―大正一〇年法律第三号に基づく内地延長主義法体制修正の試み―」（『東洋法学』第41巻第1号、1997年）、同『台湾法の歴史と思想』（法律文化社、2009年）第3章「台湾統治基本法の変遷」などの諸研究がある。

32)　蔡培火（1889～1983年）は雲林県北港鎮に生まれる。1909年、台湾総督府国語学校師範部を卒業して台南の公学校教師になるが、台湾同化会設立運動に加わったことで解職となり、林献堂の資金援助を受けて東京高等師範学校（のちの東京教育大学、現在の筑波大学の前身）に留学。在学中から東京在住の台湾人留学生

194

（台北にて、21年10月）を実現しながら台湾議会設置請願運動を根気強く展開
していくことになる。

さて、こうした「台湾人意識」の高まりに対して、木村匡や李延禧らの大
正協会はどのように対応したであろうか。残念ながら現在のところ、大正協
会が台湾議会設置請願運動をどのようにみていたかを確認する資料をもたな
いため、大正協会に集う者のなかで、この大きな歴史的うねりの意味を十分
に理解できる者がどれほどいたかを明らかにしえない。あくまで想像上では
あるが、そう多くはなかった、と思われる。「内地延長主義」が総督府に「公
認」される時代の到来は、大正協会にとってわが世の春の到来でもあり、協
会員の多くは、台湾自治を求める台湾議会設置請願運動の主旨を総督府が
「公認」するはずがない、とふんでいたに違いないからである。

大正協会にとっての悩みは、むしろ講演会や研究会など従来からの啓蒙的
活動がややマンネリ化していたことである。たとえば、1919年6月頃、大正
協会の活動範囲を拡張しようとする動きがあった。これまでは総督府への対
応上、「研究的態度を執りしが今後は社会の実務方面にも交渉する方針等に

を糾合して六三法撤廃運動を推し進め、18年に啓発会を、さらに19年新民会を結
成。20年に東京高等師範学校を卒業するや台湾に戻り、台湾議会設置請願運動の
リーダー格の一人として活躍。著書に『日本々国民に與ふ―殖民地問題解決の基
調―』（台湾問題研究会、1928年）がある。関連研究として、伊東昭雄、前掲「蔡
培火と台湾議会設置運動―植民地台湾における抗日民族運動（1）―」参照。
　蒋渭水（1891～1931年）は宜蘭の生まれで、1915年に台湾総督府医学校（現台
湾大学医学部の前身）を卒業し、台北大稲埕に大安医院を開業。その後、台湾議
会設置請願運動に参画するとともに台湾文化協会の創立に奔走し、23年、治安警
察法違反の容疑で検挙され、蔡培火とともに禁固4か月の刑に処せられた（いわ
ゆる治警事件）。蒋渭水についての研究として、伊東昭雄「蒋渭水と台湾抗日民族
運動―台湾文化協会の分裂まで―」（『横浜市立大学論叢［人文科学系列］』第30巻
第2・3合併号、1979年）がある。
　なお、両者の略歴については、許雪姫編、前掲『台湾歴史辞典』1225～1226頁、
1232～1233頁、呉密察監修・遠流台湾館編、前掲『台湾史小事典』186～187頁を
参照。

第7章　台湾における社会活動―大正協会を事例に―　195

関し協議」され、大筋で会員一同は賛成したが、「其方法に至ては各自皆抱負を異にし」たために具体的な方針の決定にはいたらなかったようである。[33]ここでいう「社会の実務方面にも交渉する」とは具体的になにを意味していたのか不明である。いずれにせよ、この情報から判断するに、大正協会の運営方法や将来の方向性について会員相互間にそれほどの危機感があったとは感じられない。卑近な表現ながら、「内地延長主義」政策に転換した総督府の懐に抱かれて「坊ちゃん倶楽部」を満喫している姿が浮かび上がってくる。当時の大正協会に関する新聞報道をみても、いったいなにを目標に活動していたのかが伝わってこないのである。こうした状況を伝える一つの材料として、徐慶祥が前掲の『大正協会創立十週年記念文集』に寄せた論説のなかの一節（90〜91頁）をやや長文だが引用したい。

「其後（協会創立後しばらくしての意…引用者）都合で数年間疎隔したが、偶々内地より帰省の時、例会の通知に接し尚ほ某氏の講演もあるとかで、喜び勇んで出席したら、出席者は僅か十二三人で、翌日の新聞紙上では盛会だと報道して居る、又話によれば時には、互ひに呼び合つて始めて五六人しか出席しないことも珍らしくないと聞いて少々失望せざるを得なかつた、然し一歩退いて顧みるに当時の協会は、或る目的よりも寧ろ単なる交際的機関であつたかも知れなかつた、（中略）十年紀念を迎へる時に当り不肖は及ばずながら時勢の進運に鑑み本会に対し、会員と事業の拡張を希望する次第である、思ふに今日までの会員の数も一定数に制限せられ、資格も或階級に限られる様に見える、其結果近頃には、評議員とやら協議員とやら多数出来て（大正協会員から総督府評議会員や州協議会員に多数選ばれるようになったの意…引用者）、自然に大正協会が貴族的階級を鮮明に形成し一時的衆慕の的になつて来た、（中略）事業の拡張も会員資格拡張の後始めて出来る、何となれば社会事業は成るべく各階級を通じてやれば万全に円満に出来ると思ふのであ

33）　『台湾日日新報』1919年6月11日「大正協会評議会」、同月19日「大正協会例会」。

る、要するに階級的彩色を殺ぎたい考である」。

　徐慶祥は大正協会創立当時の有力メンバーの一人であったが、のちに内地
東京に移り住み在京台湾人留学生の組織する新民会（会長・林献堂）の機関
誌『台湾青年』（1920年8月創刊）の編纂に携わった人物である[34]。ただ、その
後も彼は大正協会の会員であり続けたようであり、その意味では大正協会と
新民会の両方に所属する希有な存在であった。第1次世界大戦後における時
勢の変化とその方向性の多様化を東京の地で体得していた徐慶祥にとって、
古巣ともいうべき大正協会が旧態依然として「貴族的階級」の「単なる交際
的機関」に甘んじているさまは、みるに忍びなかったに違いない。「階級的
彩色を殺ぎたい」の言葉に彼の心情があらわれている。

　台湾の地方行政制度は1920年の大改正によって従来の12庁制から5州2庁
制へ、さらに郡・市・街・庄へと整理・再編され、これにともないそれぞれ
に協議会や参事会などの諮問機関が創設された。その結果、多くの台湾人の
協議会員・参事会員が誕生するところとなり、大正協会の台湾人会員からも
多くがこれに任命されたらしい。同年10月、大正協会では台湾人会員80名中
18名が協議会員ないし名誉職に選ばれ、その祝賀会が催されている[35]。また、
21年6月、総督の諮問機関として評議会が設置されたさいにも、その評議会
員（官吏7名、在台日本人9名、台湾人9名の計25名）に大正協会所属の台湾人
4名（李延禧、辜顕栄、顔雲年、林熊徴の4名）が選ばれ、大正協会ではこれを
名誉なことと讃え、大稲埕東薈芳に彼らを招待して祝賀会を催している[36]。

　台湾総督府評議会が設置された主たる狙いはいよいよ燃え盛らんとする台
湾議会設置請願運動を「封殺」することにあったといわれる[37]。その意味では、

34）　陳文松「1920年代植民地台湾における〈青年〉の争奪―台湾総督府文教局の設
　　　立と後藤文夫―」（『アジア地域文化研究』第1号、2005年）20頁参照。
35）　『台湾日日新報』1920年10月6日「大正協会祝宴　会員中の協議員招待」参照。
36）　『台湾日日新報』1921年6月9日「会事」参照。
37）　許雪姫編、前掲『台湾歴史辞典』1171～1172頁参照。

大正協会のスタンスはこの「封殺」に荷担するものであったといわねばならない。創立から大正中期までの大正協会は、総督府との対立を回避することに最大級の気配りをしつつも、「内台融和、内台同化」の旗を掲げる点でそれなりの独自色と存在感を堅持してきた。しかし1910年代末、総督府の統治方針が内地延長主義に転ずるや、その独自色と存在感は消え失せ、むしろ総督府の下部組織と化してしまったといってよい。

　だが、こうした状況下の大正協会にあって、木村匡には他の協会員と同列に論じられないものがあった。たとえば、木村はすでに1916年の段階で、10年後には是非実現したい希望の一つとして、「国家としての事業と地方としての事業を区別し、地方の事業は地方民の自治に委ぬる方針を以て指導し、大正十四年を期し台湾議会を設立する事」(『台湾日日新報』1916年 6 月17日・木村匡「回顧二十年　十年後の希望」)を挙げている。当時の台湾在住日本人社会にあって、「台湾議会」設立の必要をここまで公然といい切っている例を筆者は寡聞にして知らない。さらにまた、1920年 1 月 1 日付同紙に掲載された彼の談話記事「台湾地方制度の制定を望む」にも注目したい。この談話記事は、台湾議会設置請願運動が具現化する 1 年ほど前のものであるが、木村が林献堂や在京の台湾人留学生の動きをどのように受けとめていたかをうかがわせる。

　木村匡はまず、「台湾地方行政政度〔ママ〕を望むべしと云ふことは、僕が此四五年唱道して居る所の問題である」と自説を強調したうえでさらに論を進め、「台湾より衆議院の議員を送る日は、何れの時なるべきか、(中略)北海道に北海道議会あるが如く、台湾に台湾議会を開く日は、何れの時なるべきか」と将来展望を示しつつ、いずれ「必ずや天下の大勢なる鍵は、此時間の問題を解決することを信ずる、僕は恐らく、天国より之を見て楽しむであらう」(ルビ…原文)、と歴史の先行きを見通しているかのごとくいう。そして最後に、「台湾人は由来政治に趣味を有する支那民族の子孫である、治国平天下の学問を修めた人の子孫である、永く政治圏外に置くことは、禍害を引

起す原因たることを虞るゝのである、之を善導して、国家高遠の理想に接近せしむる為にも地方政治に干与せしむると云ふことは、急務であることを疑はない」とまでいい切っている。

　木村匡のこの希求には、台湾議会設置請願運動へと発展する林献堂らの考え方に通じる同時代性がある。もちろん、両者は同じではない。木村の求める望ましい台湾統治の姿はあくまでも内地延長主義による「内台同化」であり、「同化」を忌避する林らの運動主旨とは根本的に異なっている。とはいえ、台湾人の政治参加が急務であると公言してはばからない木村匡の「内台融和、内台同化」の主張には、当時の台湾在住日本人社会の現状認識をはるかに超越するものがあった。ここにこそ、「内地人台湾人の区別を為すことは余一個人として好まざる[38]」ところであると明言する木村匡の真骨頂があったといってよい。

---

38)　『台湾日日新報』1913年11月10日・木村匡（談）「乃木大将遺髪碑」。明治天皇崩御に殉じた元台湾総督乃木希典夫妻の遺髪碑建立が話し合われたさい、木村匡は、寄付金募集にあたって内地人と台湾人に不公平な取扱いがあってはならないと主張したが、その声は容れられなかったらしい。叙上の引用文は、その不公平さに対する彼の憤懣を吐露したものである。

第8章　帰郷後、晩年における社会活動

8-1　帰郷、桃生郡北村村長に就任

　木村匡は台湾商工銀行頭取を退任して約4か月後の1926年3月8日、大勢の見送り人に別れを告げて台北駅を出立し、翌9日、基隆港から信濃丸に乗船して帰郷の途についた。帰郷の日が近づくと、「今日も明日もと送別会攻めにあひ多い日には四回も送別会があつて眼を廻す」[1]ほどであり、また「彼がいよいよ台北を辞するに際し、台北の駅は人で埋もれ、歴代総督よりも見送る人が多かつた」[2]という。木村匡の馬好きは台湾でも有名であった。馬術愛好家仲間が台北駅へ向かう木村に同道して騎乗行進し、駅頭での見送りに花を添えてくれたらしい。[3]

1）『台湾日日新報』1926年3月5日「東西南北」。
2）菅原敬介(翠)『旭山物語』（石巻日日新聞社、1961年）83頁。
3）『台湾日日新報』1926年2月20日「東西南北」参照。木村匡の馬事コレクションは日本三稲荷の一つとされる竹駒神社（宮城県岩沼市）の馬事博物館に所蔵されている。『河北新報』1935年2月3日「竹駒神社境内に日本一馬事博物館」によると、「この博物館の内容は正に世界的と言へるものであるがそれは本県町村長会長木村匡氏が台湾総督府在任中に蒐葉した馬に関する文献、馬像、鞭、鐙等馬に関する物二千余点が岩沼町渡辺豊蔵氏を通じて奉納される事となつたもので、その範囲は日本だけでなく、支那を始め諸外国に及び又現在では絶対に求め得ぬ古代の馬像等もあり現在わが国で馬に関してこれだけの材料が蒐業されてゐる事は他に類例がないものである」と記載されている。文中に出てくる渡辺豊蔵（1877〜1949年）は岩沼の馬市を取り仕切った博労（馬商）のことであり、1941〜45年に岩沼町長を務めた人物（岩沼市史編纂委員会編『岩沼市史』同市、1970年、1385〜1386頁参照）。竹駒神社馬事博物館の建設計画は木村匡による馬事物奉納が機縁となってもちあがったようであり、当初の予定よりやや遅れて1938年に竣功され、

200

　木村匡は1895年に渡台し1926年に内地郷里に帰還した。この足かけ32年間という歳月の大半を、途中、三十四銀行京都支店長期の内地暮らしはあった

翌39年３月に開館した。その経緯については『河北新報』1936年６月28日「竹駒神社境内に馬匹博物館建設」、同年12月６日「竹駒神社社殿改築」、1937年７月22日「竹駒神社の馬事博物館入札」および竹駒神社編『竹駒神社』（1993年）220〜221頁、など参照。

　金沢有馬「馬狂木村匡氏の逸事」（『中央獣医会雑誌』第40年第２号、1927年）には、「馬に乏しい台湾に、馬事思想を向上せしむる目的で、大日本武徳会台北支部に馬術部を設けて自ら其の主幹となり、朝起会を組織して、毎朝六時から一時間乗馬演習をされてゐました。（中略）今や翁の集められた馬に関する珍品は貨物自動車五、六台に満載して尚余る程あります。翁を知る程の人は何でも馬に関する物を翁に贈りますから自然に集まるわけです。（中略）翁は毎年一月二日馬術部員と共に往復三里の路を馬に乗つて台湾神社に参拝し帰途翁の宅で一同祝盃を挙げる事にして居られました」（205〜206頁）と語られている。なお、金沢有馬はその当時、台北武徳会馬術部顧問を嘱託されていたという。

　ことほどさように木村の馬事趣味はそうとうのもので、馬を詠み込んだ同好の士による和歌を集めて『台湾日日新報』に載せ（同紙1919年２月13日・15日「鬼村翁徴歌〈上・下〉」参照）、さらにこれをもとに歌集『鞭のおと』（私家版、1919年、金沢市立玉川図書館近世史料館所蔵）を編輯して馬事同好者に配布するほどの凝りようであった（『台湾日日新報』1919年９月８日「無絃琴」参照）。ちなみに、『一瞥せる台湾』（拓殖産業協会、1923年）の著者・北原碚三は、「筆者台湾にて君（木村匡…引用者）の私宅を訪問せる時、馬に関するいろいろの物を見せられて其の馬に因めるいろいろのものを集めてゐられるに驚かされた、凡そ好きと云つても此処まで熱心な人も多くはあるまい」（81頁、踊り字は横書用に修正…引用者）と述べている。『台湾日日新報』1922年12月９日「忙はしない師走を外に愛馬家の小集会が城西築地町の鬼村邸で開かれた」、同紙1923年１月29日「頗る勇壮を極めた乗馬会の撒紙競馬」、『河北新報』1926年10月26日「馬具を御下賜　木村匡氏の光栄」（賀陽宮恒憲王から馬具を下賜されたさいの記事）、永岡涼風『親愛なる台湾』（実業時代社台湾通信部、1927年）275〜277頁「お馬博士…木村匡」も併せて参照されたい。

　なお、河北新報社事業局出版部編『みやぎの博物館・美術館』（1998年、103頁）によれば、木村匡が竹駒神社に奉納した馬事コレクションの点数は1,116点とされている。馬事博物館の開館日は正月三が日と初午大祭期間中の土曜日・日曜日のみにかぎられているので、遠方の者にはやや不便である。筆者もようやく2015年４月４日（土）になって拝観が実現したしだいである。

が、植民地期台湾における総督府官僚および銀行家として過ごした。とりわけ銀行家生活は約19年の長期に及んだ。彼が台湾に植え遺した銀行経営のノウハウは、最後の結末がいかにあろうとも、台湾にとって貴重な遺産となったはずである。台湾商工銀行の整理問題がなかったならば、木村の台湾滞在期間はおそらくさらに延びたであろうから、帰郷時における彼の胸中はいかばかりであったか、筆者の稚拙な想像力では推しはかれない。台湾貯蓄銀行の監査役には内地帰還後の1927年下期まで名を連ねたが[4]、それ以後、台湾にかかわることはなかった[5]。

　帰郷時の木村匡は66歳に達していた。当時、日本人の平均寿命は男女とも50歳に届いていなかったから、世間の常識からみれば、木村はすでに老境の人であった。しかし彼は、帰郷後もじっとしてはいなかった。その旺盛な活動ぶりは表8-1から容易に察せられるであろう[6]。その活動を大別すれば、①公職関係、②企業関係、③学校関係の三つに整理することができる。以下、その様相を述べてみたい。

　木村匡は、すでに台湾在住当時から郷里の斎藤報恩会に監事としてかか

4）　前掲、第6章の脚注24を参照されたい。

5）　木村匡は帰郷後ただ一度だけ台湾を訪れている。帰郷して1年ほど経った1927年2〜3月のことであり、月をまたいで20日間ほど台湾に滞在している（枠本誠一『台湾は動く』日本及殖民社、1928年、186頁参照）。渡台の用向きは不明である。時期的にみて、その頃は台北で小林清蔵編『木村匡君口演集』（1927年10月）の編集作業が進められていた時期であり、そのための打合せが主たる用向きだったのではないか、と思われる。なお、この台湾再訪の途次、つまり1927年3月3日、台湾商工銀行頭取の荒井泰治が東京の自宅で急逝したとの訃報に接する。木村の同行頭取退任（25年11月）のあとを請けてわずか1年4か月後のことであった。翌4日に開催された同行支店長会議の席上で木村匡は、「前台湾商工銀行頭取荒井泰治氏を追憶す」と題する追悼の挨拶をしている（同書、255〜263頁参照）。

6）　百合藤五郎編『宮城縣名士宝鑑』（同宝鑑発行事務所、1940年）8〜11頁には前掲表8-1をはるかに超える公職が記載されており、木村匡の旺盛な活動ぶりに驚嘆せざるをえないが、筆者は現在この情報の真偽を裏付ける材料をもたないため、ここでは裏付けのとれたものだけを表掲するにとどめた。

表 8-1　帰郷後における木村匡の公職・団体・会社役員

役員名	在任期間	備考（会社関係、単位：千円）			
		設立年	所在地	資本金	業　種
齋藤報恩会理事・総務部長	1926年 5月 〜1940年 2月				
宮城県桃生郡北村村長	1927年 6月 〜1940年 2月				
宮城県町村長会長	1928年 1月 〜1940年 2月				
東北六県連合町村長会長	1928年 1月 〜 － －				
仙台市社会事業協会理事	1928年 6月 〜 － －				
宮城県桃生郡教育会長	1928年 7月 〜 － －				
北村公民図書館長	1928年 7月 〜 － －				
六無会会長	(1928年) － 〜1940年 2月				
全国町村長会政務調査委員	1929年 － 〜 － －				
宮城県臨時県治調査会副会長	1929年 4月 〜 － －				
日興商事(株)取締役会長	1929年10月 〜1940年 2月	1929年	東京	300	金銭貸付・その仲介
吉田高等女学校長	1930年 4月 〜1931年 2月				
(株)仙都ビルデイング取締役社長	1930年 6月 〜1940年 2月	1930年	仙台市	650	貸ビル業
内外投資(株)取締役	1931年 4月 〜1934年 －	1931年	東京	3,000	不動産・有価証券取得利用
全国町村長会相談役	1932年 － 〜 － －				
秋保電気(株)監査役	1932年 － 〜1937年 －	1913年	仙台市	800	軌道運輸、石材採掘・建築
宮城県愛国連盟副総長	1933年 8月 〜 － －				
東北金属工業(株)取締役社長	1934年 7月 〜1938年 9月	1934年	仙台市	200	金属溶解加工、精密機械製造

第 8 章　帰郷後、晩年における社会活動　203

河北新報社・東北調査会委員	1934年12月 〜　－　－				
蘇峰会宮城支部長	1935年 5 月 〜1940年 2 月				
全国自治協会理事・評議員	1936年 5 月 〜　－　－				
宮城県町村吏員互助会副会長	1937年 3 月 〜　－　－				
東北特殊鋼(株)取締役	1937年 4 月 〜1940年 2 月	1937年	仙台市	1,000	特殊高級金属製造
東北振興連合会理事	1937年 7 月 〜　－　－				
桃生郡連合青年団長	1937年 8 月 〜　－　－				
上北電気(株)取締役社長	1937年 2 月 〜1940年 2 月	1923年	青森県	224	電気事業
全国町村長会理事	1938年 1 月 〜1940年 2 月				

出典：『宮城縣人』第 4 巻第 2 号（1928年 2 月）42頁、第 4 巻第 9 号（同年 9 月）45頁、第 9 巻
　　　第 9 号（1933年 9 月）11〜13頁、『仙台郷土研究』第10巻第 2 号（1940年 2 月）11頁、『河
　　　北新報』1929年 4 月 7 日、1934年12月 7 日、1937年 7 月13日、同月24日、8 月 8 日、同
　　　月10日、1928年 7 月24日、『財団法人斎藤報恩会一覧　昭和八年創立満十年』41〜42頁、
　　　『財団法人齋藤報恩会事業年報』第16（昭和14年度）、商工事情調査会出版部編『最新業
　　　界人事盛衰録』（1931年）キの部12頁、『自治公論』第12巻第 3 号（1940年）60頁、宮城
　　　県地方課編『宮城県町村合併誌』（1958年）803頁、全国町村会編『全国町村会館落成記
　　　念　全国町村会史』（1958年）897頁、仙台社会事業協会編『協会事業誌　創立三十周年』
　　　（1958年）2 〜 3 頁、聖和学園三十五年誌編集委員会編『三十五年誌』（1965年）216頁、
　　　225頁、東北特殊鋼(株)社史編纂委員会編『東北特殊鋼五十年史』（1987年）62頁、（株）
　　　トーキン編『東北金属工業五十年史』（1988年）6 〜 9 頁、（株）けやきの街編『宮城県町
　　　村会九十年史』（宮城県町村会、2012年）202〜203頁、208〜209頁などより作成。会社関
　　　係は帝国興信所編『帝国銀行会社要録』第18版（1930年）〜第27版（1939年）などによ
　　　り作成。
備考 1 ：仙都ビルデイング(株)設立時の代表取締役は荻野萬之助であったが、実質上の意味を
　　　　参酌して木村匡の代表取締役就任を会社設立時にとった。
備考 2 ：資本金は木村匡の各社役員就任期の金額。
備考 3 ：在任期間欄の（　）内は推測を示す。

204

わっていたが、帰郷して間もない1926年6月、その理事および新設の産業及
社会総務部の初代部長に就任して郷里での活動を開始した[7]。また27年6月に
は郷里北村の村長（第10代）に、さらに28年1月には宮城県町村長会長（第
4代）に就任した[8]。北村村長としての在任期間は死去（40年2月）するまでの
約12年（3期）7か月の長期に及び、また県町村長会長の在任もこれに準じ
た[9]。翌28年には東北六県連合町村長会長、仙台市社会事業協会理事、桃生郡[10]

7）　木村匡の後日談によれば、父景直が北村の隣村前谷地の斎藤家（山形県酒田の
　　本間家に次ぐ巨大地主で、当主が代々、善右衛門を襲名したことから「斎善家」
　　とも称された）と懇意の関係にあったことから、匡も子供時分から同家によく出
　　入りしていたらしい。第1章1-3でふれた文部省会計局長久保田譲の欧米視察に
　　随行したさいには、斎藤家から渡航資金の支援を承けたという。木村匡が台湾在
　　住中の1924年10月から斎藤報恩会（1923年2月設立）の監事を務め、帰郷後、理
　　事に就任したのも、斎藤家とのこうした親密な関係によったものと思われる（木
　　村匡「故斎藤善右衛門翁と故安田善次郎翁」『斎藤報恩会時報』第152号、1939年、
　　『財団法人斎藤報恩会一覧　昭和八年創立満十年』41〜42頁参照）。なお、同報恩
　　会については宮城縣史編纂委員会編『宮城縣史』第29巻（同史刊行会、1986年）
　　203〜204頁、同「あゆみ」編集委員会編『財団法人斎藤報恩会のあゆみ』（2009
　　年）も参照。
8）　宮城県町村長会長の選挙は同町村長会総会の開催日（1928年1月11日、於：県
　　会議事堂）におこなわれ、木村匡は総投票数202票中96票を獲得し、次点者に46票
　　の差をつけて当選した。このときの模様については『河北新報』1928年1月12日
　　「町村長会総会　木村氏当選す」、同月17日「木村氏の当選を喜ぶ村民」を参照。
　　今吉敏雄編『全国町村会館落成記念　全国町村会史』（1958年）897頁所載の「都
　　道府県町村会歴代会長名簿（昭和33年5月1日現在）」は木村匡の会長就任年月を
　　1927年12月としているが、これは事実誤認。
　　　なお、同町村長会の沿革については、宮城県町村会編の『宮城県町村会七十年
　　史』（1992年）と『宮城県町村会九十年史』（2012年）が詳しい。また、全国町村
　　長会（1947年に全国町村会と改称）に関する文献として、全国町村会編『全国町
　　村会五十年史』（1972年）、高木鉦作「全国町村長会の五人組制度復活構想」（『國
　　學院法学』第35巻第4号、1998年）、植山淳「全国町村長会の成立と町村長」（『書
　　陵部紀要』第52号、2001年）、芳井研一「一九二〇〜三〇年代における町村長会の
　　活動」（『佐渡・越後文化交流史研究』第8号、2008年）、能川（尾島）志保「一九
　　二〇年代における全国町村長会と行政町村」（『日本史研究』第581号、2011年）な
　　どがある。

第8章　帰郷後、晩年における社会活動　205

教育会長[11]、北村公民図書館長[12]も引き受けている。さらに29年に宮城県臨時県治調査会副会長、33年に宮城県愛国連盟副総長、36年に全国自治協会理事・評議員、37年に宮城県町村吏員互助会副会長、東北振興連合会理事、桃生郡連合青年団長など多数の公職を次々と引き受け、また六無会会長[13]、蘇峰会宮城支部長[14]などの団体役員も兼務していた。まさに八面六臂の活躍ぶりで

---

9)　第1期目の任期満了（1931年6月）のさい木村は重任を辞退したい旨を周囲に語り、後任者銓衡の動きもあったようであるが、町村長会長との関係から結局は重任することになったらしい。この点については『河北新報』1931年5月24日「北村々長後任」、同年6月23日「木村村長の重任は動かず」参照。

10)　仙台市社会事業協会は、第1次世界大戦後から1920年代にかけて急速に社会問題化した都市困窮層の匡救・恤救事業を目的として、28年6月に仙台市長、県市会議員をはじめ同市の有力者によって創立された社会福祉事業団体であり、現在も社会福祉法人として時代の変化に対応しつつ活動を続けている。木村匡は創立時から理事に就任するなど同協会の活動に貢献した。関連資料としては仙台市社会事業協会編『協会事業誌　創立三十周年』（1958年）および同協会ホームページを参照。

11)　1923年の郡制廃止法施行（21年公布）にともない桃生郡でも郡会が廃止され、26年には郡役所も廃止されたが、同郡教育会はその性格上廃止されずに存続した。しかし、教育会長の不在が続いたために機能麻痺をきたし問題化していた。そうした状況下の28年、同教育会を社団法人化する方針が定まり、木村匡は周囲から会長就任を強く慫慂され、これを引き受けたのであった。この点については、『河北新報』1926年9月6日「桃生郡教育会長依然として悩む」、同月29日「桃生郡教育会未だに方針が定まらぬ」、同年11月1日「桃生郡教育会　一部に改良を加へて存置」、同月14日「桃生郡教育会解散問題」、27年2月17日「解散か存続か　どつちつかずの宙ぶらり」、同年10月2日「桃生郡教育会長問題」、28年7月24日「剛愎会長となつて大いに働く積り」など参照。

12)　木村匡の北村公民図書館への貢献について、（ほんだ記）「木村匡先生を憶ふ―先生と図書館―」（『宮城縣中央図書舘月報』第8巻3月号、1940年）はつぎのように追憶している。「先生は又燃ゆるが如き郷土愛に生き抜かれた方である。その一つの現はれを北村公民図書館に見るのであるが、地方青年に読書の必要を痛感せられた先生は蔵書数千冊を提供して図書館の基礎を作られたのみならず、毎年多数の図書を年々御寄贈になられ又曾ては自ら館長としてその経営に当られた事も特筆に値するもので現在の北村図書館はその過半を先生に負ふと言つても過言ではあるまい。」（5頁）。

あった。周囲に頼まれると断れない木村の性向は、帰郷後も台湾在住期と変わるところがなかった。

しかし、いったん引き受けた以上は、どんな役柄もないがしろにしないのが木村匡の信条であった。北村村長に就任した当時の木村について、『河北新報』(1927年9月19日「墓地掃除奨励　木村村長さんの活動」) はつぎのように報じている。「隅から隅まで村治改革の第一線に立つて号令してゐるが或る時は坂道に苦しんでゐる荷馬車挽を助け坊主山の所有者を呼んでは植林の有望を勧説し滞納者に対しては納税義務の必要なる事を諄々として力説し着々として模範村たるの素質作興に努めてゐるが今度は敬神祖崇の美風を向上せしむべく一般村民に対し墓地掃除を励行してゐる」。

この新聞記事からは一見、張り切っているのは村長の木村匡だけで、村民は内心迷惑気味とも読み取れようが、その後における同紙の記事を追ってみると、決してそうでないことがわかる。村長就任にさいして木村は、村是として①農業の改革、②道路の改修、③山林の増殖の三大方針を掲げた。木村

---

13)　六無会は、江戸中期の経世家で仙台をついの住まいの地とした林子平 (1738〈元文3〉～1793〈寛政5〉年) に因んで創られた会であり、龍雲院内におかれた。会の名称は、幕府により自著『海国兵談』(1791〈寛政3〉年) の絶版と蟄居を命じられたとき、林子平は「親も無し妻無し子無し板木無し金も無けれど死にたくも無し」の和歌を詠み、以後、六無斎と号したことに由来するという (『広辞苑』参照)。木村匡が同会会長を引き受けた経緯や時期については不詳。なおお付言すれば、木村匡は雑誌『宮城教育』第350号 (1928年8月) に「林子平先生に就て」を寄稿しているが、そのさいの肩書は六無会理事長となっている。

14)　蘇峰会は徳富蘇峰 (名は猪一郎、1863〈文久3〉～1957年) を顕彰するべく1929年に組織された会であり、国語学者で東京帝国大学文科大学長、神宮皇學館 (現皇學館大学の前身) の館長などを歴任し、当時、國學院大学長であった上田万年 (1867〈慶応3〉～1937年) が会長。1935年5月の仙台藩祖伊達政宗公三百年祭にあたり、東京日日新聞社仙台支局の協賛による徳富蘇峰 (同社社賓) の記念講演会が東北帝国大学文学部講堂で催され、これを機に蘇峰会宮城支部の発会にいたったようである。支部長を引き受けた木村匡はその発会式で「徳富蘇峯翁を論ず」と題する開会の辞を述べている。木村匡編『徳富蘇峰先生講演　日本歴史上に於ける伊達政宗公の位置』(蘇峰会宮城支部、1935年) 参照。

村政の核心は、貧弱な村財政の実情を村民に訴えながら、村民（青年団や小学校児童たちも含め）の自発的な作業協力を引き出した点、すなわち自分たちの村は自分たちで創るという自治意識を、生地北村に育もうとした点にあった。[15] なかでも村民からとくに感謝され、県内諸地域の注目を引いたのは、村内の道路全線にわたって改修を施したことである。たとえば、北村を二つに遮断していた風越峠（または風越坂）の道路改修は、荷馬車の通行を容易にし、同村の活性化に大きく貢献したとされる。[16] 北村道路保護組合が組織され、また北村道路展覧会なる風変わりな催しがおこなわれるなど、[17] 村是の一つに「道路を大切にすること」を掲げる木村村長の道路行政への取り組みは並々ならぬものがあった。地方自治行政のあり方として特筆すべきことであろう。

木村匡の村政への取組は道路行政だけにとどまらなかった。農林業の改良や副業奨励はもとより、[18] 北村に少年赤十字団や公立消防組を実現するなど、[19] 考えつくことは何でも試みるのが「木村流」村政の特徴であったという。[20] し

---

15)　同建設委員会編『木村匡先生頌徳碑並記念館建設報告書』（1930年）41〜43頁参照。

16)　『河北新報』1927年12月9日「北村道路改修　村民の奉仕で」参照。その後も風越峠の抜本的な掘鑿事業が継続されたらしい（同紙29年12月12日「北村風越峠　村民改修希望」参照）。なお、ここでいう風越峠は、石巻市にある同名の峠（牡鹿半島付け根の渡波・折浜間）とは異なる。

17)　『河北新報』1928年11月21日「道路愛護組合北村に組織」、29年12月19日「道路愛護を強調　木村々長の努力によつて北村々民漸やく覚醒」、31年8月18日「北村の道路展覧会」、32年6月20日「北村の第二回道路展覧会」、34年7月26日「北村の道路展　今年も催す」、同年8月21日「北村の道路展覧会審査」など参照。

18)　北村では古くから篠竹を使った竹細工、とくに鰌筒造りが家内副業として盛んにおこなわれたという。『河北新報』1932年8月12日夕刊「北村の竹細工　特殊金融を設け積極的に奨励」、33年7月30日「北村産の鰌ど（鰌筒…引用者）需要に応じきれぬ有様」などを参照。

19)　『河北新報』1927年12月14日「北村少赤団組織される迄」、28年5月27日「少赤団長会議」、同年6月27日「北村公立消防組設立問題」、同年7月7日「北村郷土記念舘落成式」などを参照。

20)　前掲『宮城県町村会七十年史』は、木村匡は「いわば木村流とでもいうような

かも村長就任当初から無料報酬を貫いた。[21] 木村村長のこうした村政への取り組みに共感し、それを裏方として支えたのは、北村小学校長として郷土教育に一身を捧げた斎藤荘次郎の存在だったようである。[22] 1928年11月、木村匡のかつての教え子から、木村村長の労苦に酬いるための頌徳碑建立計画がもち上がったさい、その企画・運営の中心的役割を担ったのが斎藤校長であった。当初の計画は3,800円の予算で頌徳碑を建立する予定であったが、寄附金がその倍額以上（8,600円）に達したことから、急遽、さらに「木村匡先生記念館立教堂」[23] の建設を付け加えることとなった。総経費8,604円中、北村村内だけで（仙台や桃生郡下の他地域を除く）3,900円もの拠金が集まり、また台湾

さまざまのアイデアと提言を盛り込んで、農村経済に活力をもたらそうとしている」（230頁）と述べている。

21) 『河北新報』1928年4月4日「名村長を戴き北村民の喜悦」参照。

22) 斎藤荘次郎は1893年桃生郡北村の大地主の家系に生まれ、1913年に宮城師範学校を卒業。卒業後、須江小学校勤務を経て翌14年郷里の北村小学校に赴任。以後、郷土の名山・旭山の開発・保存を柱とする郷土教育を先駆的に推し進め、第2次大戦後の47年に同校校長を退任するまで郷里の子弟教育に一身を捧げた。退任後、県議会議員を3期12年間務め、地域産業の振興に尽力した功績によって河北文化賞、勲四等瑞宝章、名誉町民の称号などを授与された。郷土史家としても知られ、編著『桃生郡誌』（1923年）、『北村做土読本』（桃生郡北村尋常高等小学校、1928年）、『信念に基づく郷土教育施設』（金港社、1930年）など著書多数。1982年、89歳の長寿を全うして没した。参考文献として、永山富士太郎「農村教育者としての斎藤氏」（『農村教育研究』第1巻第4号、1928年）、福沢泰江「宮城県北村の郷土教育」（『斯民』第275号、1928年）、海後宗臣・飯田晁三・伏見猛弥『我国に於ける郷土教育と其施設』（目黒書店、1932年）99～112頁、五十嵐勝治「菊池勝之助と斎藤荘次郎」（『教育宮城』第323号、1983年）26～27頁、佐々久ほか監修『宮城県風土記』（旺文社、1987年）427頁、三陸河北新報社編『石巻圏20世紀の群像』下巻（医療福祉・政治・経済編、2002年）26～29頁、大友晃「昭和初期農村小学校における〈郷土開発〉的郷土教育の展開―宮城県北村尋常高等小学校における実践を事例として―」（『社会系教科教育学研究』第19号、2007年）37～45頁などがある。

23) 木村匡先生記念館立教堂は、1998年に河南町歴史民俗資料館立教堂と改称され時代の要請に沿った使われ方をされてきたが、2003年7月26日に発生した宮城県北部連続地震で玄関屋根部分が崩落するなど壊滅的な被害を受けたため、解体を

第8章　帰郷後、晩年における社会活動　209

からも1,793円が寄せられた。かくして29年11月に頌徳碑除幕式が、翌30年
7月に記念館立教堂の落成式がそれぞれ執りおこなわれたのであった。[24]

8-2　(株)仙都ビルの設立と三越の仙台進出

　郷里における木村匡の活動は公職関係だけにとどまらなかった。企業の設
立および経営にも積極的に参画した。1929年に日興商事(株)取締役会長、30
年に(株)仙都ビルディング取締役社長、31年に内外投資(株)取締役、32年に
秋保電気(株)[25]監査役、34年に東北金属工業(株)[26]取締役社長、37年に東北特殊

　　余儀なくされた。河南町史編纂委員会編『河南町史』下巻（宮城県河南町、2005
　　年）6～8頁参照。

24)　以上の詳細は、前掲『木村匡先生頌徳碑並記念館建設報告書』による。また、
　　『河北新報』1929年4月7日「木村氏の頌徳碑　北村有志の協議」、同年7月8日
　　「木村匡氏頌徳碑建立寄附金」、同月27日「木村匡氏頌徳碑建設　寄附意外に集る」、
　　同年8月30日「木村氏頌徳碑建設　本秋落成式挙行」、同年10月22日「木村氏頌徳
　　碑　来月五日除幕式」、同年11月7日「木村匡氏頌徳碑除幕式　五日盛大に挙行」、
　　同月12日「木村氏頌徳碑建設の裏面に美はしい話し」、30年1月10日「北村立教堂
　　雪どけを待つて建築に着手」、同年7月5日「立教堂記念館落成式」なども参照。

25)　秋保電気(株)の社歴については秋保町史編纂委員会編『秋保町史　本編』（1976
　　年）562～566頁に紹介されているが、木村匡が同社にかかわった事情にまでは言
　　及されていない。

26)　現NECトーキン(株)（本社＝宮城県白石市、本店＝仙台市太白区）の前身。興
　　信録類によると木村匡は1938年に設立された東北金属工業(株)の取締役社長に就
　　任したと記述されているが、これは事実誤認である。おそらく未確認のまま累年
　　誤認を重ねたのであろう。34年に設立された同名の東北金属工業(株)（資本金20万
　　円、取締役会長・菅原通敬）が起源で、このとき木村は取締役社長に就任してい
　　る。その後38年、同社は住友傘下の日本特殊金属(株)と合併し、新しい同名の東
　　北金属工業(株)（資本金700万円、取締役会長・梶井剛、専務取締役・馬場武一）
　　として生まれ変わったが、菅原や木村はこの新会社から手を引いている。要する
　　に木村匡は、34年設立の旧・東北金属工業(株)取締役社長であって、38年設立の
　　新・東北金属工業(株)には役員として参画しなかった。この点については、(株)
　　トーキン編『東北金属工業五十年史』（1988年）8～9頁参照。また『河北新報』
　　所載の関連記事として、1934年5月29日「東北金属工業きのふ、創立発起人会」、

鋼(株)[27]取締役と上北電気(株)取締役社長など7社の重役に就任している。それぞれ経営責任の軽重に差はあっただろうが、7社のうち4社は代表取締役(会長ないし社長)という重責の任に就いている。日興商事(株)取締役会長以外はいずれも70歳を越えてからの就任であり、しかも前述した公職との兼務であったことを考え合わせると、これをどのように表現すべきか適切な言葉が浮かんでこない。

ところで、これら関係会社のなかで木村匡が最も苦労し、かつ心をくだいたのは、(株)仙都ビルディング(以下、(株)仙都ビルと略称)の件であったと思われる。というのは、同社の設立は東京の大百貨店(株)三越を仙台に誘致する導火線となったために、木村は仙台市内の卸小売業者と一時的には対立関係に立たされたからである。前掲『旭山物語』には、「町内商店界から猛烈な反対のあつた、彼の三越デパートの進出など、一重に彼(木村匡…引用者)の力によるものと言われる」(84頁、ルビ…引用者)と記述されている。「一重に彼の力による」とは、いったいどのような内容のものであったのか、以下、仙都ビル問題の経緯を検証してみたい。

仙台の地元紙『河北新報』に(株)仙都ビル設立計画の記事がはじめて載ったのは、1929年6月12日のことである。[28]それによれば、同社設立の計画はそ

同月31日「東北金属工業けふ創立委員長を互選」、同年6月6日「東北金属工業遅くも七月廿日迄には創立総会」、同年7月30日「東北金属会社創立総会」、35年3月1日「軽金属鍍金完成すれば軍需品に改革」などがある。

27) 東北特殊鋼(株)(本社＝宮城県柴田郡村田町、本店＝仙台市太白区)は、提携関係にあった原田商事(株)(社長・原田猪八郎)と旧・東北金属工業(株)(社長・木村匡)の両社が1937年に共同設立した資本金50万円の企業である。原田が取締役社長、木村は筆頭取締役。関連文献として東北特殊鋼(株)編『東北特殊鋼二十年小史』(1957年)13～15頁、同社社史編纂委員会編『東北特殊鋼五十年史』(1987年)62頁参照。

28) 『河北新報』1929年6月12日「仙台市に仙都ビル計画」。なお、(株)仙都ビル設立計画の発端については、同紙1930年2月12日「仙都ビル　立消えにはならない」も参照。

第 8 章　帰郷後、晩年における社会活動　211

もそも地元の仙台実業界からではなく東京を中心とする在京浜の宮城県出身
者の集まり（青葉倶楽部と称したらしい）から発し、これに地元仙台実業界の
一部が加わったもので、その事業の「主眼はデパートメントストアでありこ
れに仙都ホテルの附帯事業を加へて北日本の首都仙台市の代表的設備を行は
んとするもの」であると報道されている。仙台では以前から、新時代の要請
にかなう近代的な大百貨店の実現を期待する声はあったが、小売商店の反発
を危惧する地元実業界の動きは鈍く、東京近辺に住む同県人有志が県外から
地元実業界の背中を押すかたちで㈱仙都ビルを創設した、ということにで
もなろうか。

　ところが、その半月後（６月26日）に開催された発起人会で公表された事
業内容は、新聞報道のものとは異なっていた。発起人会での頒布資料と同一
のものと推定される『株式会社仙都ビルデイング（附　仙都ホテル）創立趣意
書　起業目論見書　事業概要　起業予算書　収支予算書　損益計算書　定
款』（宮城県図書館所蔵）によって創立趣意を確認すると、つぎのように記述
されている。「今回仙台市否東北ニ於テ最モ困却セラレツツアル『ホテル』
ヲ主眼トシタル『ビルデイング』ヲ仙台市枢要ノ地区ニ設立セントス（中
略）我等ハホテル事業ヲ主眼トセル『ビルデイング』ヲ建設シ内外旅行者ノ
便ト東北ニ支店出張所等ヲ特設セントスル大都市事業家ニオフイスヲ提供シ
当市内外一般需要者ノ為ニ百貨店、市場ヲ開キ旁々社会万般各方面ノ便益ニ
資スルトコロアラントス」、と。

　前述の新聞報道とは異なり、㈱仙都ビル創立の主眼は「デパートメント
ストア」事業にではなく「ホテル」事業にある、と明確に謳われている。そ
して、その具体的内容としては、鉄骨鉄筋コンクリート・耐震耐火造りの７
階建ビル（地下１階・地上６階）と２階建別屋の２棟を建て、①ホテル（５階、
６階、直営）、②貸間貸事務所（４階、３階の一部）、③貸百貨店（１階、２階）、

───────────────

29)　『河北新報』1929年６月29日「仙都ビルとはこれ」参照。

④市場（地階）、⑤和洋食堂（３階、直営）、⑥温泉式大浴場（別屋１階）、⑦社交的娯楽施設（別屋２階）を収容する「綜合的組織経営」であると華々しく謳いあげ、また社名の「仙都ビルデイング」については、「仙台ハ又仙人ノ或ハ聖人ノ住ム台ニシテ陸奥ノ仙境ナリ即チ仙都ナリ」（ルビ…原文）と説明し、「仙都ホテル」は英語のSaint Hotelに通ずるものがある、と洒落込んでいる。

　発起人総代に七十七銀行取締役の佐久間俊一が[30]、創立委員長には木村匡が選ばれ、創立事務所は仙台市空堀町（現青葉区錦町）に置かれた。木村が創立委員長に選ばれた事由を知る資料的手がかりをもたないが、仙台実業界の一部と在京浜の宮城県出身者とのパイプ役として、彼に白羽の矢が立ったのかも知れない。あるいはまた、台北の市街地開発を実体験してきた木村に期待がかかったのかも知れない。ただし、これはあくまでも推測の域を出ない。発起人・賛成人は58名を数えた。仙台商工会議所議員は会頭の伊沢平左衛門、[31]

---

30)　佐久間俊一は1876年、佐久間左馬太（1844〈弘化元〉～1915年、長州藩萩の出身、陸軍大将で台湾総督などを歴任）の三男として生まれ、左馬太の死後、家督を継ぎ伯爵を襲爵。晩年の父左馬太は仙台市在住の俊一のもとに身を寄せていたようである。左馬太の台湾総督時期（1906～1915年）に木村匡は台湾商工銀行頭取であったから、匡と俊一は旧知の間柄にあり、その縁もあって㈱仙都ビルの創立にさいしてコンビを組んだのかも知れない。俊一は当時、七十七銀行取締役。関連資料として、猪野三郎編『大衆人事録　昭和三年版』（帝国秘密探偵社、1927年、日本図書センター復刻版『大正人名辞典Ⅱ』下巻による）サ24頁、河北新報社編『宮城県百科事典』（1982年）408頁参照。

31)　伊沢平左衛門（1858〈安政５〉～1934年）は仙台有数の資産家で酒造業（勝山酒造）を営む伊沢家（３代目平蔵）の長男として生まれる。1909年仙台市会議員に初当選して同市のインフラ整備に貢献したのち、宮城貯蓄銀行頭取、塩釜銀行頭取、仙台瓦斯㈱社長、仙台商業会議所会頭、七十七銀行頭取、酒造組合長、仙台植林㈱社長、仙北鉄道㈱社長など銀行家・実業家として活躍。また20年と24年の総選挙に政友会から出馬して当選し、のち貴族院議員（多額納税者議員）を務める。平左衛門は曹洞宗に帰依する篤信家であったとされる。『河北新報』1934年６月10日「伊沢七十七銀行頭取九日正午遂に逝く」、同月11日「仏道に専念　平安な人生行路」、前掲『宮城県百科事典』37～38頁などによる。

副会頭の山田久右衛門[32]を含む9名、仙台市会議員は4名、銀行関係者は頭取3名、取締役・相談役・支店長各1名の計6名が参画し、そのほか原邦造（愛国生命保険㈱社長）、伊東次郎丸（貴族院議員、子爵）、鹿又武三郎（前仙台市長）、星廉平（前衆議院議員）、坂元蔵之丞（仙台鉄道㈱社長）、佐々木栄助（仙北鉄道㈱専務取締役）、岡崎栄松（日本栄養協会理事長）、四竈孝輔（日本漁業組合理事長）、吉井桃磨呂（横浜火災海上保険㈱専務取締役）などそうそうたる顔ぶれが名を連ねている。

　㈱仙都ビルの設立計画に対して、地元仙台での反応はどうであったか。近代的な設備を有する大ビルディングの建設は不況にあえぐ仙台経済に大きな刺激剤になってくれるのではないか、という期待感が当初の一般的な受けとめ方だったようである。しかし、発起人会を華々しく打ち上げたにもかかわらず、その後、なぜか㈱仙都ビルに関する紙上での情報はしばらく途絶えた。再び紙上に登場したのは、発起人会開催から5か月後の1929年11月頃のことであった。ところが、この時期になると環境は一変していた。㈱仙都ビル設立の真のねらいはホテル事業にではなく百貨店事業にあり、しかもその経営は地元資本によってではなく、三越の仙台誘致によるらしいとの噂が地元の卸小売業界を駆けめぐり、疑念の度を増すにしたがい三越誘致阻止運動の様相を呈してきたのである。[33]それは㈱仙都ビル設立そのものへの反

32）　山田久右衛門は1868年、仙台北山の商家に生まれ、雑貨商、金融業を営んで財をなし、明治末期から大正期にかけて仙台電力㈱取締役、仙台市会議員、宮城貯蓄銀行監査役、第八銀行頭取、塩釜銀行取締役、五城銀行副頭取などを歴任。1928年開催の東北産業博覧会では副会長・事務総長を務め、30年仙台商工会議所会頭に、31年仙台市会議長に、32年七十七銀行副頭取にそれぞれ就任。33年死去。前掲『宮城県百科事典』1060頁参照（なお、同事典では「久右衛門」が「九右衛門」となっていることを付言しておく）。

33）　この時期の反対運動については、『河北新報』1929年11月13日「三越支店進出に当業者阻止運動」、同月17日「三越支店開設に賛否の両論」および「組合代表者会対三越支店問題について協議」、同月19日「大百貨店と競争　仙台最初の大百貨店は仙台商人の手でやる」および「三越支店問題　今後は一切触れず」など参照。

対というよりも、三越の仙台進出に対する反対運動であった。

発起人会の開催からわずか数か月の間に当初計画の大修正、つまり事業計画の主眼をホテル事業から百貨店事業へ切り替え、そのためには三越の仙台進出を招致せざるをえないという大方針転換がなされたことになる。三越が仙台に支店を開業するとなれば、当然、地元の商業界から反発が起こることぐらい、木村匡に予測できなかったはずはない。それでもなお三越招致に踏み切らざるをえなかった事情とは、いったい何だったのか。この点について木村匡は地元になんら説明していないし、新聞記事や関連文献にもふれるところがない。

はじめから三越招致を考えていながら、地元の反発を避けるべく当初はこれを隠すいわゆる隠蔽騙し討ち策だったのではないか、との憶測もあながち否定できない。しかし、これはあまりにも子供騙しに近く、邪推が過ぎよう。そこで筆者は、三越招致への方針転換を迫られた事情を以下のように推測してみた。当初の事業計画ではあくまでも直営によるホテル経営に主眼があり、百貨店への賃貸事業は新設ビルの1～2階を割り当てる程度の、いわば地元資本が入るくらいの規模のものを想定していたが、発起人会以後、この想定に狂いが生じたのではないかということである。その狂いとは何か。

㈱仙都ビルの設立計画が登場する以前にも、仙台の有力商や卸商組合の有志の間に共同百貨店の開設計画が持ちあがっていた。[34]この計画は結局実現しなかったが、その後、「仙台百貨市場」という名称の共同百貨店が、仙台市南町にあった宮城商業銀行（1927年、七十七銀行に合併）の空き屋建物を利用して開設された。[35]こうした動向をみていた木村匡は、新設ビルの1階・2

なお、三越仙台進出反対運動の全体的な経緯については、番丁詳伝編集委員会編『番丁詳伝』（一・四・一、1987年）134～145頁、仙台市史編さん委員会編『仙台市史』資料編6、近代現代2、産業経済（2001年）248～255頁に詳しい。

34) 『河北新報』1928年3月19日「大百貨店計画　元大内呉服店跡」参照。

35) 『河北新報』1929年5月9日「元の商銀を利用して百貨店を開きたい」、同年6

第8章　帰郷後、晩年における社会活動　215

階に地元資本が入るぐらいの、いわゆるテナント型の百貨店ならば地元商店街の反発を避けることができ、実現可能と見込んでいたのではなかろうか。ところが、㈱仙都ビルの直営事業たるホテル事業と和洋食堂事業を除くほかの諸事業、すなわち貸間貸事務所、貸百貨店、市場、温泉式大浴場、社交的娯楽施設の諸事業に対する地元資本の反応は鈍く、ことは予測どおりに運ばなかったのではないか。

　その最大の原因はおそらく、㈱仙都ビル発起人会のあった翌月、つまり1929年7月、政策綱領に金解禁、緊縮財政、産業合理化などを掲げる浜口雄幸・民政党内閣が成立したことと、同年10月に発生したニューヨーク株式市場の株価暴落とで、同年後半のわが国経済は一気に沈滞ムードに陥り、それが仙台経済にも波及したからであろう。と同時に、地元大店の㈱藤崎呉服店が独力で近代的な百貨店へ脱皮する動きを示すなど、㈱仙都ビル構想の[36]立案当時とは状況が大きく変わってきた。こうした状況変化に対応するには㈱仙都ビルの事業計画自体も軌道修正を迫られるが、地元資本の糾合だけでは資本力の点で到底立ちゆかず、大型百貨店の入居ビル事業＝三越誘致へと大きく舵を切り替えざるをえなくなったのではなかろうか。三越が仙都ビルに入るとなれば1～2階程度の売り場面積では用をなさず、三越が仙都ビル全館に入居できるように当初計画を根底から練り直さなければならなくなったのであろう。しかし、当然のことながら、地元商業界からの強い反発が予想されたから、木村匡ら㈱仙都ビル関係者は口を固く閉ざして秘密裏

――――――――――――――

　　月22日「仙台百貨市場」、同月29日社説「百貨市場と小売商店と」など参照。
36)　㈱藤崎呉服店が商号から「呉服店」を消して㈱藤崎と改称したのは1930年
　　5月のことであり、地下1階・地上4階の近代的な百貨店へと脱皮したのは32年
　　11月であるが、地元仙台ではすでにそれ以前から藤崎の動きは知れ渡っていたも
　　のと思われる。㈱藤崎編『藤崎170年のあゆみ』（1990年）113頁、加藤諭「昭和
　　初期東北地方における百貨店の催物―三越仙台支店、藤崎を事例に―」（『東北文
　　化研究室紀要』第48号、2006年）4頁参照。

に三越との交渉を進めたが、秘密はいつかは漏れるの譬えのごとく、どこか
らか漏れ三越誘致阻止運動へとつながっていった、と推測する。

　(株)仙都ビルの設立は当初の予定より大幅に遅れた。動きが表面化したの
は1930年2月頃のことで、この頃から木村匡は、三越誘致の進展状況を紙上
で語るようになった。以後、所定の設立手続を経て、ようやく6月30日に
(株)仙都ビル創立総会が開催された[37]。同社の設立計画が紙上に登場してから
すでに1年が経っていた。遅れの原因は、地元で高まる三越誘致阻止運動、
財界一般の長引く不振、衆議院解散（1929年12月）による政局不安定など外
部環境の変化にもあったが、より直接的には三越との特別約定、建設用地の
選定・買収、施工請負業者・大倉組との交渉などに時間を要したことが主た
る原因であったらしい[38]。難産に難産を重ねたが、ともかくも(株)仙都ビル
（資本金65万円、株主総数97名）の設立は実現し、かつ三越入居ビル＝「仙都ビ
ル」の建設地（東一番丁精養軒の場所）も決定したのであった[39]。木村匡は代表
取締役社長に選ばれた。

　創立総会の開催を間近に控えた1930年6月下旬、地元紙の取材に対して木
村匡は、三越の「進歩した事業振りは仙台商業界に一段の覚醒と改善とを与
へることになつても決して仙台市内小売商店に対し噂さるゝやうな脅威は与
へることはなからう[40]」と述べている。木村のいわんとするところを、深読み
に過ぎるとの批判を覚悟で敷衍すれば、三越を誘致することで仙台に二大百
貨店の競争時代が到来し、それをとおして仙台商業界全体のレベルアップへ
とつなげる、そのような将来マップが木村の胸中にあったのではないか、と
思われる。

　ところで創立総会後も、ビルの建築は着工されないまま時が過ぎていった。

37）『河北新報』1930年7月2日「仙都ビル創立総会」参照。
38）『河北新報』1930年3月22日「仙都ビル創立総会今春中に開催する段取り」参照。
39）『河北新報』1930年7月18日「仙都ビル着工は十一月頃」参照。
40）『河北新報』1930年6月27日「三越の進出もはや確実」。

（株）仙都ビルと三越の間における建物賃貸借契約の成立に予想外の時間を要したためのようである。契約書が正式に取り交わされたのは、（株）仙都ビルの創立総会から実に1年4か月後の1931年10月のことであった。[41] 三越との正式契約成立後、32年に入ると仙都ビルの建築工事は急ピッチで進められ、三越仙台支店の開設は確定ずみという雰囲気が仙台に定着しつつあり、阻止運動もしだいに影が薄くなりつつあった。ただ、資金調達面では順風満帆とはいかず、32年7月に臨時株主総会を開いて資本金を65万円から20万円（全額払込済み）[42] へ大幅に減額し、かつ当初予定していた第1期・第2期の両工事計画を修正して第1期工事（三越入居予定ビルの建設工事）のみにとどめることに変更している。[43] おそらく三越問題の影響を受けて株式の追加払込が予定どおりに進まず資金調達に行き詰まったことと、当初計画の第2期工事（温泉式大浴場と社交的娯楽施設を収容する別屋の建築工事）が三越誘致への大転換で意味をなさなくなったことによるものと思われる。第1期工事分だけで建設工事費は30万3,000円に上り、不足分10万3,000円は銀行借入金などで別途に手当てしなければならなかったらしい。

　ところが、臨時株主総会で資本金減額と工事計画変更がおこなわれた、その時期（1932年夏）以降、降って湧いたような想定外の事態に見舞われたのである。というのは、大規模百貨店による全国的な店舗開設競争が激化したために、同年、各地の小売業界による反百貨店運動が燎原の火のごとく全国に広まり、これが急速に社会問題化したからである。その対応策として商工省が百貨店法案の次期臨時議会提出を準備するなど──結局は未提出に終わっ

---

41)　『河北新報』1932年8月14日「三越開設反対に仙都ビルは不安」参照。

42)　前掲『番丁詳伝』では「当初の資本計画六五万円を大巾に減資した二〇万円をもって、昭和五年六月に株式会社仙都ビルディングが設立される。」（135頁）と記されているが、減資の決定は1932（昭和7）年7月の臨時株主総会においてである。

43)　『河北新報』1932年7月7日「仙都ビル減資承認」および仙台商工会議所百年史編纂委員会編『仙台商工会議所百年史』（1992年）156頁参照。

たが―、従来にも増して厳しい状況が突如出現した[44]。火の手は仙台にも及び、まさに「寝た子を起こす」事態に立ちいたったのである。同年９月に「全仙台商店連盟」が結成され、以後、仙台商工会議所を通じて仙台市長、仙台市会議長など行政当局への請願・陳情活動へと発展していった。請願・陳情の主旨は、市当局が㈱仙都ビルの所有する三越進出用地ならびに建物を買収し、一般市民のための公共施設として利用すべきであるというにあった。これを承けた仙台市長は12月、㈱仙都ビルに対して用地・建物売却の意思があるか否かを公式に照会したが、㈱仙都ビル側は売却の意思はないと回答し反対運動側の要請を拒絶した。

　以上縷々述べてきたように、木村匡ら㈱仙都ビル側は、仙台実業界を分裂させかねないほどの難局に遭遇し、難産に難産を重ねながらも、三越招致の方針に切り替えて以降はその方針を崩さなかった。こうして1933年２月に仙都ビルは竣功し、４月１日、地下１階・地上５階からなる三越仙台支店（現在の仙台三越）が東一番丁（現一番町４丁目、本館の場所）に開店したのであった。当初計画では６階建ての構想だった地上階が５階建てに変更され、全階に三越が入居する典型的な百貨店ビルとなり、木村らが構想した「綜合的組織経営」とは様変わりしたものとなった。ともあれ㈱仙都ビルの設立計画が公にされてから、実に４年近くが経っていた。

　開店前日の1933年３月31日、『河北新報』には第６面全面を飾る「仙台三越新築落成　四月一日開店」の広告が掲げられた。開店日の様子について、㈱三越本社編『株式会社三越100年の記録　1904-2004』（2005年）は、「４月１日、東北の都仙台市の中心地東一番町に、三越11番目の支店として、仙台三越が華々しく開店した。地下１階地上５階、総床面積4620㎡、屋上庭

----

44)　『河北新報』1932年７月31日「百貨店と小売店対抗運動激化」参照。当時における反百貨店運動の全体像については、山本景英「昭和初期における中小小売商の窮迫と反百貨店運動（上・下）」（『國學院経済学』第28巻第１～２号、1980年）を参照。

園を有する高層建築で、店内各所に最新式設備が施されている。」（110頁）
と記述している。開店当日の仙台は春日和で、上空から宣伝飛行機が開店大
売り出しの宣伝ビラを撒いたという[45]。また、仙台商工会議所七十年史編纂委
員会編『七十年史』（1967年）には、「買うというよりも見物がてらの客で賑
わったが、三越の売上げは上々であった。田舎の地主が帯を買い、『もっと
高価なものはないか』と店員を困らせ、模様の異っているものをより高価に
喜んで買っていったという噂さえあった。」（166頁）と記されている。

　ただ不思議なことに、開店日を挟む前後2か月間（3～4月）、『河北新
報』には上述の開店広告以外に三越仙台支店関係の記事や広告は掲載されて
いない。同紙に三越の2度目の広告が出たのは、夏物大売出中の7月8日の
ことである。開店のほぼ1か月前（1933年3月3日）、死者・行方不明者約
3,000名、損失家屋約7,000戸、津波の高さ24mという、かの三陸地震大津波
が発生し、仙台も混乱の巷と化した。こうした異常事態下での開店であった
から、仰々しい催事ははばかられたのかも知れない。とはいえ、地元新聞が
大百貨店の支店開業に一言もふれないというのは、これもまた「異常」であ
る。資料的には確認できないが、三越仙台支店開業にいたる微妙な経緯にか
んがみ、なんらかの報道管制がしかれたとみるべきであろう。

　その司令塔は誰だったのか。候補者としては河北新報社、仙台市当局、三
越、㈱仙都ビルの四者が考えられる。一般論としては四者間協議の結果と
みるべきであろうが、その中心にいたのは㈱仙都ビルの社長木村匡だった
のではなかろうか。というのは、三越誘致の成就に向け、長期にわたる板挟
み状態に耐えながら、それでも仙台の将来のためには三越誘致が絶対必要で
あるとの信念を持ち続けたのは、疑いもなく木村匡だったからである。さき
にふれた「一重に彼の力による」とは、ここのところを謂わんとした言葉と
解したい。木村匡の予言どおり、「いざ三越が開店すると仙台は不況の中で

---

45)　前掲『番丁詳伝』144頁参照。

一段と活気を見せ、結果的には非難の声は薄れていった。[46]」といわれる。とはいえ、「仙台呉服太物商組合は藤崎とともに価格協定を結んで、三越に対抗[47]」したともいわれ、これもまた事実の一面であったと思われる。仙台市内における中小商工業者、とりわけ個人経営の物品販売業者のなかには破産・没落する者が急増したため、これを危惧した仙台商工会は三越仙台支店と藤崎百貨店に対して、夜間営業の廃止と休業日の増設を陳情している。陳情の結果かどうかは確言できないが、三越支店は1935年1月4日から3月末日までの3か月間、閉店時間を午後6時30分として夜間営業を自粛している[48]。

　なお付言すれば、三越仙台支店の入居ビル、つまり仙都ビルの建設用地を提供した大正土地(株)社長の山田久右衛門は、当時、仙台商工会議所会頭や仙台市会議長を務める当該地域政財界における中心人物の一人であったが、用地提供の件で地元商人に恨まれる結果となり、以後、体調を崩すことが多く、三越仙台支店の開店から2か月後の1933年5月末日死去したという[49]。この点からも、仙都ビル建設・三越誘致問題が仙台経済界を揺るがす大問題であったことを察しえよう。

8-3　吉田高等女学校初代校長に就任

　郷里における教育事業への協力も、木村匡の準公職的な活動として見落とすわけにはいかない。吉田高等女学校（現聖和学園高等学校の前身）の初代校長就任がそれである。1929年4月、宮城県仏教会の発足をみたが、その事業

---

46)　前掲『宮城県町村会七十年史』231頁。
47)　鈴木安昭『昭和初期の小売商問題―百貨店と中小商店の角逐―』（日本経済新聞社、1980年）298頁。
48)　『河北新報』1933年11月21日夕刊「哀れ中小商工業者　没落の姿」、35年1月3日・広告欄、参照。
49)　仙台商工会議所七十年史編纂委員会編、前掲『七十年史』165～166頁参照。

第8章　帰郷後、晩年における社会活動　221

計画の一環として、「一宗一派によらない仏教主義」[50]にもとづく高等女学校教育の実現が企図されていた。その趣旨に賛同して学校設立資金10万円を寄付したのが、吉田つぎであった。つぎは仙台で三大貸金業者の一人に数えられた資産家・吉田由右衛門の妻で、夫亡きあとの遺産を社会事業に役立てるべく寄付を申し出たのである。創立者は伊沢平左衛門、初代校長は木村匡であった。

　木村匡が校長就任を承諾したのは、開校予定期限が間近に迫った1930年1月のことである[51]。校長職引受けにいたる詳しい経緯は不明だが、「要請が結実するまでには、諸葛孔明における三顧の礼に等しきものがあったのであるが、関係者数度の会見に依って承諾を得た[52]」といわれる。木村個人としては、高等女学校教育の重要性を十分すぎるほど認識していたであろうし、校長就任に戸惑うところはなかったであろう。しかし、すでに北村村長、県町村長会長、その他公職を多数兼務する毎日であったから、強い要請にもかかわらず固辞し続けたのであろうが、「三顧の礼」には抗しがたく校長就任を承諾したものと推測される。

　学校の敷地選定に手間どり校舎の着工が大幅に遅れたため、ひとまず仙台市東三番丁の東本願寺別院を仮校舎にあて、1930年4月8日、第1回入学式が挙行され、授業が開始された（生徒数108名）。宮城野原木ノ下薬師堂の隣接地に建築工事中であった新校舎も11月に完成し、同月30日、宮城県知事、仙台市長、県会議長を迎えて盛大な落成式が執りおこなわれ、併せて「吉田つぎ女史銅像除幕式」が挙行された[53]。木村校長はその席上、式辞のなかで吉田つぎの篤志寄付にふれ、「此事は此学校のあらん限りは永く伝へられねば

---

50)　前掲『宮城県百科事典』559頁。
51)　『河北新報』1930年1月8日「吉田高女校長決定」参照。
52)　聖和学園三十五年誌編集委員会編『三十五年誌』(1965年) 27〜28頁。
53)　『河北新報』1929年12月11日「宮城野原に吉田女学校建築」、30年12月1日「吉

ならぬ⁵⁴⁾」と忘恩のなきよう戒めている。この校長挨拶の含意を理解するには若干の説明が必要である。

1918年8月、いわゆる米騒動が仙台で発生して大きな米問屋や貸金業者が襲撃の対象となり、貸金業・吉田由右衛門の家も焼き討ちにあったという⁵⁵⁾。妻つぎ（1853〈嘉永6〉～1931年）の篤志寄付はそうした歴史的重荷を背負ったうえでの行為だったのではないかと思われる。聖和学園創立60周年記念誌編集委員会編『創立六十周年のあゆみ』（1991年）によれば、木村校長は上記の式辞を述べるにあたり、その草稿に漢文によるつぎの頭注を付していたという⁵⁶⁾。「吉田刀自ノ晩年ノ篤志、嘉トスベキナリ。吉田夫妻ノ如キハ所謂、死シテ後ニコソ論定スベキモノノゴトシ。生前ノ毀誉褒貶ノ如キハ、モトヨリ問フベカラズ、又言ハズシテ可ナリ。」（16頁、原漢文）と。もとより木村匡は、この頭注箇所を読み上げなかったはずであり、「歴史的重荷」を背負った吉田つぎに対する木村校長の気遣いがここに偲ばれる。

木村匡は1931年2月、「全国町村会長（正しくは宮城県町村長会長…引用者）外、多くの公職に在られ、公私共御多忙の為⁵⁷⁾」、わずか10か月間の校長在任をもって辞任している。校長という教育機関の最高責任職は他の公職よりも

田高女落成式」参照。

54)　木村匡「吉田高等女学校落成祝辞の一節（昭和五年十一月三十一日吉田高等女学校に於て）」（「村長十年」刊行会編『木村匡先生講演集「村長十年」』1937年、114～116頁）。

55)　仙台の米騒動に関しては、井上清・渡部徹編『米騒動の研究』第4巻（有斐閣、1961年）243頁以下、濱田隼雄『物語宮城県民のたたかい』（ひかり書房、1976年）180～215頁、仙台の歴史編集委員会編『仙台の歴史』（宝文堂出版、1989年）407～416頁を参照。

56)　前掲の「吉田高等女学校落成祝辞の一節」がこのときの式辞草稿と推測される。ちなみに、漢文によるつぎの頭注がしたためられている。「吉田刀自、晩年篤志可嘉矣、如吉田氏夫妻、所謂蓋棺而論定者生前毀誉褒貶、不問之而可也、又不言而可也。」

57)　前掲『三十五年誌』29頁。

常勤性を求められるため、さすがの彼もながくは務め続けられなかったのであろう。また、創立期にこそ自分の使命がある、と悟っていたのかも知れない。吉田高等女学校の校名はその後、歴史の変遷を経て現在の聖和学園高等学校と改称されたが、吉田つぎの名はいうまでもなく、木村匡の名も種蒔き人の一人として同校の歴史に深く刻み込まれ、現在に生き続けている。

8-4　東北振興運動から国民精神総動員運動へ

8-4-1　宮城県町村長会長として東北振興運動の舵とり

　木村匡が北村村長を務めた時期（1927～1940年）の日本を鳥瞰すると、その前半期は金融恐慌、金解禁、昭和恐慌などの経済的危機に翻弄され、また後半期は二・二六事件、盧溝橋事件（⇒日中戦争）など政治的・軍事的危機が顕在化した時代であった。東北地方もまたこの間に1931年の大凶作、33年の三陸地震大津波、さらに34年の大冷害などあいつぐ自然災害に襲われ、その経済状態は農村不況といわれる疲弊のどん底にあった。長幸男氏の言葉を借りれば、「〈天災は忘れたころにやってくる〉というが、東北の農民にとっては〈天災は忘れる間もなくやってくる〉ものであった。」[59]

　こうした時代状況は、木村の公職活動にも大きな変化をもたらした。北村村長就任後の数年間は、前述したように道路改修、植林奨励、副業奨励など自治的な村興し策の遂行が木村村長の主たる活動であったが、1930年代に入ると活動の様相が大きく変わってきた。とくに34年の大冷害凶作で東北農村経済が未曾有の窮状に陥ると、飯米にも事欠く窮乏村民が急増したために、その救済が木村にとって取り組むべき喫緊の課題となった。そのために同年

---

58)　聖和学園には校史として前掲の『三十五年誌』、『創立六十周年のあゆみ』のほかに『聖和学園創立五十周年記念誌　1930～1980』（1980年）もある。

59)　長幸男「『政策の僻地』が生んだもの―東北凶作―」（『朝日ジャーナル』第7巻第17号、1965年）78頁。

11月、懸案中の村内用水溜池改修工事（総工費1,500円余）を即刻実施に移して村民への労銀収入をはかった。また35年6月には、宮城県からの借り入れ罹災救助資金と北村の基本財産金の計3,700円で政府米148石を買い上げ、これを同村各部落単位に貸付配分をおこない、さらに耕地4反歩以下の小農には三井・岩崎両家の義金により白米の無償交付をおこなうなど、村長木村匡は救済対策の案出とその実施に追われた。[60]

　ところで、この時期になると木村匡の公職活動は北村一村の領域を超えて宮城県町村長会長としての任務へ、さらに東北六県・北海道連合という広域の任務へと拡大していった。『河北新報』によれば、北村の村政に関する「実務は助役委せで一週一度定日に村に帰つて村政をみる[61]」ほどの多忙な毎日になったという。不況・冷害凶作問題は北村一村、宮城県一県だけでなく東北全域に及ぶものであっただけに、活動の足場を仙台におく必要があり、北村は留守がちになったものと思われる。仙台市での居住地は斎藤報恩会事務所のあった「大聖寺裏門通三[62]」（現在の本町2丁目）であったらしい。

　宮城県町村会編『宮城県町村会九十年史』（2012年）や当時の『河北新報』によってみると、1930年秋以降、木村匡の寧日なき多忙な様子が浮かび上がってくる。とくに東北、北海道が冷害に見舞われ、東北六県連合町村長会に北海道町村長会も加盟した31年以降、木村匡の活動範囲は肥大化していった。32年7月21〜22日に東京で開催された全国道府県町村会長会議の席上、

60）　『河北新報』1934年11月18日「北村の凶作救済事業」、35年1月16日「北村の恩賜品伝達式」、同年6月17日「北村の飯米欠乏農村救済」、同年11月9日「政府米交付陳情　北村の豪雨被害対策」、36年6月6日「北村民間負担村債一時立替」など参照。

61）　『河北新報』1935年5月15日「宮城県町村長列伝（22）町村自治改良にひたすら精進　桃生郡北村々長木村匡氏」。

62）　「銷夏法」（『宮城教育』第410号、1933年、70頁）参照。ここでいう仙台市大聖寺裏門通は、現在の青葉区荒巻字仁田谷地にある大聖寺辺りではなく、市中心部の本町2丁目のことである。

第 8 章　帰郷後、晩年における社会活動　225

宮城県町村長会長として出席した木村匡は、現下の東北・北海道の経済危機はもはや単なる当該地域だけの問題ではなく全国的な問題であるから、全国的な世論として政府にその救済実行方を迫る必要があると力説し、この全国会議を動かしたのであった。[63]

　しかし、その後も東北地方は、1933年3月に三陸地震大津波が発生し、34年秋には未曾有の冷害大凶作に追い打ちをかけられた。散々なまでのどん底状況に娘の身売りや欠食児童などの社会問題が深刻化した。34年2月、宮城県下の全町村長と県会議員とが一堂に会して匡救事業増額運動の気勢を上げ、これをうけて県町村長会では木村匡・山田甚助（名取郡六郷村村長）の正副会長が上京して政府・各政党に陳情をおこない、また同年9月には仙南4郡40か町村の町村長全員が上京して飯米確保のための政府米払下げを訴えた。だ[64]が、いっこうに埒があかないまま時間だけが経っていった。こうしたなかで刈田郡の町村長会では、「宮城県町村長会の無能を糾弾、木村会長の辞職勧告をする動議まで出される始末だった[65]」という。木村匡にとって辛い日々であったと想像される。

　「東北を救え、東北救済」の声が日増しに高まっていった。1934年も年の瀬が押し詰まった12月、政府は「凶作地ニ対スル政府所有米穀ノ臨時交付ニ関スル法律」を公布・施行するとともに、政府諮問機関として東北振興調査会を発足させ、さらに35年5月、内閣に東北振興事務局を設置（36年10月、東北局に改組）して東北問題への取り組みを本格化させた。翌36年、同調査会の答申にもとづいて政府が打ち出した東北振興政策は、①東北興業㈱お

---

63)　前掲『宮城県町村会九十年史』179～180頁、『河北新報』1932年7月19日「農村救済の町村長会議　木村会長全国会議に出席挙つて政府に迫る」、同月27日「県町村長会結束邁進申合せ」参照。

64)　上掲『宮城県町村会九十年史』188～190頁、『河北新報』1934年2月8日「町村長会臨時大会　木村、山田正副会長上京」、同月9日「先発隊と代議士　運動方法協議」参照。

65)　上掲『宮城県町村会九十年史』191頁。

よび東北振興電力㈱の2国策会社の設立、②東北振興第一期総合計画の遂行、の2点を中核とするものであった。東北振興政策の詳細については先行研究を参照していただくとして、ここで確認しておきたいことは、「東北を救え、東北の救済」という東北地域の声がこの調査会答申を契機に国策としての「東北の振興」へと切り替わり、その後、国家総動員政策の方向へとたぐり寄せられ、飲み込まれていったことである。「振興、振興」と声高には叫ばれるが、二・二六事件（36年2月）以降顕現化した軍事関連予算の膨張に圧迫されて、東北振興関係予算は逆比例的に削減されていった。

　この容易ならざる事態に木村匡など東北地域の声を代表する面々が気づいたのは、1937年度東北振興関係予算の大幅削減が表面化した36年も終わりの頃であった。東北振興調査会の答申にもられた第1期5か年計画（37〜41年度）予算額約3億円はその後、内閣東北局によって約2億円に削減され、これにともない初年度の37年度予算額は約3,700万円へ、さらにまた約2,300万円へと縮減されたのである。こうした状況に危機感を募らせた東北六県町村長会は、東北振興の徹底的実現をめざすべく東北振興町村長連盟を結成し、37年1月22日、同連盟大会を東京赤坂溜池の三会堂で開催したのであった。

---

66)　岡田知弘「東北振興事業の構想と展開—戦時期の後進地域開発政策—」（『歴史学研究』第537号、1985年）、一戸富士雄「昭和前期における東北振興政策の諸問題」（『私学研修』第107・108合併号、1987年）、同「国家と地域—戦前期の東北振興政策をめぐって—」（『地方史研究』第39巻第4号、1989年）、高橋芳紀「戦前期東北開発政策をめぐる諸問題—辺境地域政策成立過程の一考察—」（東北学院大学大学院経済学研究科『経済研究年誌』第17号、1996年）、白鳥圭志「戦前東北振興政策の形成と変容—1934〜37年を中心に—」（『歴史学研究』第740号、2000年）などの研究がある。

67)　三会堂の「三会」は、1883年に大日本農会、大日本山林会、大日本水産会の三会が京橋区木挽町に合同事務所をもったことに由来するという。その後91年に赤坂区溜池町（現港区赤坂）に移転し、現在の三会堂ビルへと引き継がれている。（財）農林水産奨励会ホームページによる。

68)　富田広重編『東北振興町村長連盟大会経過並状況報告書』（同連盟、1937年）参照。

第 8 章　帰郷後、晩年における社会活動　227

参会者は同連盟員89名（青森県13名、岩手県10名、秋田県14名、山形県14名、福島県21名、宮城県17名）のほか東北出身の衆議院議員17名、貴族院議員 2 名、宮城県会議員 1 名の多数に及び、このとき木村匡は、「過般来病気引籠中だつたが、このほど全快、連盟大会に出席[69]」して座長を務めたのであった。大会での「宣言」と「理由」のポイント部分を以下に引用してみよう。[70]

　「宣言」はいう。「東北振興調査会ノ答申ニ拠ル東北振興計画ハ、明カニ国策的見地ヨリ樹立セラレ、昭和十二年度ヨリ、之レガ第一期綜合計画ノ実施セラルベキコトハ、曩ニ政府ノ天下ニ声明セル所ニシテ、（中略）然ルニ政府ハ、今次ノ予算査定ニ当リ、東北振興予算ニ対シ、桁外レノ大削減ヲ加ヘ、終ニ東北振興計画ハ、纔カニ、名目ノミ存シテ実質ノ之レニ伴ハザル結果ヲ招来スルノ懸念アルヤニ伝ヘラレ、東北七百万民衆ハ期待ノ大ナリシダケ失望ノ度モ亦タ甚ダシク、唯ダ呆然自失ノ状態ニアリ。（中略）七百万民心、為メニ萎微シ、信ヲ政治ニ失ヒ、今後ノ国運進展ニ及ボス影響、寔ニ寒心ニ禁ヘザルモノアリ。」（ルビ…引用者）。

　また「理由」にいう。「東北振興調査会ノ答申案ハ妥当緊要ナルモ、内外時局ノ推移変転ニ因リ、局限セラレタル東北地方ノミノ振興ヲ企図シ難シト、今更ノ如ク弁疏スルトセバ、吾曹ハ『東北ハ東北人ノミノ東北ニアラズ、実ニ皇国日本ノ国土東北ナリ』テフ根本認識ダモ有セザル妄言トシテ、之レヲ徹底的ニ排斥スル者ナリ。吾曹ノ要望スル所ハ、断ジテ、単ニ、天恵薄キ僻陬東北ノ民衆ヲ救済セヨト、泣イテ愬ヒ、跪キテ歎願スルニ非ズ。（中略）東北七百万民衆ノ生活ヲシテ、他地方同様ノ水準ニマデ達セシメヨト要求スル者ナリ。」（ルビ…引用者）。

　東北の振興は今後の日本にとって国策的課題であると明言しておきながら、

---

69)　『河北新報』1937年 1 月16日「東北振興町村長連盟大会　来る廿二日東京に開催」。

70)　前掲『東北振興町村長連盟大会経過並状況報告書』22〜26頁参照。

228

舌の根も渇かぬうちに前言をひるがえすがごとき態度の政府に対して、まさに怒り心頭に発している様子がみえるようである。だが、この憤怒の声が政府を動かすことはなかった。東北振興町村長連盟大会開催の前日（1937年1月21日）に起きたいわゆる腹切り問答[71]で中央政局が急変し[72]、間もなく時の政権・広田弘毅内閣は総辞職に追い込まれ、つぎの林銑十郎内閣もわずか4か月で崩壊するなど、当時の中央政府は同連盟大会の要望を真っ正面で受けとめられる状況にはなかった。同年6月、衆目の期待を担って登場した近衛文麿内閣（第1次）もまた、翌7月の盧溝橋事件に端を発する日中戦争への対応に追われるだけであった。

8-4-2　桃生郡連合青年団長として国民精神総動員運動へ

木村匡の周辺でも、この頃から「振興、振興」の声は「国防、国防」「銃後、銃後」の声へと変わり[73]、「国民精神総動員運動」のうねりへ糾合されていく。こうした状況下の木村匡についてとくに注目したいのは、彼が1937年8月、桃生郡連合青年団長に就任したことである。

---

71)　かつて衆議院議長を務めた政友会所属の代議士・浜田国松（1868～1939年）が1937年1月21日、第70回帝国議会衆議院本会議で軍部の政治介入を批判的に質したのに対して、寺内寿一陸相（1879～1946年）がこれを軍人への侮辱的発言であるとやり返し、これをうけて浜田議員が「速記録ヲ調ベテ僕ガ軍隊ヲ侮辱シタ言葉ガアッタラ割腹シテ君ニ謝スル　ナカッタラ君割腹セヨ」（『第七十回帝国議会衆議院議事速記録第三号』官報号外、1937年1月22日、45頁）と詰め寄ったことから、両者のやりとりは「腹切り問答」と呼ばれた。関連文献として、佐野均『第七十回帝国議会解散の真相』（崇皇社、1937年）1～4頁、林信吾「広田弘毅首相退陣　国会〈腹切り問答〉」（『歴史読本』第54巻第11号、2009年）204～207頁参照。

72)　政局急変の翌日に開催された東北振興町村長連盟大会に東北6県から参集した人たちの様子を、1937年1月23日付『河北新報』は「暗澹たる政局下に振興貫徹の雄叫」、「振興予算問題此上悪化はなからん」との記事見出しで報じている。

73)　『河北新報』1937年9月14日「桃生郡町村長会の銃後運動　曾つてない緊張」、同月22日「宮城県下市町村銃後会着々結成」など参照。

第 8 章　帰郷後、晩年における社会活動　229

　青年団は、明治中期に農事改良、学習、娯楽等を目的として生まれた青年
会（名称はさまざま）に起源をもち、日露戦争後、内務省や文部省の主導のも
とに全国的に普及した青年組織である。その全国中央組織として1917年に青
年団中央部が設立されて以降、25年に大日本連合青年団、39年に大日本青年
団、41年に大日本青少年団へとその官製的・国家主義的な性格が強化され、
市町村長が団長を、小学校教員などが指導的役割を担ったといわれる[74]。木村
匡が桃生郡連合青年団長に就任したのは、盧溝橋事件勃発から１か月後、つ
まり日中間の砲火拡大がもはや抜き差しならなくなった、そうした時代状況
下でのことであった。32年から団長を務めてきた矢本平之助[75]のあとを引き継
いでの就任である。

　桃生郡連合青年団長の後任問題が『河北新報』にはじめて報じられたのは
1937年７月のことで、その報道内容の要点は、「桃生郡連合青年団長矢本平
之助翁の後任選挙問題は最初から極めてデリケートな空気に包まれてゐたが
（中略）郡下各町村団長会議においても纏まりを見ず結局（中略）同郡振興連
盟に持出し全郡代表の衆智をあつめて対策を練つた結果、北村々長木村匡翁
を推薦することに決定」[76]した、とされる。「極めてデリケートな空気」とは、

---

74)　青年団に関しては、熊谷辰治郎『大日本青年団史』（日本青年館、1942年、不二
　　出版復刻版、1989年）、永杉喜輔「明治以降における地域青年団の成立過程」（『群
　　馬大学紀要人文科学篇』第6巻、1957年）、同「大日本連合青年団の成立とその変
　　貌」（『群馬大学教育学部紀要（人文・社会科学編）』第22巻、1973年）、内海貞太
　　郎編著『宮城県青年団史』（宮城県青年団研究所、1987年）などを参照。
75)　矢本平之助は1865（元治2）年、桃生郡深谷大窪村（現東松島市大塩）の豪
　　農・名家に生まれ、大塩村村長、宮城県会議員、同県会議長、同県町村長会長、
　　衆議院議員（当選1回、立憲政友会）を歴任。とくに治水問題に尽力したことか
　　ら「治水王（翁）」と異名され、また「矢も平」の愛称で親しまれた。1938年9月
　　11日、仙台で催されたヒトラー・ユーゲント（ナチス・ドイツの青少年団）歓迎
　　会に出席し、その帰途に倒れ、急性肺炎と脳卒中の合併症で15日死去。伝記に阿
　　部昭吾『郷土の偉人矢本平之助翁伝』（同翁顕彰会、1988年）がある。
76)　『河北新報』1937年7月13日「桃生郡青年団長　木村匡翁を推薦」。

いったい何を謂わんとしたのであろうか。新聞記事の文面からだけではみえてこないが、推測するにおそらく、現団長の矢本平之助が推す後任候補者が郡下の町村青年団長会議で容れられず、相互に気まずい雰囲気が続いてきたが、結局、郡下各種団体の協力振興機関である郡振興連盟[77]に下駄を預けることとなり、慎重な根回しの結果、木村匡を郡連合青年団長に推戴することになった、という意味に理解してよかろう。現職の矢本団長が自分より5歳も年長で多忙を極める木村を後任に推したとは考えにくく、候補者を絞りきれないまま、「困ったときの〈匡〉頼み」で決着がつけられたものと想像される。

　このとき木村匡はすでに満77歳の高齢に達し、かつ北村村長、県町村長会長その他多数の公職・会社役員を兼務していたから、世間常識からいえば郡連合青年団長を引き受けられる状況にはなかった。さすがの彼も躊躇したようである。団長就任の要請に対して1週間の考慮期間を請い、この間に前任者の矢本平之助、県当局および郡町村長会議との協議を重ねるなど用意周到な手続き・根回しを経たうえで要請を受諾している[78]。ただし、この場合、木村匡が渋々引き受けたと考えるべきではない。というのは、彼はもともと青年団に対して、ある特殊な期待感を抱いていたからである。たとえば、第1次世界大戦終結後の1919年5月、木村匡が内地でおこなった講演に彼の青年団観がよく示されているので、その一部分を引用してみたい。時代を遡ることすでに18年も前の台湾商工銀行頭取在任中の講演である[79]。

---

77)　桃生郡振興連盟は、郡振興運動における郡下諸団体の結集力を高めるべく、1937年5月に郡農会、町村長会、青年学校長会などが中核となって結成された、郡内1町18か村を包含する協力振興機関である。これについては、『河北新報』1937年5月9日「いよいよ生れた桃生郡振興会」（踊り字は横書用に修正…引用者）、同年7月17日「先づ町村是を制定　全智嚢を傾ける桃生郡振興連盟」、同年8月4日「農村工場建設に懸命の努力する桃生郡」参照。

78)　『河北新報』1937年7月24日「桃生青年団長に七十八歳の木村翁」、同年8月10日「木村翁団長受諾」、同月21日「桃生郡青年団臨時大会」参照。

第8章　帰郷後、晩年における社会活動　231

　「次に青年会について一言しよう。私は職業の余暇に青年の学問や剛健質実な気風を奨励したいと思つて目下青年団の組織を企てゝ居る。今や戦後の結局をつけるために巴里で平和会議が開かれて色々の事が議定されて居る。米大統領ウイルソン氏の提唱にかゝる国際連盟案の第一ケ条には国家の軍備制限について示されて居るが然かしかういふことが実際に行はれることがあるか、どうか甚だ疑問である。（中略）前米大統領ルーズベルト氏も言つて居るが軍備は制限されても<u>国民皆兵の制度になつて形のない軍隊が生れる</u>であらうと。<u>形のない軍隊とは青年団である。</u>（中略）そこで青年団等に軍事教育の初歩を施すのは国民としての素質を健全にし、自己の職業に応用して行くのに甚だ価値のあるものと思ふ。かういふ見地から青年団の改良進歩を図るは重大なことで私が台湾で青年団を組織しようとして居るのも如上の考からである。」（下線…引用者）。

　ここでいう前米大統領ルーズベルトとは、第26代大統領のセオドア・ルーズヴェルト（Roosevelt, Theodore、1858～1919年、大統領在任期間1901～09年）のことである。ルーズヴェルト大統領とウィルソン大統領（第28代）との間に第27代のタフト大統領がいるから、ルーズヴェルトは正確には「前」米大統領ではなく「元」米大統領というべきある。それはともかくとして、われわれが注目すべきことは、木村匡がルーズヴェルトの発言を援用しつつ、列強はいずれ「国民皆兵」＝「形のない軍隊」の方向へ向かうであろうと読みとり、それに対処するには銃後組織としての青年団の育成・強化が緊要であると強調していることである。早くも第1次世界大戦の終結段階で彼は、再び世界規模の戦争が起こるとすれば、それは単なる軍隊戦ではなく国民全体が

---

79)　木村匡「所感」（『宮城教育』第262号、1919年）22～25頁。台湾商工銀行増資に関する定款改正手続きのため、木村頭取は1919年4月中旬から5月下旬にかけて内地に出張し、その途次仙台で開催されていた宮城県青年団総会に臨席し講演をおこなっている（『台湾日日新報』1919年5月17日・木村匡「東京より」参照）。おそらく、この「所感」はそのときの講演原稿だったのではないかと推測される。

戦闘員化する「総力戦」になるであろうから、その日のための準備を怠ってはならない、と認識していたことになる。

国防的観点から青年団をみる、そうした見方の善し悪しはここでは問わないとして、先を読む彼の洞察力の鋭さに驚かされる。文官総督田健治郎の同化政策で地方行政制度が整備されたことにともない、台湾では1920年に青年団体が増加したといわれるが[80]、上述した木村匡の青年団認識も、こうした台湾の社会的動向の反映であったとみてよいのではなかろうか[81]。21年1月、木村匡（このときの肩書きは西門公会会長）の提唱によって台北州で最初の青年団体「西門青年会」が誕生したとされるが[82]、残念ながらそれ以上の彼と台湾青年団との関係を知る資料に出会うことはできなかった。

1938年4月、国家総動員法が公布された（5月施行）。日本の人的・物的資源の一切を戦争遂行のために動員することを目的とした法律である。前述した台湾在住中の木村匡が20年近くも前に予想した総力戦状況が、日本国民一切を統制しうる法律を身にまとって出現したのである。そうした状況下にあって桃生郡連合青年団長の木村匡は、どのような行動をとっていたのであろうか。『河北新報』に載ったつぎの二つの記事から想像してみよう。

---

80) 多仁照広「日本統治下台湾の青年団」（『敦賀論叢』第8号、1993年）42～43頁参照。植民地期台湾の青年団については、宮崎聖子氏による一連の研究の集大成『植民地期台湾における青年団と地域の変容』（御茶の水書房、2008年）のほか、宋秀環「日本統治下の青年団政策と台湾原住民―アミ族を中心として―」（中生勝美編『植民地人類学の展望』風響社、2000年）、鄭任智「台湾の日本統治時代における社会郷土教育―台湾青年団体の発展を中心に―」（『早稲田大学大学院教育学研究科紀要・別冊』第15号-1、2007年）、陳文松「1920年代の台湾官製青年団の導入と草屯炎峰青年会」（松田利彦編『植民地帝国日本における支配と地域社会』国際日本文化研究センター、2013年）などがある。

81) 木村匡が台湾在住中の同じ時期に「少年団」について論じたものに、「実業少年義勇団の設立を要す」（『実業之台湾』第12巻第7号、1920年）がある。

82) 鄭任智、前掲「台湾の日本統治時代における社会郷土教育―台湾青年団体の発展を中心に―」96頁参照。典拠資料は台湾総督府文教局社会課編『優良男女青年団実績概況』（1937年）である。

第 8 章　帰郷後、晩年における社会活動　233

◎1938年2月9日付「桃生連合青年総動員運動」より……「桃生郡連合青年団では国民精神総動員運動を開始し銃後青年団経営に刺戟をもたせることになり木村団長は郡内一町十八ケ村の団員五千名を五ケ所位に集合し非常時に鑑み閲団、行進をなし引続き時局講演を催して精神的緊張を促すべく目下準備工作を進めてゐる」。

◎1938年6月30日付「桃生青年団　組織を五部制に更改」より……「桃生郡連合青年団では時局に鑑み青年団経営を根本的に改革すべく従来の事業を産業、武道、体育、修養、総務の五部制に更改、夫々部長を配し、一貫徹底せる指導を行ふことになつた」。

　筆者に上記の新聞記事を具体的に解説する能力はないが、瘦軀の木村匡団長が高齢の身を奮って桃生郡下の青年男子の先頭に立ち、国民精神高陽の陣頭指揮をとっている姿が目に浮かんでくる。「氏は老齢ながら常に青年の如き情熱を持ち、満洲事変今次事変（日中戦争のこと…引用者）にも常に銃後の第一線に立ち駅頭に歓送迎する翁の姿がいつも目立つてゐた[83]」という。高齢の身ならば、通常は、こうした精神的・肉体的両面の労苦から逃れようとするし、世間もそれを咎めだてはしないものである。だが、木村匡という男には、その見て見ぬふりができなかったのであろう。そこが彼の「性」、とでもいう以外に表現のしようがない。1938年8月、ナチス・ドイツの青少年団であるヒトラー・ユーゲント（Hitler Jugend）日本派遣団が来日し、9月11日に宮城県青年団との交歓会が仙台で盛大に執りおこなわれた[84]。おそらく木村団長もその場にいたと思われる。そのとき彼が何を感じ何を考えたか、そこが知りたいところであるが、筆者は現在それを知るすべをもたない。

83）　『河北新報』1940年2月8日「木村町村長会長」。なお、同記事は帰郷後における木村匡の経歴にふれ、仙台片平町小学校長および県会議員に就任したと記しているが、その事実を確認することはできなかった。念のため一言しておく。

84）　内海貞太郎編著、前掲『宮城県青年団史』121〜122頁参照。

第9章　驚異の著述・論述活動

　本書巻末に付した「木村匡　著述・論述目録」を参照されたい。単行本、雑誌・新聞掲載の論説、さらに諸会合での挨拶や談話にいたるまで、活字化されているもので知りうるかぎりを網羅的に掲げたものである（ただし、書簡類は除く）。雑誌・新聞などでの連載ものを、一本にまとめず、それぞれの発行日順にしたがって掲げたので、分量がやや多めになったきらいがある。それにつけても、銀行家にしてこれほど著述・論述類の多い例を寡聞にして知らない。いかに論が立ち、文才に長けていたかを物語っている。木村匡の人物像を特徴づける一面といってよい。この膨大な著述・論述群を分類整序し詳しく分析することは、筆者の能力ではとうていかなわないが、以下、木村匡の生涯を鳥瞰する視角から、彼ならではの注目すべき論点を探ってみたい。

9-1　自由民権運動期の論説

　青年期における木村匡の生活は、前述したように（第1章1-1参照）、三菱商業学校卒業から文部省入省までの約6年間（1879年5月～1885年6月）にあって、仙台生活と東京生活を繰り返しながら赤貧に耐え糊口を凌ぐ毎日であったらしい。そうした生活のなかで役立ったのが、木村匡の評論力に富んだ文才であった。彼は後年、「副業として新聞記者たることあり」と語っている。新聞記者といっても木村の場合は、一般的な意味での取材記者ではな

1）　木村匡「佐藤郁二郎君の静平なる生活」（『宮城縣人』第8巻第10号、1932年）14頁。

く、論説を寄稿する「社友」の類に近い。『仙台日日新聞』、『陸羽日日新聞』、『奥羽日日新聞』、『福島毎日新聞』、『宮城日報』など東北の地元新聞のほか『東京輿論新誌』（嚶鳴社、1880年創刊、83年『嚶鳴雑誌』と合併）や『山梨日日新聞』にまで精力的に評論記事を寄稿している。文部省に入るまでの木村匡の生活を支えてくれたのは、実にこの寄稿活動による原稿料収入であり、「副業」以上のものであったと思われる。まさに「芸は身を助く」とでもいうべきか。

　1880年は国会期成同盟の結成を背景に国会開設請願運動が激しさを増した年であり、木村匡の論説もその時代潮流への期待感と失望感とが入り交じりながら、新しい時代に立ち向かう若き高揚感に溢れている。その一端を新聞論説から抜き書きしてみよう。

◎『福島毎日新聞』1880年1月17日付「送旧迎新」より……「維新以降明治ノ新政府ニ変ゼシニモ拘ラズ人民ハ尚ホ圧抑ニ甘ンジ権理ヲ伸張スルヲ思ハズ　自由ヲ発達スルヲ知ラズ　頑然トシテ干渉主義ノ政治ニ春恋スル者ナキニシモ非ザリシナリ」

◎『福島毎日新聞』1880年3月9日付「東奥ノ国会論者ニ告グ」より……「人民アリテ政府アリ　決シテ政府アルガ為メニ人民アルニ非ザルナリ　則チ人民ハ主ニシテ政府ハ客ナリ　故ニ政府ハ人民ト與ニ動ク可キ者ナリ人民ハ政府ノ為メニ動ク可キ者ニ非ザルナリ（中略）必ラズヤ人民アリテ政府アリ　政府アリテ人民アルニ非ザルノ元理ヲ天下ニ知ラシメヨ」（ルビ…引用者）

◎『宮城日報』1880年6月15日付「県会議員諸君ニ告グ」より……「諸君（宮城県会議員の意…引用者）ハ議長ノ代議人ニ非ルナリ　人民ノ代議人ナリコレ（議案の意…引用者）ヲ議スルハ議長ノ為メニ非ルナリ　人民ノ為メナリ議長モコレ人民ノ代議人ナリ　諸君モ比シク人民ノ代議人ナリ」（ルビ…引用者）

　136年後の今に生きる筆者ら現代人には、いささか照れくさいまでの、否、

羨ましいまでの若さと正義感に満ちている。新しく生まれ変わった日本国の主役はあくまでも「人民」なのであって、このことが真に理解されないかぎり、日本は生まれ変わったことにはならない、だが、それではいけない、生まれ変わらなければならない、との熱い気持ちが伝わってくる。あたかも米国第16代大統領リンカーン（Lincoln, Abraham）の「人民の人民による人民のための政治」（南北戦争中の1863年11月、ペンシルヴァニア州ゲティスバーグ〈Gettysburg〉でおこなった演説中の言葉）の日本版を連想させるようである。

つぎに注目したいのが、1880年2月から3月にかけて『仙台日日新聞』に連載された「地方官会議傍聴筆記」である。これは木村匡が、同年2月に開催された第3回地方官会議の審議状況をルポルタージュしたものである。地方官会議については若干の説明が必要であろう。

明治新政府の基本方針とされた「五箇条誓文」（1868年3月）のなかで「広ク会議ヲ興シ万機公論ニ決スヘシ」と謳われながらも、「公論」のよってたつ「会議」の近代化は遅々として進まず、そのうえ73年の征韓論、74年の台湾出兵を契機として閣内の藩閥間対立が顕在化し、西郷隆盛、板垣退助、木戸孝允などの有力参議が野に下ったために維新政府は崩壊の危機に陥った。こうした状況を打開すべく75年1～2月、大久保利通と木戸、板垣との三者会談が秘密裏にもたれ（いわゆる大阪会議）、立憲政体の漸次的実現、つまりいずれ近いうちに憲法を制定し、それにもとづく三権分立制の近代的政治システムを実現することが合議された。いわば近き将来における憲法制定と国会（立法府）開設が政府中枢で合意され、これによって一時的とはいえ維新政府の分裂は回避されたのである。そして、その初期段階の対応策として同年4月に発せられた「立憲政体樹立の詔」にもとづいて元老院（立法府）、大審院（司法府）および地方官会議の3機関が創設され、形式的にではあれ、太政官制における三権未分離の状態から立法・司法二権の独立がはかられたのであった。

地方官会議は、元老院を上院と見立て、それに対する下院の意味を込めて

設置されたらしいが、その権能は地方制度整備のための審議にかぎられ、立法機能は認められていなかった。[2] そのために1875年6月、78年6月、80年2月のわずか3回開催されただけで、地方警察・地方民会・府県会規則・地方税規則・郡区町村編制法・区町村会法など基本的な地方制度の審議が終わると廃止されてしまった。それはともあれ、木村匡が傍聴したのは最後の第3回地方官会議である。こうした歴史時代的な地方官会議を目の当たりに傍聴したことは、彼にとって貴重な体験であり、近代日本国家の成り立ちに対する彼の目を大きく開かせてくれたものと思われる。その点から推測するに、『仙台日日新聞』に連載された「地方官会議傍聴筆記」は、20歳に達したばかりの青年・木村匡が渾身の力を込めて取り組んだ大仕事であったといってよい。この傍聴筆記を利用した日本近代政治史の研究を筆者はいまだ知らないが、いつかその日のくるのを期待したい。

　ところで、1881年7月、自由民権運動がいっこうに沈静化しないなか、さらにこれを刺戟する問題が発生した。開拓使官有物払下げ事件[3]がそれである。これを契機に憲法制定・国会開設の時期・内容をめぐって政府内部の亀裂が決定的となった。英米モデルと早期実施を主張する参議大隈重信の勢力と、プロシア・モデルと漸進論を主張する参議伊藤博文・山県有朋・西郷従道・井上馨ら薩長閥勢力との対立である。結局は同年10月、伊藤らが大隈とその勢力を政府要職から追放し（明治十四年政変）、かつ10年後（90年）の国会開

2）　地方官会議については、渡辺隆喜「地方官会議と地方民会」（『駿台史学』第90号、1994年）、飯淵靖久「明治初期の議事機関設立の試み―太政官召集の地方官会議の場合―」（『レファレンス』第47巻第8号、1997年）、松岡僖一「地方官会議と新聞」（『高知大学教育学部研究報告』第2部第56号、1998年）などを参照。

3）　開拓使官有物払下げ事件は、1881年、開拓使（北海道開発のための行政機関）の廃止にともない、その所有物（倉庫、官舎、地所、工場、牧場、鉱山など）が薩摩藩出身の実業家・五代友厚に払い下げられる案件をめぐって、開拓長官の黒田清隆（薩摩藩出身で太政官参議）との癒着関係が取りざたされ、世論の激しい攻撃を受けた事件である。結局、この払下げは中止されたが、これによって政府の内部対立が決定的となり、「明治十四年政変」へとつながった。

第 9 章　驚異の著述・論述活動　239

設を約束する勅諭を発して決着がつけられる。

　さて、この政変以後も政治的動揺（福島事件、群馬事件、加波山事件、秩父事件などの諸激化事件）は続くが、勅諭で国会開設の時期が確定されたこともあって、民権派の運動も方向を大きく転換することになる。こうした時代状況を背景に、1880年代半ばになると木村匡の論説にも変化があらわれる。政治問題に直接かかわる論説は減少し、教育関係と経済関係の論説が多くなった。とくに目立つのは商業学校の設立・普及を喫緊の課題として訴えるものが増えたことである。たとえば、「商業学校設立セザル可ラズ」（『奥羽日日新聞』1883年 4 月20〜21日）、「商業学校論（第一〜第六）」（同紙、1884年 1 月 4 日、8 日、10日、12日、14〜16日）、「文部卿ハ商業学校通則ヲ頒布セラル」（同紙、同年 2 月 2 日、 4 日）、「商業学校ノ必用」（『東京興論新誌』第183〜185号、同年12月）、「商業学校論　商業学校ノ要用」（『仙台義会雑誌』第16号、1886年 2 月）などである。

　上掲の論説「商業学校設立セザル可ラズ」で木村匡は、「商業ハ人間社会ヲ組織スルノ一大機関ニシテ之アリテ人間ノ生活ヲ愉快ナラシメ之ナクシテ世運ノ進動ヲ塞壅スルモノアリ（中略）本邦今日ノ商業ハ如何ナルベキヤ苟クモ公平ノ眼アル者ハ皆衰頽萎靡ノ傾向アリト云ハンノミ（中略）商業教育ヲ拡充スルニ非ズンバ之ヲ挽回スル能ハザルナリ（中略）必ラズヤ之ヲ学術ニ求メザル可カラズ」と述べ、これを実現するためには商業学校の設立・普及を措いてほかにないと主張する。小学校教員の経験があり、かつ三菱商業学校を卒業した木村匡には、教育と経済を結びつける思考回路が発達していたのかも知れない。ただ、彼が執拗なまでに商業学校の重要性を強調するのには、それなりの理論的洞察があったに違いない。その点でとくに注目したいのは、フランスの経済学者で「経済表」を創案した重農主義学説の祖ケネー（Quesnay, Francois、1694〜1774年）、スイスの著名な教育家ペスタロッチ（Pestalozzi, Johann Heinrich、1746〜1827年）、イギリスの政治家・銀行家で外国為替理論の大家ゴッシェン（Goschen, George Joachim、1831〜1907年）など

の言辞を援用しながら自説を展開していることである。さらにまたイギリス
の経済誌『エコノミスト』にも目を通すなど、海外の経済情報の吸収に意を
致していたようである。

　そうした好個の事例として、「将来世界ノ幣制ハ一ニ帰スベシ」（『奥羽日日
新聞』1884年8月25日）という興味深い論説がある。いわゆる通貨統合論であ
る。1865年12月にフランス、イタリア、ベルギー、スイスの4カ国間で結ば
れた「ラテン通貨同盟」[4]に言及しつつ、「今日ヨリ数十年数百年ヲ経バ通貨
ハ世界ニ通ジテ一種タルニ至ルヤ疑ヲ容レザル所ナリト　而シテ此事タルヤ
唯架空ノ言ニ非ズシテ其傾向ヲ著ハシツヽアルヲ知ルナリ」と述べ、さらに
続けて「為換ナルモノハ幣制ニ差異アルニ由リテ生ズル所ノ無用ノ手数ナル
ヲ知ルベシ（中略）将来世界ノ幣制ノ一ニ帰スルコト今日日本ヲ挙ゲテ一幣
制ノ下ニアルト比シキニ至レバ其便其利果シテ如何ンゾヤ　吾輩ノ子孫ハ
此慶ニ頼ルコトヲ得ベシ　吾輩ハ唯其時期ノ来ルノ遠キヲ浩歎スルノミ」
（ルビ…引用者）とユーモラスに結んでいる。明治10年代にあって、外国為替
取引の煩雑さを国際貿易発展の障害物としてとらえ、世界はこれを取り除く
べくいずれは「通貨統合」へ収斂するであろうと予想する日本人がいたこと
は、驚嘆の一語に尽きる。木村匡、実に24歳のときの発言である。

　それはそれとして、この論説でもイギリスの経済学者の言辞が援用されて
いることに留意したい。マクラウド（Macleod, Henry Dunning, 1821～1902
年）がその人である。マクラウドは今でこそ、「グレシャムの法則」（悪貨は

4）　ラテン通貨同盟については、山崎覚次郎監修・橋爪明男編輯『金融大辞典』第
　　1巻（日本評論社、1934年）302頁、石山幸彦「複本位制の危機とラテン通貨同盟
　　の結成―19世紀中葉のヨーロッパ大陸諸国における通貨問題―」（『土地制度史
　　学』第30巻第4号、1988年）、松岡和人「ラテン通貨同盟の締結とアングロ－アメ
　　リカ通貨同盟案」（『愛知教育大学研究報告』人文・社会科学編、第51輯、2002年）、
　　倉都康行「通貨統合の成否を分けたのは共通通貨をめざした〈ラテン通貨同盟〉
　　ギリシャ離脱は過去にも起きた」（『エコノミスト』2012年8月21日号）などを参
　　照。

第9章　驚異の著述・論述活動　241

良貨を駆逐する）の命名者、「信用創造」の理論的創始者、経済学をpolitical
economyからeconomicsへ転換させた学者として知られるが、当時のイギリ
スでは「在野の経済学者」「異端の経済学者」といわれるような存在であり、[5]
いわゆる正統派に属する経済学者ではなかったらしい。木村匡の論説にマク
ラウドの名が出てくるということは、彼がそうした「異端者」の著述にまで
目を通していたことを物語っている。原著（英語）で読んだか、それとも翻
訳書で読んだかは不明であるが—おそらく翻訳書によったと想われるが—、
いずれにせよ彼の貪欲なまでの知識欲には頭が下がるのみである。マクラウ
ドの著書が日本で翻訳された嚆矢は、筆者の調べたかぎりでは、1882年に田
尻稲次郎が専修学校（1880年設立、専修大学の前身）の教科書として訳出した[6]
『銀行史』（原著："The theory and practice of Banking", 1855年）であり、おそら
く木村匡はこれを読んだのであろう。

5）　古川顕「H.D.マクラウドの信用理論」（関西学院大学『産研論集』第40号、2013
　　　年）参照。

6）　田尻稲次郎は1850（嘉永3）年、薩摩藩士田尻次兵衛の三男に生まれ、慶應義
　　　塾、大学南校（東京大学〈1877年創立〉の前身）などを経て70年に官費留学生と
　　　して渡米、エール大学で財政学を学ぶ。79年に帰国して大蔵省に入り、のち国債
　　　局長、銀行局長、主税局長、大蔵次官へと累進し、さらに貴族院議員（勅選）、会
　　　計検査院長、東京市長などの要職を務めた。なお、この間に法律・経済を教える
　　　夜間2年制の専修学校（専修大学の前身）の創設に参画し、財政経済に関する多
　　　数の著書を著すなど（代表作は『財政と金融』同文舘、1901年、とされる）、明治
　　　期に田尻が果たした財政経済の啓蒙活動には注目すべきものがある。1924年没。
　　　伝記として田尻先生伝記及遺稿編纂会編『北雷田尻先生伝』全2巻（1933年）が
　　　ある。また関連研究として小峰保栄「日本最初の財政学者　田尻博士」（『専修商
　　　学論集』第21号、1976年）、森田右一「田尻稲次郎の財政学」（『東洋研究』第77号、
　　　1986年）、大淵利男「田尻稲次郎と『フランス財政学』の導入」（『政経研究』第25
　　　巻第3号、1988年）などがある。

9-2 『森先生伝』に込めた敬慕の情

　木村匡の文才・筆才は文部省在職中にさらに磨きがかけられる。学事巡視に随行中の記録係の役がそれである。すでに第1章1-3でふれたように、森有礼文相が学事巡視随行員として彼を取り立てたのも、この才能を評価してのことであった。この時期に職務上の必要から執筆された『会計法註釈』（1889年）および『下検査ニ関スル意見』（1891年）については、すでに詳述したところである。さらに継母恵奈の死を悼んで編んだ『哀悼の記』（1894年）、病魔におかされ任期を全うしえずして文部大臣を辞任した井上毅を敬慕して編んだ『井上毅君教育事業小史』（1895年）の2著も文部省在職期に著したものである。ただ、刊行時期こそ遅れたものの、すでに森有礼文相の遭難（1889年）直後に編纂の志を立て同省在職中の1894年2月におおよその草稿はでき上がっていたとされる『森先生伝』（金港堂書籍、1899年）こそ、木村匡の遺した著書のなかでひときわ異彩を放つものであった。

　たとえば佐藤秀夫氏は同書について、「森（森有礼…引用者）歿後10年祭を期して編集されたこの伝記は、広汎な資料の渉猟と手堅い叙述とで今なお森有礼に関する基本文献としての定評をえているものである。そこでは〈国体教育主義〉（中略）の〈本質〉を逆にとられて兇刃に倒れた悲劇の国体主義者森有礼像を荘重に描き出している。（中略）森文相の〈冤〉をすすぐ―〈名誉回復〉を行うために作り上げられたこの伝記は、国体教育主義者森有礼の虚像をますます肥大させるうえで大きな〈貢献〉をなしたといえる。[7]」と評している。文中前段部分の「今なお森有礼に関する基本文献としての定評をえているものである」は、木村匡にとって著者冥利に尽きる評価といえよう。

7）　佐藤秀夫「森有礼再考―初代文相森有礼にみる〈名誉回復〉の系譜―」（『文研ジャーナル』第173号、1979年）23頁。

第9章　驚異の著述・論述活動　243

　だが一方、後段の「国体教育主義者森有礼の虚像をますます肥大させるうえ
で大きな〈貢献〉をなしたといえる」の部分は、森有礼の虚像を肥大化させ
実像をゆがめるのに「貢献」した、という一種アイロニカルな評価となって
いる。この後段部分の意味を理解するには、文相森有礼が兇刃に斃れるまで
の経緯について若干説明しておく必要があろう。

　薩摩藩の命により1865（慶応元）年イギリスに密航した森有礼（1847〈弘化
4〉～89年）は在英・在米生活を体験したのち維新直後に帰国し、その後、
駐米弁務使、外務大輔、駐清特命全権公使、駐英特命全権公使、参事院議官、
文部省御用掛などの重責を歴任し、この間に明六社の結成や商法講習所（の
ち東京商業学校⇒高等商業学校⇒東京高等商業学校⇒東京商科大学⇒東京産業大学⇒
一橋大学へと発展）の創設に取り組み、かつ「廃刀論」「妻妾論」を掲げて鮮
烈な啓蒙活動をおこなうなど、明治前半期における日本の近代化過程にあっ
て並はずれた才気を発揮した外交官・文明思想家であった。森はまた85年に
初代文部大臣に就任し、翌86年、帝国大学令・師範学校令・小学校令・中学
校令の諸学校令を矢継ぎ早に発令するなど、日本における公学校教育の近代
化の土台を築いた文政官僚・政治家としても知られる。

　その森有礼文相が大日本帝国憲法発布の式典日、つまり1889年2月11日
（紀元節）、西野文太郎[8]の手にかかり暗殺されたのである（翌日死去）。いわゆ
る勤皇観・国粋観に燃える長州出身の一青年・西野にとって、森有礼は万世
一系の天子をいただく日本の国体をけがす危険きわまりない西欧心酔者であ
り、その森がこのまま高位高官の地位にあり続けることは耐え難いことで

───────────────

8）　西野文太郎（1865〈慶応元〉～89年）。長州藩中士の家系に生まれ、山口中学校
　を中退後、山口県庁、上野駅逓局、内務省土木局など勤務先を転々とし、1889年
　2月11日、森有礼文相の暗殺に及ぶ。黒住教（教派神道13派の一つ）の熱烈な信
　者であったという。なお、森文相暗殺からわずか1か月後に発行された岡田常三
　郎『刺客西野文太郎の伝』（書籍行商社、1889年）には、多分に年若い西野に対す
　る憐憫の情がにじんでいる。

あった。真偽のほどは未確定であるが、西野の兇状の背景には森文相の「伊勢神宮不敬行為」の情報流布があり、このことも手伝って当時の世論としては西野に同情・共鳴する声も少なくなかったようである。「和洋」のうち「洋」が際だっていた森有礼は、維新後まだ幾世も経たない当時の日本社会にあって、なにかと毀誉褒貶の集まる人物であったらしい。

　説明がやや長くなったが、話を本題の木村匡『森先生伝』に戻そう。木村は同書の緒言と凡例でつぎのようにいう。

◎緒言……「独り其冤を被むりて雪くことなくんは。予輩其地下に瞑せさるを知る。因て其事蹟を網羅し以て威霊を慰め併せて世を風せんと擬す。」(句点…原文、ルビ…引用者)

◎凡例……「此書ハ森先生生涯ヲ通シテノ重要ナル事蹟ヲ網羅シ。特ニ先生ノ教育事業ハ其本領ナルヲ以テ之ヲ詳説スルヲ勉メ。且先生ハ教育ヲ国体ナル観念ニ繋ケ以テ国家ヲ永遠鞏固ナル基礎ノ上ニ置クニ熱心ナリシコトヲ明ラカニスルヲ主旨トシ。」(句点…原文)

---

9)　1887年11月下旬、森有礼文相は学事巡視の途次、伊勢神宮（豊受大神宮）に立ち寄り参拝したが、そのさい大臣としてあるまじき不敬の振る舞いがあった、と88年8月1日付の新聞『東京電報』（主宰・陸羯南）が報じた。同記事は森有礼の氏名を明記せず単に「一大臣」の振る舞いとして報道するにとどめたが、森文相を示唆していることくらい当時の世上にあってはだれにでも察せられることであった。以後、この件につき虚実ないまぜの情報が流布され、とくに皇国観・国粋観の強い政治家、宗教者、教育者などを刺激するところとなった。世にこれを「伊勢神宮不敬行為（不敬事件）」といった。関連文献として、「森文相の神宮不敬事件の真相」（筆者不明、『警察思潮』第7巻第8号、1934年）、中川浩一「西野文太郎殺害事件始末―森有礼刺傷とのかかわりにたって―」（『茨城大学教育学部紀要　人文・社会科学』第27号、1978年）、中西正幸「森有礼の神宮参拝をめぐりて」（『神道研究紀要』第6輯、1982年）、犬塚孝明『森有礼』（吉川弘文館、1986年）288〜289頁、298〜305頁、中西正幸『伊勢の宮人』（国書刊行会、1998年）615〜653頁、平野晨編『明治大正昭和歴史資料全集　暗殺篇』（大空社、1999年）105〜117頁、森本貞子『秋霖譜　森有礼とその妻』（東京書籍、2003年）444〜454頁、中嶋繁雄『明治の事件史』（青春出版社、2004年）134〜139頁、などがある。

第 9 章　驚異の著述・論述活動　245

　木村匡がいわんとするところを要約すれば、森有礼文相こそ、国体観念と
鞏固に結合された教育制度の上に日本国家の将来を築こうとした政治家であ
り、西野の蛮行はこの本質を理解できずに森文相に濡れ衣（冤罪）を着せた
「兇逆」であるから、文相の無念を晴らし名誉を回復させるために自分（木
村）は『森先生伝』を著すのだ、ということになろうか。木村の森有礼「先
生」に対する敬慕・追慕の心情がよくあらわれている。ただ、木村のこの著
書は、森有礼の「名誉回復」には役だったかも知れないが、結果的には森に
国体主義者ないし国家主義者のイメージを根深く植えつけ、その後に展開す
る日本の国体的公教育システムの出発点に森文政（森文相に主導された教育行
政）を位置づけることになった。さきに引用した佐藤秀夫氏による「国体教
育主義者森有礼の虚像をますます肥大させるうえで大きな〈貢献〉をなした
といえる」との評言は、このことを指していっているのである。

　この位置づけは、教育勅語が国体的公教育システムの基本理念となるため
の土台作りないし露払いの役を森文政が果たしたとの解釈につながり、アジ
ア太平洋戦争の敗戦前までは森有礼の評価を高めるべく機能した。しかし、
戦後になると状況は一変した。戦後の民主主義旋風による教育勅語批判は森
文政批判へと直結し、「その際、森の〈反動性〉の証拠としてひかれたのは、
かつての井上演説であり木村匡の記述だった[10]」といわれる。かつて森有礼の
「名誉回復」のために書かれた『森先生伝』が、戦後は一転して森の「反動
性」＝「不名誉」を証拠立てる材料に使われたというのである。木村匡はす
でに泉下の人とはいえ、思いも寄らない歴史の反転に驚愕したことであろう。

───────────

10)　佐藤秀夫、前掲「森有礼再考─初代文相森有礼にみる〈名誉回復〉の系譜─」
　　23頁。引用文中の井上演説とは、1889年3月（森文相遭難の翌月）、当時の法制局
　　長官兼枢密院書記官長であった井上毅が皇典講究所でおこなった演説「故森文部
　　大臣の教育主義」（大久保利謙編『森有礼全集』第2巻、宣文堂書店、1972年、
　　529〜532頁）のことであり、井上は同演説中で森文相の教育政策思想が「国体教
　　育の主義」にあることを論証したとされる（同じく佐藤論文、21頁参照）。

だが、歴史の悠久さは、いずれ人の目を醒ましてくれる。戦後も高度成長期になると日本教育史の研究分野は自由闊達さを増し、しだいに森有礼ないし森文政について多面的な解明に向かい客観的な評価を下していくようになる[11]。と同時に『森先生伝』の著者・木村匡についても、「森家の文書を最初に調査したのは恐らく森の伝記者木村匡ではなかったかと思われる。木村匡は宮城県の出身で、壮年の頃に文部省に出仕し、親しく森大臣に仕えた人で、森大臣に深い敬慕の情を捧げて『森先生傳』を書いた森有禮研究開拓の功労者である[12]」(傍点…引用者)との評価＝名誉回復がなされるにいたった。

ところで、木村匡が心底から尊敬したのは誰だったか。あえてその人物をあげるとすれば、文部省在勤時代に属官として仕え啓発されることの多かった森有礼と井上毅、台湾総督府在職中に側近として仕えた水野遵と乃木希典の４人であったと思われる。なかでも木村に最大級の影響力を及ぼしたのは森有礼だったのではないか、と筆者は考えている。彼は晩年になっても、森有礼を懐旧の題材にすることが多かった[13]。いったい森有礼のどこに、木村匡は惚れたのであろうか。この問いに答を出すのはそう容易くないが、一つの

---

11)　森有礼の評価をめぐる論争を戦前・戦後に分けて整理した研究業績として、秋枝蕭子「森有礼と女子教育―ホレース・マンとの関係―」(『文芸と思想』第32号、1968年) がある。同論文は森の文部行政の長所と限界を女子教育の視角から論じたうえで、結論部分をつぎように結んでいる。「森の真の悲劇は、彼が偏狭な自称〈忠君愛国者〉によって〈非国民〉と誤解されて刺殺されたことばかりでなく、彼がその合理的開明性と愛国の至情から企画・施行した学政が、後代の卑小・偏狭な政治的・軍事的指導者達によって歪められ、利用されて、単に狭量・排他的な国家主義乃至軍国主義的教育と解されて、森の真意とは異った反動路線に押進められ、遂に我が国を滅亡的な戦に追詰めたところの侵略的・独善的な学政へと何時の間にか歪曲されてしまったことである。しかも森は、戦後も一部の人々から、反動的国家主義者の落印を押されるという、二重、三重の悲劇の主であったのである。」(89頁)。

12)　大久保利謙編『森有礼全集』第１巻 (宣文堂書店、1972年)「総記」27頁。

13)　たとえば、「青年学校制と故森子爵」(『宮城縣人』第14巻第４号、1938年)、「森先生と陸軍」(『南国史叢』第４輯、1938年、前掲『森有礼全集』第２巻所収)、「故

第9章 驚異の著述・論述活動 247

ヒントを与えてくれるのが『森先生伝』に付録（其一）として収録された「森先生の半面」である。この「半面」は、1898年11月、『台湾日日新報』の「五十歩百歩」欄に12回にわたって連載された木村匡の談話を一部修正のうえ転載したものである。[14]

「半面」という表現で木村匡がいいたかったことは、世間では森有礼についてその「表面」だけで云々しているが、一方の「半面」ないし「裏面」を加味するのでなければその本当の「内面」は理解できない、というにあったと思われる。文部大臣森有礼の学事巡視に随行した当時の木村匡は、何ごとにも吸収力旺盛な20歳代後半の青年期にあり、森（この頃40歳前後）は木村に

　　森子爵と図書館」（『宮城県中央図書館月報』第7巻第3号、1939年）などがある。これらのうち「森先生と陸軍」は、1938年11月、森有礼の没後50周年を記念して「子爵森有礼先生追悼講演会」（薩藩史研究会主催、東京芝の三州倶楽部にて）が催されたさい、木村匡がおこなった講演である。なお、その当時のことと推測されるが、『森有礼全集』（全3巻）の編纂者・大久保利謙は往時を振り返ってつぎのように述べている。「編者は往年、当時、仙台市でなお郷里の文化事業のために余生を捧げていた木村匡翁を訪ねて、森について若干の話を聞いたことがあった。森文部大臣には少壮時代に属僚として仕えたにすぎないという謙虚な話であった。（中略）編者が翁を訪ねた際、翁の客室には、森未亡人からもらったという寛子夫人宛の森の書翰が立派に表装してかけてあった。この森の遺物を編者に解読して説明された木村翁の面影が、今なお編者の念頭に彷彿としてうかんでくるのである。」（前掲『森有礼全集』第1巻、「総記」28頁）。

14)　木村匡は「森先生の半面」について、「左の一篇は台湾日日新報記者栃内正六君の為に先生の逸事を口述し而して同君は談話体に筆記し同紙上に掲載したるものなり」（前掲『森先生伝』248頁）と記している。木村の口述を新聞記者の栃内が聞き書きし、それを談話形式にまとめたものらしい。なお、栃内正六は1871年、岩手県南岩手郡簗川村（現盛岡市簗川）に生まれ、92年に東京専門学校（早稲田大学の前身）政治学科を卒業して新聞記者の道を歩んだ人物である。中央新聞、明治新聞、教育報知、東京朝日新聞等の記者を経て98年に渡台して台湾日報社に入る。のち台湾日日新報の編輯長となる。廬山と号した。1902年に内地に帰還したが、その後については不明。関連文献として、『台湾商報』1899年12月23日「人物側面観　栃内正六君」、安斎源一郎編『写真倶楽部　一名台湾人物写真帖』（台湾週報社、1901年）参照。

とってこれまで出会ったことのない衝撃的な人物として感じられたらしい。「森先生の半面」には木村匡が日々の勤務中に感受した森文相の「半面」が綴られている。それをキーワード化すると、「急進的の人物」「世俗には一向無頓着」「初一念を拓げない人」「慈悲心に厚かつた」「廉潔な方で私慾と言つたら微塵もなかつた」「倹徳」「根気は驚くべき程強かつた」「誰れの言ふ事でも善い事なればさつさと聴きました」「非常に能く人を見別くる、眼力は不思議に奇警でした」「廃刀論…奇矯の性質」「突飛な奇論」「自立自活主義」「社交の改良」「欧米主義」「藩閥打破論」などが並ぶ。

　森有礼のこれら一連の「半面」のうちいくつかは、今の時代ではなにも特筆するほどのものではないが、維新後20年ばかりの日本では生活慣行上まだ常識化されていないものがあった。「半面」を分類すると、およそつぎの三つに分けられよう。第一は、厚い慈悲心、廉潔無私、倹徳な生活態度、根気強い性格などであり、これらは時代を超え国境を越えたいわば一般的な徳性項目である。第二は、急進的な性格、初一念の強さ、世俗に無頓着、奇警な眼力などの性向的項目であるが、これらはいわゆる個性の範疇に属するものであり、森有礼にのみ当てはまるものではなかろう。第三は、奇矯の性質、社交の改良（旧弊打破）、欧米主義、廃刀・藩閥打破の奇論などであり、これらは概して世間の抵抗を受けがちな開明的・英知的な項目である。この第三の項目こそ森有礼を森有礼たらしめた「半面」であったといってよい。たとえば、1869年に森有礼が提唱した、かの有名な「廃刀論」は当時の日本にあっては奇論中の奇論であり、旧武士層の猛反発を受けた森は身の危険を察知していちじ郷里に身を隠したほどである。

　青年期の木村匡が森有礼文相の言動に衝撃的な影響を受けたのは、おそらく第三の項目からであろう。しかし、それは、単に森の奇論性のゆえではなく、森が奇論を組み立てるさいの論理性、つまり組み立て方の斬新さ、緻密さ、確実さのゆえだったのではないか、と筆者は考えるのである。たとえば、自他ともに剛気をもって任じていた森有礼であったが、ただ一つ地震を大の

第 9 章　驚異の著述・論述活動　249

苦手としていたことに木村匡はふれ、つぎのエピソードを「森先生の半面」で紹介している。「ソラモー先生の地震を恐れることは痛いもので、其地震からして一の推論を立てましたから面白いです、推論は斯ふ云ふので、アー日本人と云ふ人種は兎角深思することが下手だ、動もすればチヨイチヨイ細工に許り走つて、深く思を幽玄微妙な道理に寄せるとか、遠く百年の後を稽(かんが)ふると云ふことが、如何にしても望むべからざる事である、其れは何んの為であるかと云ふに、ツマリ度々地震があるので人間が何日(いつ)もピクピクして居て、深思するの暇がない、淺薄な小さな考を起すのが即ち此為である、斯う言ふ理論でした」[15](ルビ…引用者、踊り字は横書用に修正)。

　地震を恐れない人など、この世にいないだろう。森有礼だけのことではない。ただ、森が他の人と異なる点は、地震に対する恐怖心をモチーフにして地震多発国日本の宿命的な民族性・国民性にいい及ぶところにあり、その地政学的論理の見事な組み立て＝「奇論」に木村匡は感服しているのである。世間一般では「森の屁理屈」と一笑に付されるところだろうが、木村はむしろそこに森の凄さを感じとっていたのではなかろうか。木村が『森先生伝』の執筆に奮い立ったのは、森の文相現職時代には引きも切らなかった森家の門前が、文相の憤死後にわかに雀羅を張る有様になったのを目の当たりにしたからであったという[16]。「義をみてせざるは」の義憤にかられたということか。たしかに直接の動機はそのあたりに由来したのかも知れない。だが、もっと深いところの真因は、木村が自らの口からいい出すのをはばかった、いうなれば森有礼の凄さに対する心からの「敬慕の情」にあった、と筆者はそうとうの確信をもって考えている。俗にいう男が男に惚れた状態といってもよい。そうでなければ、官吏生活の日々に追われる木村匡が、たとえ筆まめの才があったとはいえ、森の死後10年もの歳月を費やしてまで『森先生伝』の完成

15)　「森先生の半面」(前掲『森先生伝』277〜278頁)。
16)　同上、251頁、参照。

に執着しえたであろうか。

9-3　「朗読演説」と著述・論述活動

　1937年、木村匡の喜寿と村長在職10年を祝して、愛郷の士によって『木村匡先生講演集「村長十年」』が編纂され、その序文で、かつて台湾総督府民政長官・総務長官を務めた下村宏はつぎのように述べている。「足かけ七年（1915～1921年…引用者）の台北の生活では毎日のやうに寄合がある。役人の代表として僕が、民間代表として君（木村匡のこと…引用者）が交々起ちてあいさつすることが恒例となつてゐた。文教の府から生ひ立ち筆舌の雄を以て鳴つてゐた翁のあいさつは手に入つたもので、商工の頭取でなくつて民間代表の方が本職といふ評判であつた。」（ルビ…引用者）。

　木村匡は随所で挨拶を頼まれ、頼まれれば大概は快く引き受けていたようである。とはいえ彼は、いい加減な挨拶でその場を繕うことを嫌った。必ずや挨拶原稿を前もって用意し、席上それを読み上げるのを常とした。一風変わった挨拶様式であったことから、台湾では「木村匡の朗読演説」と異名された。木村の回顧談[17]によれば、これは生来の訥弁を克服するための方策[18]であったとされる。そのきっかけは久保田譲から、あらかじめ演説原稿を作成

17）「木村匡の朗読演説」との呼ばれ方は、管見のかぎりでは『台湾新報』1897年8月3日「平野元警保課長の送別会」における「木村匡氏の片苦しからざる朗読演説あり」の一節が初出ではないかと思われる。

18）前掲『木村匡先生講演集「村長十年」』の「自序」でつぎのように述べている。「予天資言語に訥なりき、恩人故久保田（譲）男爵予に言ふて曰く、〈若発言せんとせば先づ其事柄を文章として記述し、両三回の練習を経て発言するを可とすべし〉と、然も訥弁を以て演説するより朗読を便とする場合多かりしを以て、遂に諸友人より〈朗読演説〉と名つけらるゝに至りき。」

　木村匡の訥弁に対する過剰意識とでもいうべき面白いエピソードが加藤清「先人の歩んだ道（19）」（『宮城県人』第109号、1962年）に紹介されている。「『若い時のワシは話が下手だつたから、どうにかして上手になりたいと、寄席へ行つて

して練習を重ねておくのが望ましいと教えられたからであったが、原稿を作成するのであれば、いっそのこと、それを読み上げるに如かず、と考えたのだという。

　久保田譲から訥弁克服の方法を教わったことが「朗読演説」のきっかけであったとすれば、その時期は文部省に入った1885年6月以後のことと推測するのが一般的であろう。だが、木村匡の「朗読演説」はそれ以前からおこなわれていた。たとえば、『奥羽日日新聞』1884年2月9日付「漫録」欄に載った「演説記臆書」がそれである。[19]これは宮城県庁から内務省へ転属する樋渡正太郎を送別する宴席における演説原稿であり、つぎの序論で始まっている。「諸君、予ハ本会ノ正賓タル樋渡君ノ為メ二一言ノ別辞ヲ演説セント欲セシモ予ヤ生レテ弁訥ナルヲ以テノ故二能ク樋渡君ヲシテ聞カシメ諸君ヲシテ御退屈二忍バシムルノ演説ヲナスハ予ノ能ハザル所ナリ　然レドモ退ゾイテ考フレバ弁ノ訥ナルヲ以テ今日ノ情ヲ抑フ可ラズ（喝采）故二予

　落語を聞いたり、また研究したりした。当時三遊亭円朝の話は実に素晴らしかつたし名人だつた。入門しようと訪ねたこともある……』と後年述懐しているが、当時は全心身を人間錬成に努め励んだものと見られる。講演のうまかつた蔭にはこうした苦心が積まれていたのである。」（10頁）。

19)　同様の「演説記臆書」の例は『奥羽日日新聞』1884年7月25日付の「寄書」欄にもみられる。

20)　樋渡正太郎については情報不足で詳細はわからないが、仙台藩士の出身で、西南戦争後、仙台の民権結社進取社の創設に参画し憲法草案の編集に当たったという。また、日本ハリストス正教会を創立（1872年）したロシアの宣教師ニコライ（91年、ニコライ堂を建立）にアレクセイの名で洗礼を受けた。没年は1897年。名字の呼称はヒワタシとヒワタリの二つがあるが、ここでは仙台地方に多いヒワタシを採った。参考文献として、佐藤憲一「仙台の自由民権運動―その活動と思想―」（『仙台市博物館年報』第2号、1975年）35頁、日本キリスト教歴史大事典編集委員会編『日本キリスト教歴史大事典』（教文堂、1988年）1183頁、大谷正「仙台地域の西南戦争関係資料と『仙台新聞』西南戦争関係記事」（研究代表者・大谷『西南戦争に関する記録の実態調査とその分析・活用についての研究』平成21年度～平成23年度科学研究補助金　基礎研究（B）研究成果報告書、2012年）45～46頁を参照。

ハ演説記臆書ヲ朗読シテ演説ニ換フ　諸君ニシテ若シ酒二三盃ヲ傾クルノ時
間ヲ借セバ予ノ幸栄ナリ（微笑）」（下線…引用者）、と。

　この「演説記臆書」から推測するに、木村匡は文部省に入る以前からすで
に久保田譲と相知の関係にあったとみてよかろう。しかし、第１章１−２で
も述べたように、木村匡がどのようなルートを通して久保田と相知の間柄に
なったかは、依然として明らかでない。

　ところで、木村匡の朗読演説と筆まめは文部省から台湾総督府へ移籍し植
民地官僚として活躍するようになってから本格化した。しかも彼には、その
筆まめの所産を蓄積しておき、後日、これを出版物としてまとめる「性癖」
があった。その第１作目が『覆醤随存』（出版地：埼玉県、1901年６月）である。
1896年から99年までの、つまり台湾総督府官吏時代にしたためた送辞・祝
辞・その他投稿類27篇が収録されている。この著書はその出版時期から推測
して、総督府学務課長を辞して内地に帰還し、またその数か月後に三十四銀
行台北支店長として台湾に舞い戻るまでの、その僅かな内地滞在中に編まれ
たことになる。木村はその「緒言」において、「多くは咄嗟の起草にして世
に益するものなしと雖其一部は台湾政治史の資料たるへきものあるの一事は
之を疑はす」と自負の一端をのぞかせている。[21]

　第２作目は、1902〜05年の三十四銀行台北支店長時代にしたためた原稿31
篇を収めた『算外飛沫』（出版地：京都市、1906年４月）であり、同行京都支店
長に転任して間もない頃に出版されたものである。『覆醤随存』といい『算
外飛沫』といい、いずれも書名が難解である。素人（筆者）の生半可な推測
まがいの解釈を施さない方が無難のようである。

　以上の２作が木村匡自らのいわゆる自著であったのに対して、第３作目の
『木村匡君口演集』（出版地：台北市、1927年10月）は、台湾商工銀行台北本店

---

21)　1901年７月８日付の『台湾週報』は『覆醤随存』をとりあげ、「此一小冊子能く
　　領台以後六年間に於ける変調子なる活社会の側面観にして台湾裡面の活歴史なる
　　を信じて疑はず」と評している。

第 9 章　驚異の著述・論述活動　253

支配人の小林清蔵[22]を中心とした同行行員有志によって、1912年以後、木村が「台湾商工銀行頭取時代に公人として又私人として慶弔送迎其他各種の席上に於て演説又は講演せられたる草稿」（同書凡例による）52篇に、急逝（1927年3月）した荒井泰治への追悼文1篇を加えて編纂されたものである。銀行合同失敗の責任をとって頭取を退任し、悔悟の念も癒えぬまま帰郷した木村匡の労苦をねぎらうのが、同書編纂の主旨であった思われる。小林清蔵が編者となったのは本店支配人の立場からであろうが、木村匡とは馬術・馬事同好の間柄であったことも、編者を引き受けた理由の一つであったと想像される。該書巻頭の口絵（写真）には愛馬・巌手号に跨った木村匡の雄姿が飾られている。彼の「馬好き」については前章の脚注3を参照されたい。

　また、この著書について興味深いのは、鷹取岳陽による機知に富んだ評言が添えられていることである。鷹取についての詳細は脚注に譲り[23]、略述す

────────────────

22)　小林清蔵は1882年秋田県に生まれ、1904年に和仏法律学校法政大学法科（法政大学法学部の前身）を卒業。06年台湾銀行に入り、10年台湾商工銀行に転じたのち14年嘉義銀行に移る。その後、同行台南支店長、商工銀行台南支店長を経て25年に商工銀行台北本店支配人に昇進したが、28年、同行経営刷新の名目で詰腹を切らされ退職。退職後、台北市の目抜き通り栄町に商店（合資会社小林商会、自転車・火薬類取扱業）を開業した。その後の経緯については詳しくないが、安良城一『五十音順職名入　台北市民住所録（内地人ノ部）昭和十二年版』（住所月報社、1937年）に小林清蔵の名を確認することができる。それによれば職業：電機ラヂオ商、出身地：秋田県、住所：栄町2-30、とある。没年未詳。参考文献として杉野嘉助『台湾商工十年史』（1919年）428〜429頁、内藤素生編『南国之人士』（台湾人物社、1922年）271頁、『台湾日日新報』1925年12月4日「歳末の商銀と小林新支配人」、荒川久編『御大典記念台北市六十余町案内』（世相研究社出版部、1928年）132頁、田中一二『台湾の新人旧人』（台湾通信社、1928年）470頁、枠本誠一『台湾秘話』（日本及殖民社出版、1928年）148〜151頁、橋本白水『台湾統治と其功労者』（南国出版協会、1930年）135頁、などがある。
23)　鷹取岳陽（本名・田一郎、岳陽は号、1869〜1933年）は岡山県和気郡香登（現備前市香登）の出身で、日本最古の藩立庶民学校（郷学）の伝統を継ぐ閑谷黌（通称・閑谷学校、特別史跡指定）に学ぶ。1886年に上京して二松学舎（漢学塾、現二松学舎大学の前身）と日本英学館（英学塾）に学んだが、翌87年の三大事件

れば、岡山県の出身で、1887年の三大事件建白運動[24]にかかわり、また新聞編集に携わったのち1908年に渡台した壮士風の男であり、11年から28年まで台湾総督府で各種の史料編集に当たった。この時期はちょうど木村匡の台湾商工銀行頭取期と重なり、鷹取の木村に対する人物評価にはきわめて篤いものが感じられる。一例を引用すれば、同書136～138頁掲載の「陸軍飛行将校一行を歓迎す」（1919年6月）に、「其物。其事。其人。其言。倶に是れ奇想天外より来る。余の木村先生に対する敬虔の態度今更に新なり。」との評言が寄せられている。

第4作目の前掲『木村匡先生講演集「村長十年」』（出版地：仙台、1937年10月）[25]も自著ではなく、同郷の士が木村匡の喜寿と村長在職10周年を祝賀するために、帰郷後における木村の講演類143篇（1926年6月～36年12月）を編纂

建白運動にかかわり検束されるなど苦難ののち、89年郷里に帰って岡山日報社（自由党系）に入る。日露戦争後、大韓日報社（京城）、朝鮮新聞社（仁川）などを経て1908年台湾台中庁農会嘱託として渡台。11年以後は台湾総督府の官房文書課や民政部殖産局などの嘱託として各種の史料編纂にあたる。28年退職。漢詩の練達者で多くの著書を遺したが、なかでも『台湾列紳伝』（漢文、台湾総督府、1916年）の編纂にあたり貴重な仕事を遺したことは注目されてよい。鷹取をとりあげた数少ない貴重な研究として吉崎志保子「鷹取田一郎と閑谷三奇士―閑谷黌初年度の入学生―」（『閑谷学校研究』第2号、1998年）がある。なお、許雪姫編（總策畫）『台湾歴史辞典』（台北：行政院文化建設委員会、2004年）1366頁も参照。

24) 第1次伊藤博文内閣（外相は井上馨）が欧化政策にもとづき外国人の内地雑居・判事任用を許す条約改正を推し進めようとしたのをきっかけに、1887年、言論・集会の自由、地租の軽減、対等外交の回復を要求する、いわゆる三大事件建白運動が全国的規模で沸きあがった。結果的には同年12月、政府による保安条例発布によって鎮圧され、多くの逮捕・投獄者および東京外追放者を出したが、その後における条約改正阻止運動に大きな影響を与えた。国会開設請願運動（1880～81年）、激化諸事件（1884年）に次ぐ自由民権運動の第3（最後）の大局面をなしたといわれる。川崎巳三郎「自由民権運動第三のやま『三大事件』建白への道」（『季刊科学と思想』第30号、1978年）、遠山茂樹『自由民権と現代』（筑摩書房、1985年）、安在邦夫「三大事件建白運動と大同団結運動」（江村栄一編『近代日本の軌跡2　自由民権と明治憲法』吉川弘文館、1995年）など参照。

25) 該書の書評に、大友喜作「『村長十年』を読む」（『宮城縣人』第14巻第3号、

第 9 章　驚異の著述・論述活動　255

してくれたものである。同書の奥付では匡の長男・愿が同書刊行会の代表者となっているが、内ヶ崎作三郎[27]が同書に寄せた序文によると、実際のプロモーターは植物学者の粟野伝之丞であったらしい。粟野は日清戦争後間もない1896年３月に台湾に渡り、総督府学務部編集課属官（国語学校教諭を兼務）として伊能嘉矩[28]とともに台湾全島にわたる人類学・民族学調査をおこない、伊能との共著『台湾蕃人事情』（台湾総督府民政部文書課、1900年）を著した人物である。この時期は、木村匡が総督府で文書課長を務めていた頃であり、

1938年）がある。

26)　木村愿は1901年、匡の長男として生まれる。東北帝国大学理学部を卒業後、理化学研究所助手、ドイツ留学（ドレスデン大学）を経て日本アルミニウム（株）に入社し、同社台湾高雄工場にあって工業化学分野の研究者として活躍。研究業績に『無機製法化学』（内田老鶴圃、1939年）、「硫化銀の転移及勢力学的数値に就て」（『理化学研究所彙報』第13巻第６号、1943年）、「アルミナ水和物の析出より見たるアルミン酸曹達溶液の分解について」（博士論文、東北大学理学博士、1950年）などがある。1950年没。関連文献として商工事情調査会編『最新業界人事盛衰記』（1931年、大空社編『昭和戦前財界人名大事典』第２巻、1993年、による）、台湾経済研究会編『昭和十七年　台湾会社年鑑』93頁参照。

27)　内ヶ崎作三郎（1877〜1947年）は宮城県黒川郡富谷村（現富谷町）の資産家で醬油醸造業を営んだ内ヶ崎作太郎の長男として生まれる。1901年東京帝国大学英文科を卒業後、オックスフォード大学に留学し、帰国後、大隈重信に招かれて早稲田大学教授（社会政策を専攻）に就任。さらに24年政界に入り文部政務次官、衆議院副議長、大政翼賛会総務などを歴任。関連文献として衆議院・参議院編『議会制度七十年史　衆議院議員名鑑』（1962年）74頁、河北新報社編『宮城県百科事典』（1982年）79頁参照。

28)　伊能嘉矩は1867（慶応３）年、岩手県西閉伊郡（現遠野市）に生まれる。盛岡師範学校（岩手大学の前身）を中退後、高名な人類学者・坪井正五郎（1863〈文久３〉〜1913年、帝国大学理科大学教授）に学び、日清戦争後、台湾総督府に入る。のちに日本民俗学の創始者となる柳田国男に大きな影響を与えたとされる。1925年死去。死後の28年、嘉矩の遺した膨大な台湾研究に関する遺稿を、柳田が伊能嘉矩著『台湾文化志』全３巻（刀江書院）として刊行した。関連研究として遠野市立博物館編『伊能嘉矩　郷土と台湾研究の生涯』（1995年）、小林岳二「伊能嘉矩の台湾現住民族研究」（『学習院史学』第37号、1999年）、柳本通彦『明治の冒険科学者たち―新天地・台湾にかけた夢―』（新潮社、2005年、第１章）などがある。

木村と粟野はともに宮城県出身であることも手伝って、親密な関係にあったとみて間違いなかろう。[29] なお、『木村匡先生講演集「村長十年」』1～147頁収録の48篇にも、さきにふれた鷹取岳陽による評言が付されている（鷹取は該書出版時にはすでに故人）。帰郷後も木村匡の行くところ、なにがしかの形で台湾での人脈がかかわっていた。

---

29)　粟野伝之丞の台湾時代に関する資料的手掛かりは少なく、「粟野伝之丞氏台湾に赴く」（『動物学雑誌』第8巻第90号、1896年）、「在台湾粟野氏の来信」（同誌、第8巻第98号、同年）しか確認できなかった。著作としては「吾妻山ノ植物」（『植物学雑誌』第7巻第81号、1893年、第8巻第83号、1894年）、「台北附近植物雑記」（『国家教育』第53号、1896年）、「台湾の養蚕」（同誌、第55号、同年）などがある。なお、印刷局編『官報』によると、明治末年頃に台湾から内地に帰って仙台陸軍地方幼年学校の教官となっており、さらに1913～17年には青森県立弘前中学校（現弘前高等学校の前身）の第9代校長を務めている（記念誌作成委員会編『鏡ケ岡百年史』弘高創立百年記念事業協賛会、1983年、110頁、667頁参照）。また1930年、木村匡が吉田高等女学校の初代校長に就任するさい粟野を教頭に推薦したらしいが（聖和学園三十五年誌編集委員会編『三十五年誌』1965年、28頁参照）、その後の事情はわからない。

おわりに　257

おわりに

　木村匡は1940年2月7日午後4時45分、郷里北村字大沢の自宅で天寿を全うした。1か月ほど前、『河北新報』紙上で東北人精神のあるべき姿を説いたばかりのことであった。[1] 1月8日雪の朝、前谷地駅頭に立って入営兵を見送り、さらに午後は帰還兵を自宅に招いて慰労した、その日の夜から床に臥したという。[2] 以後、風邪気味が続き自宅に籠もりがちであったところに気管支肺炎を併発し、これが直接の死因となったらしい。葬儀（北村村葬）は2月12日に北村小学校講堂で、告別式は14日に仙台市北山の輪王寺でそれぞれ執りおこなわれた。宮城県知事清水良策、東北帝国大学総長本多光太郎など東北各界を代表する多くの弔問者の参列をみた。[3]『河北新報』は同月15日付の記事「木村匡翁葬儀」で、「全国各方面から贈られた花環、弔旗は斎場を埋め（中略）全村民は三里の途を遠しとせず積雪を踏んで会場を圍繞翁の遺徳を心から哀悼した」と綴っている。遺骸は郷里北村の真言宗智山派・箱泉寺の墓地に埋葬された。従五位勲五等瑞宝章に叙せられた（死後、勲一等が追叙された）。[4]

　長兄の敏は1908年に享年58歳（満年齢、以下同じ）で、弟の剛は1929年に享年63歳でそれぞれ他界した。「木村三兄弟」のなかで次男の匡が一番長生きをし、享年80歳の大往生であった。ただ単に長生きをしたというにとどまら

1）　『河北新報』1940年1月4日「本社提唱東北精神昂揚運動　各方面から讃辞の嵐」参照。
2）　宮城県町村会編『宮城県町村会九十年史』（2012年）164～165頁参照。
3）　『河北新報』1940年2月8日「木村町村長会長」、「木村匡翁逝く」（『仙台郷土研究』第10巻第2号、1940年2月）11～12頁、菅原敬介『旭山物語』（石巻日日新聞社、1961年）85頁参照。
4）　百合藤五郎編『宮城縣名士宝鑑』（同宝鑑発刊事務所、1940年）11頁参照。

ない。台湾から内地へ帰還したのが1926年の春、そしてその翌年から13年近く郷里北村の村長を最期まで務め、かつ28年から宮城県町村長会長の重責をも担った。明治期から昭和初期にかけて、植民地期の台湾で大きく羽ばたいた日本人は、数えればそうとうの数に上ろう。しかし、彼らにとって、内地帰還後の郷里はすでに身の置き所でなくなっている場合が多かった。それに比して木村匡の場合は対照的であった。帰還後、郷里の公職にこれほど深く身を投じた人物は、そうはいなかったであろう。公職だけではなかった。郷里の経済振興に少しでも尽くすべく企業経営にも携わった。「郷里」は木村匡にとって何ものにも代えがたい存在であった。彼は、斎藤荘次郎（北村小学校長）が『我が北邨』（1922年）を編集したさい、「郷里は人生の天国也」と揮毫した題字を寄せている。

　しかし帰還後の木村匡がかかわろうとしなかったものが二つある。その一つは、銀行であった。彼が台湾における銀行家生活の出発点と終着点で、二度までも辛酸をなめたことについては、すでに詳しく述べた。二度と銀行にはかかわるまい、との念が彼の心底にあったものと思われる。もう一つは、地元桃生郡から彼を代議士として国政の場に送り込もうとする動きがあったが、これには頑として応じなかった。二大政党政治の争いが渦巻く当時の国[5]

5）『河北新報』1929年12月21日「桃生を地盤に木村匡氏を擁立」によれば、第16回
　　総選挙（1928年2月）と第17回総選挙（30年2月）にさいして地元有志による木
　　村匡擁立の動きがあったが、政友・民政両派の抗争もあって結局は実現にいたら
　　なかった模様である。また、同紙、35年5月15日「宮城県町村長列伝（22）　町村
　　自治改良にひたすら精進　熱の人、力の人そして実行の人　桃生郡北村々長　木
　　村匡氏」には次のようにも伝えられている。「県政友会の元老代議士遠藤良吉翁が
　　死去した時、次の仙北代表代議士として擁すべく人々は奨めたが氏（木村匡のこ
　　と…引用者）は頑として承諾せず、只県下地方自治の発達と産業の開発に只管の
　　精進を続けてゐる」、と。しかし、遠藤良吉の死去（31年12月）にともなう後継者
　　選びでの話であれば第18回総選挙（32年2月）の時ということになり、この新聞
　　記事にはやや話の辻褄の合わないところがある。というのは、遠藤は関東庁阿片
　　事件（原敬内閣期の21年に問題化）で23年8月に有罪判決（懲役6か月・執行猶

政の場は、「党派を超えてこその郷土愛」を信条とする木村匡にとって、異境の世界だったからではなかろうか。彼のこうした心境を、百合藤五郎編、前掲『宮城縣名士宝鑑』はつぎのように表現している。「功成り名を遂げたる達識の士の多くは中央に其の居を移し郷党と其の連携を絶つを例とするに氏独り之に傚はず留りて故山に起臥し後進青年の誘導に将又各種公共事業の枢機に参画する等常に郷党人の嚮導者として郷土開発に全幅の経綸を傾注せらる、氏の如きは真に興亜聖業の国策遂行上の至宝として社会の範鑑たるべきものなり」（11頁、ルビ…引用者）、と。木村匡の真骨頂をいい表した評といってよい。

　ところで、本書執筆のそもそもの動機は「植民地の銀行家って何だろう」というきわめて素朴な疑問からであった。植民地の銀行家は内地の銀行家とどこが違うか、という疑問であったといいかえてもよい。単なる銀行員ないし銀行マンであれば、台湾と内地にさほどの違いはなかろう。しかし、植民地という異民族支配の只中における銀行家となると、若干事情は異なってくる。銀行経営の領域を超える「国家経営」的な理念が必要となる。想うに、「内台融和、内台同化」の理念を銀行経営に実現することの矜恃、これこそが植民地の銀行家・木村匡の精神的支えだったのではなかろうか。「木村匡研究」をとおしてつくづく思うことは、彼の生涯は「日本近代史の投影」そのものだった、というに尽きる。その「生涯」を振り返って大づかみに整理してみよう。

　幕末動乱期の東北農村地域に生をうけた木村匡は、幼少年期は比較的恵ま

────────────

　予3年）を受け、すでにこの時点で政界を退いたからである。なお、良吉は、教育家・政治家として宮城県下に広く知られた遠藤温（1823〈文政6〉〜1896年）の養子。関東庁阿片事件については、大井静雄『アヘン事件の真相』（1923年）、『大阪毎日新聞』1923年8月31日「古賀中野は懲役一年」、森長英三郎「二つの阿片事件―エコノミック・アニマルは昔から―」（『法学セミナー』第212号、1973年）、奥津成子『私の祖父　古賀廉造の生涯―葬られた大正の重鎮の素顔―』（慧文社、2011年）などを参照。

れた生活・教育環境のなかで過ごしたが、戊辰戦争で仙台藩が奥羽越列藩同盟の中核をなしたこともあって、中央への青雲の志に燃えながらも苦渋の青年期を過ごす。生来、努力を厭わない彼はひとに倍する努力を重ねて中央官界＝文部省にたどり着くが、そこでの立身出世は予想外に壁が高く、意を決して未知の新領土・台湾での高等官に夢をつなぐ。要するに、幕末・維新の混乱期を必死の思いで泳ぎ抜き、さらに列強角逐の一環たる日清戦争で領土化された植民地台湾の官界＝台湾総督府に行きつく。木村匡のここまでの人生は、19世紀後半の帝国主義時代でなければありえなかった、そうした道のりであった。

　世は20世紀の時代へと移り、日本はいよいよ帝国主義列強の一角へと政治的・軍事的・経済的な支配領域の拡大をおし進め、1920年代半ばまでは、まさに順風満帆の躍進期にあった。そうした時代状況にあって木村匡は、内地であれ台湾であれ、とかく学閥・門閥がものをいう官界＝台湾総督府に見切りをつけ、民間での活動に舵を切りかえることになる。その結果、総督府辞職後二度も台湾に立ち戻り、三十四銀行台湾総支配人から台湾商工銀行頭取へと上りつめていく。たしかに台湾は狭い。しかし、狭いながらも、台湾銀行という別格の国策銀行を除けば台湾の地場銀行中、トップ銀行の頭取である。しかも、狭い台湾では元総督府官僚の履歴が「生き字引」的存在として強力な武器となる。台湾総督府が日本にとって植民地経営の実験場であったのと同様に、彼は台湾商工銀行を自らの銀行経営理念の実験場として差配することになる。台湾における他の地場銀行に欠けていた、いわゆる商業銀行

6）　木村匡は1905年11月、三十四銀行京都支店長に転任するさい、台北在住の教育関係者が催してくれた送別会での挨拶でつぎのように語っている。「予は仙台に生れた者であるが、仙台は戊辰の役には朝敵であつたから、事定まつてから一時殆んど、四民流離と云ふ有様であつた、就中士族は窮したのである、予は斯の時代に生れたる悪運児であつた、艱難汝を玉にすと云ふ格言から云はゞ寵運児かも知れないが……」（木村匡「本島教育者に一言す」『台湾教育会雑誌』第46号、1906年、29頁）。

（預金銀行）主義の経営策をつぎつぎと打ち出し、ついに1921年、台湾銀行の内地支店を除けば、台湾の地場銀行中で初の東京支店を開設する。台湾商工銀行を内地の上位銀行に引けをとらない銀行にまで育て上げたのである。

　木村匡の台湾への執着は並みではなかった。ところが、その裏目とでもいうべきか、あるいは「上手の手から水が漏れる」とでも表現すべきか、1923年、新高・嘉義両行との合同（合併）で大失策を犯し、巨額な不良債権の山を抱え込んでしまう。彼に残された台湾での仕事は、不良債権整理の責任を果たすことだけになってしまった。整理後の身の振り方はおのずから明かであった。これまで台湾に築き上げてきた実績がいかに大きかろうと、もはや「台湾で生きていく」ことを許されない状況に追い込まれたのである。木村匡の台湾への執着心が人並みでなかっただけに、そのときの彼の心境は、推しても知るをえない。

　木村匡は1926年の春3月、郷里の宮城県桃生郡北村に「帰還」した。1895年6月に台湾総督府官僚となるべく渡台して以後、三十四銀行の京都支店長時期を除いて通計25年間の台湾生活であり、そのほとんどが銀行家としての活動であった。たった一つとはいえ大失策を犯してしまったこの「帰還兵」を、郷里・郷土は温かく迎えてくれた。北村村長と県町村長会長の大役を任されたのである。しかし1930年代に入ると、彼を取り巻く周囲の状況は一変する。日本は20年代後半からの大不況を引きずりながら15年戦争の泥沼にのめり込み、一方、郷里は相次ぐ地震・津波災害で連年大凶作に見舞われる。こうした様変わりの時代状況に、彼は老体にむち打ち渾身の力をもって対応に努めた。一般的には余生を楽しむ年齢でありながら、彼にとってそのような余生は他人事であった。しかし、努力すればするほど、結局はその時代状況の旗振り役を演じることになる。かくして木村匡は、日中戦争さなかの1940年2月、さらなる対米英蘭開戦の無謀を知ることなく人生の幕を閉じたのであった。

　木村匡は晩年（1932年）、わが身の来し方を振り返って、その時代性をつぎ

のように述べている。「自身を顧みて、約五十年の間に、教員たることあり、官吏たることあり、銀行業者たることあり、副業として新聞記者たることあり、公吏たることもあり、而して其孰れもが中途半端に進退したるものであつて、理想に達したることは殆んどない、僕慚焉たらざるを得ないが実は僕等年代の人には斯の如き種類の人が多かつた、人にも罪があつたが、時勢から陥入れられたのもあつた」[7]と。時勢と無縁な人間など、およそこの世の中にはいないであろう。だが、木村匡の生きた19世紀後半から20世紀前半における日本では時勢の影響力が格段に強烈であったから、国民の多くはいきおい時勢に追い立てられ、結局は速成の積み重ねのままに先を急がざるをえなかった。「時勢から陥入れられたのもあつた」に木村匡が込めた意味を考えると、彼の生涯はまさに「日本近代史の投影」そのものだったのではないのか、そう思えてならない。

　歴史に「もし」は許されない。それを承知のうえでの愚問であるが、もし木村匡がもう少し長生きをして1945年8月15日の日本をみることがあったならば、彼はいったい何を感じ、何を考え、何をしようとしたであろうか。尋ねてみたくなる。彼が精魂込めて成し遂げた台湾での仕事を振り返り、かつ台湾が日本の植民地支配から解放されたこと＝「光復」を知って、何を思うであろうか。尋ねてみたくなる。もちろん、返答のあるはずはない。

　　　　　　　　　　　　　　　‥‥‥‥‥‥‥‥‥‥‥‥‥‥‥

　木村匡に関する資料調査のために、筆者が彼の郷里・北村をはじめて訪れたのは1999年2月初旬のことであった。いまから17年も前のことである。当時の河南町教育委員会にお邪魔して教育長の斎藤龍雄氏と社会教育課主事の市川洋一氏の両氏にお相手をしていただいた。同委員会所蔵の関係資料を閲覧させてもらうやら、市川氏には車で北村小学校校庭の立教堂、さらに木村

──────────────

7）　木村匡「佐藤郁二郎君の静平なる生活」（『宮城縣人』第8巻第10号、1932年）14頁。

家の旧家屋にまで案内していただくなど、心のこもったご応対を賜った。ただ、その後、筆者は別の仕事にかかり切りになったこともあって、木村匡についてはしばらく失念状態が続いた。そのようなわけで「木村匡研究」は遅れに遅れ、本格的にとりかかったのは2011年春の頃からである。初調査からすでに12年も経っていた。木村匡が愛してやまなかった彼の故郷を襲った東日本大震災で目を覚まされたのか、あるいは定年退職が間近に迫ってきた焦りからだったのか、いずれにせよ、「木村匡研究」を捨て置くわけにはいかなかった。

　木村匡なる人物が筆者の脳裡に再び甦ったのは、本書巻頭の「はじめに」で記したように、「植民地の銀行家って何？」の妄念がきっかけであった。この仕事にとりかかった当初は、台湾商工銀行の経営状況と頭取木村匡の銀行経営理念とを分析対象とする論文としてまとめ上げる予定であったが、調査・分析を進めるうちに、人物研究の宿命からか、「人間・木村匡」にまで立ち入らないと十全を期しがたいとの思いを深くするにいたった。そのために資料調査の領域が拡大し、調べれば調べるほど新たな未知の問題に突きあたり、さらなる調査・分析の深みにはまり込んでしまった。当初想定していた所要時間を大幅に超過するとともに、紙幅の点でも論文形式ではもはや収まりきらず単行本形式に切り替えざるをえなくなった。

　こうした経緯のなかで最大の悩みだったのは、木村家のご遺族・ご子孫とお会いする機会になかなか巡りあえなかったことである。昨今は個人情報に関するガードがきわめて固く、地元の公的機関を訪ねても、当方の期待を満たしてくれることが少なくなった。上述した17年前の河南町教育委員会でのような場面はなかなか再現できない時代になったのである。遺族・子孫が先祖代々の家を継いで、その地に暮らしているケースを想定することこそ、今の時代感覚にそぐわないのかも知れない。いつしか木村匡のご遺族・ご子孫との邂逅は諦めかけていた。

　そのような折の2014年3月、筆者の諦め感を吹き飛ばしてくれる場面に遭

遇したのである。同月中旬、筆者は石巻線前谷地駅の近くにある石巻市河南総合支所市民生活課を訪ね、木村匡に関する情報の有無を尋ね、あわせてご遺族・ご子孫の所在をお聞きした。同課にあってもこれといった手掛かりはえられなかったが、同課スタッフの伊藤光夫氏が、木村家菩提寺の箱泉寺を訪ねたら何か情報がえられるかも知れない、と自ら電話で同寺との繋ぎの労をとってくださった。

　その日はあいにく雨模様の日であったが、早速、駅前にとって返しタクシーで箱泉寺へ駆けつけた。こうして、ご住職の川村運徑氏と奥様にお会いすることができ、雨中にもかかわらず木村家のお墓をお参りさせてもらうやら、車で「木村匡先生頌徳碑」にまで案内をしていただくやら、大変お世話になった。とくに有りがたかったのは、木村匡直系の令孫に当たる木村景二氏（仙台市在住）にコンタクトをつけてくださったことである。伊藤・川村両氏には感謝の気持ちでいっぱいである。ご遺族の所在を知るのが、もし本書の出版後になっていたら、悔やんでも悔やみきれなかったであろう。調査の基本はやはり歩くこと、基本を忘れてはいけない、とつくづく思い知らされたしだいである。

　ひとまず埼玉県の自宅に帰ってから、木村景二氏宅に電話をした。同家では異邦人の突然の出現に驚かれたようであったが、箱泉寺ご住職から前もって連絡がつけられていたこともあって、快く応対をしてくださった。ただ、景二氏にはちょうどその頃入院・加療の予定が入っており、直ちにお会いできる状況にはなかった。と同時に、事前に調査事項などを互いに連絡し交換しあっておく必要もあった。そのため、筆者が仙台に出向き、実際にお会いできたのは2014年6月4日のことである。同氏は、必ずしも体調の思わしくないなかを快く面談に付き合ってくださり、遺族でなければ知りえない情報を提供してくださった。なかでも貴重な成果は、木村匡の戸籍謄本の写しをご提供いただき、それまで想像だにしなかった情報を知りえたことであった。本文中にも記述したことだが（第4章111〜114頁参照）、この新資料で知りえ

た情報は、筆者にとってはかりきれないほど価値のあるものであった。人物史を描こうとする場合、その表面を追いかけるだけでは十全的でない。ことさらに裏面を詮索する必要はないが、筆者として、知っているのと知らないのとでは、表現作法に天地の差を覚える。その意味で、木村景二氏の情報提供には深甚なる謝意を表したい。

　資料収集にあたり、多くの諸機関ならびにそのスタッフの方々に大変お世話になった。以下に摘記すれば（以下、50音順）、石巻市河南総合支所市民生活課、岩沼市民図書館、宇都宮大学附属図書館、金沢市立玉川図書館近世史料館、慶應義塾大学図書館、国立国会図書館、専修大学生田図書館、仙台市民図書館、仙台市役所市政情報センター、台湾協会、台湾中央研究院近代史研究所図書館、台湾中央図書館台湾分館、竹駒神社馬事博物館、東北大学附属図書館、獨協大学図書館、日本近代文学館、三菱史料館、宮城県図書館、宮城県桃生郡河南町教育委員会（現石巻市河南町教育委員会）、宮津市立図書館、明治学院大学白金図書館、早稲田大学現代政治経済研究所、早稲田大学図書館の各機関である。改めて感謝申し上げたい。とくに東北大学附属図書館では、木村匡関係資料「木村家所蔵書」を閲覧させていただき、さらに同資料が同館に所蔵されるにいたった経緯についても、可能なかぎりでの誠意ある情報提供をしてくださった。心より御礼申し上げたい。また毛筆書き書簡資料の読解にあたっては、獨協大学経済学部の新井孝重教授にご教示を仰いだ。台湾中央研究院台湾史研究所主催のシンポジウム「日本帝国與殖民地：人流與跨境」（2014年10月2～3日）および地方金融史研究会（全国地方銀行協会内）では研究報告の機会を与えられ、多方面からのご意見、ご質問を賜った。この場をかりて感謝の意を表したい。

　最後になったが、学術研究書の刊行がなにかと困難な昨今の出版業界にあって、（株）ゆまに書房（荒井秀夫社長）の吉田えり子氏には筆者の我がままを最大限に聞き入れていただき、感謝の申し上げようもない。本書の出来不出来は読者の評に俟つしかないが、筆者の思い入れとしては、東日本大震災

で被災された方々の一刻も早い立ち直りを祈念し、かつ木村匡の郷土愛に想いを致しつつ、老いの初心を本書に込めたつもりである。謹言

2016年6月

波 形 昭 一

木村匡　著述・論述目録

〔備考〕

1：『木村匡君口演集』は『口演集』、『木村匡先生講演集「村長十年」』は『村長十年』の略称を
　　用いた。

2：題名のない論述には筆者（波形）がその内容にもとづいて題名をつくり［　］を付して示した。

3：執筆・講演の年月日・場所については『木村匡先生講演集「村長十年」』を参照した場合が
　　多い。また、配列順について執筆・講演時期と刊行時期に差がある場合は前者を優先した。

4：鬼村狂史、局外逸士は木村匡のペンネーム。

単行本

会計法註釈（1889年5月）

下検査ニ関スル意見（1891年10月）

哀悼の記（1894年10月）

井上毅君教育事業小史（安江正直・有田利雄、1895年1月）

森先生伝（金港堂書籍、1899年9月、附録其一・森先生の半面）

覆醤随存（1901年6月）

台湾貨幣問題（新高堂書店、1903年11月）

算外飛沫（1906年4月）

鞭のおと（1919年8月）

景直翁詠草（木村景直著・木村匡編、1924年6月）

木村匡君口演集（小林清蔵編、1927年10月）

樵の下露（1929年5月）

木村匡先生講演集『村長十年』（同書刊行会編、1937年10月）

論説・その他

宮城縣□（学カ）規ノ可否ヲ論ズ　第二稿（仙台日日新聞、1879年10月4日）

甲第百四十二号布達ヲ読ム（仙台日日新聞、1879年10月8日）

甲第百四十二号布達ヲ読ム（昨日之続）（仙台日日新聞、1879年10月9日）

衛生会ノ設立ヲ企望ス（仙台日日新聞、1879年11月20日）

町村会ノ愚案（第壱稿）　議長の心得（仙台日日新聞、1879年12月6日）

商業学講ズ可シ（福島毎日新聞、1879年12月6日）

商業学講ズ可シ（前号ノ続キ）（福島毎日新聞、1879年12月7日）

町村会の愚案（第二稿）　開場時間の事（仙台日日新聞、1879年12月9日）

勲章論（福島毎日新聞、1879年12月16日）

町村会愚案（第三稿）　議案編製ノ法（仙台日日新聞、1879年12月20日）

福島県官ニ歳晩ノ贈物ヲ呈ス（福島毎日新聞、1879年12月26日）

教育ノ事ハ尚ホ未タ人民ノ思想ニ熟セス（仙台日日新聞、1879年12月27日）

演説ノ目的（仙台日日新聞、1880年1月16日）

（社説）送旧迎春（福島毎日新聞、1880年1月17日）

或人ノ惑ヲ解キ併テ少年諸生ニ告グ（福島毎日新聞、1880年1月22日）

町村会愚案（第四稿）　動議問題ノ事（仙台日日新聞、1880年1月28日）

地方官会議ハ地方官ノ学業試験ニ非ズ（福島毎日新聞、1880年1月31日）

地方官会議傍聴筆記（第一号）（仙台日日新聞、1880年2月17日）

地方官会議傍聴筆記（第一号ノ続キ）、附録（第二報、第三報）（仙台日日新聞、1880
　　年2月18日）

地方官会議傍聴筆記（第二報ノ続キ）（仙台日日新聞、1880年2月19日）

地方官会議傍聴筆記（第二報ノ続）（仙台日日新聞、1880年2月20日）

地方官会議傍聴筆記、附録（第三報ノ続キ、第四報）（仙台日日新聞、1880年2月21
　　日）

地方官会議傍聴筆記（第四報ノ続）、附録（第五報）（仙台日日新聞、1880年2月21日）

地方官会議傍聴筆記（第五報ノ続、第六報）（仙台日日新聞、1880年2月22日）

地方官会議傍聴筆記（第五報ノ続）（仙台日日新聞、1880年2月25日）

地方官会議傍聴筆記（第七報ノ続、第八報）、附録（第九報）（仙台日日新聞、1880年
　　2月26日）

地方官会議傍聴筆記、附録（第九報ノ続、第十報）（仙台日日新聞、1880年2月27日）

地方官会議傍聴筆記（第十一報）、附録（第十二報）（仙台日日新聞、1880年3月4日）

地方官会議傍聴筆記（第十二報ノ続キ）（仙台日日新聞、1880年3月5日）

地方官会議傍聴筆記、附録（第十二報ノ続キ）（畢）（仙台日日新聞、1880年3月6日）

東奥ノ国会論者ニ告グ（福島毎日新聞、1880年3月9日）

教育令実施法ヲ論ス（上篇）　緒言及ヒ学務委員小学教師ヲ新任ス可キ事（仙台日日
　　新聞、1880年3月12日）

教育令実施法ヲ論ス（中篇）　現行小学教則ヲ廃シテ各地ノ便宜ニ放任セシム可シ
　　（仙台日日新聞、1880年3月18日）

国政論者ノ身分ヲ論ズ（福島毎日新聞、1880年3月19日）

新聞記者ノ本分ヲ論ス（仙台日日新聞、1880年3月24日）

婚姻論（福島毎日新聞、1880年4月6日）

教育令実施法ヲ論ズ（下篇）　宮城師範学校中巡回訓導廃ス可シ（仙台日日新聞、
　　1880年4月7日）

某論者ノ惑ヲ解ク（仙台日日新聞、1880年4月10日）

言行録ノ必要（福島毎日新聞、1880年4月19日）

辨妄（仙台日日新聞、1880年4月30日）

辨妄（昨日ノ続キ）（仙台日日新聞、1880年5月1日）

御巡幸ノ御発令ヲ読ンデ感アリ（福島毎日新聞、1880年5月1日）

町村会愚案（第五稿）　戸数割議案を決するに投票議決を用ふへき事（仙台日日新聞、
　　1880年 5 月12日）

忍耐ノ説（福島毎日新聞、1880年 5 月14日）

愛国ノ気象ヲ振起ス可シ（福島毎日新聞、1880年 6 月11日）

県会議員諸君ニ告グ（宮城日報、1880年 6 月15日）

東北新報記者ヲ責ム（陸羽日日新聞、1880年 7 月20日）

正札付ノ商売ハ掛価ノ弊ヲ附クヘキ乎（陸羽日日新聞、1880年 8 月 3 日）

正札付ノ商売ハ掛値ノ弊ヲ防グベキ乎（前号ノ続キ）（陸羽日日新聞、1880年 8 月 4
　　日）

飲酒者ノ警誡（陸羽日日新聞、1880年 8 月18日）

宮城県会議員ノ挙動ヲ論ス（陸羽日日新聞、1880年 8 月20日）

簿記法ヲ論ズ（陸羽日日新聞、1880年 8 月27日）

府県会規則ノ改正ヲ欲ス（陸羽日日新聞、1880年 9 月 1 日）

訓蒙（陸羽日日新聞、1880年 9 月27日）

言論ノ公正（福島毎日新聞、1880年 9 月27日）

古昔ノ貨幣（陸羽日日新聞、1880年10月 1 日）

簿記法ノ教授ヲ論ズ（陸羽日日新聞、1880年10月 8 日）

実理論（福島毎日新聞、1880年10月18日）

訓蒙小言（陸羽日日新聞、1880年10月19日）

仙台青年会ノ開設（陸羽日日新聞、1880年11月15日）

如何乎コレ学問（陸羽日日新聞、1880年11月17日）

如何乎コレ学文　前号ノ続キ（陸羽日日新聞、1880年11月18日）

利息昂低ノ原因（陸羽日日新聞、1880年11月29日）

新聞記者ノ本分　啓蒙小言（陸羽日日新聞、1880年12月 8 日）

「ロンバルド」ノ説（陸羽日日新聞、1880年12月10日）

道徳学ト智識学ノ間ニ本末ノ関係ナシ（陸羽日日新聞、1880年12月11日）

商人ハ活発ナラザル可ラズ（陸羽日日新聞、1880年12月28日）

賀新年之辞（陸羽日日新聞、1881年 1 月 9 日）

任用論（陸羽日日新聞、1881年 1 月12日）

物価論（陸羽日日新聞、1881年 2 月 2 日）

物価論（前号ノ続キ）（陸羽日日新聞、1881年 2 月 3 日）

賃銀論（陸羽日日新聞、1881年 2 月 9 日）

続物価論（陸羽日日新聞、1881年 2 月15日）

負債論（陸羽日日新聞、1881年 2 月23日）

論者ノ惑ヲ解ク（陸羽日日新聞、1881年 4 月 2 日）

先買及買占ハ憂フルニ足ラズ（陸羽日日新聞、1881年 4 月 5 日）

行燈部屋ハ古ク羅馬ニ行ハル（陸羽日日新聞、1881年 5 月 2 日）

戸長役場合併ノ利害（陸羽日日新聞、1881年 5 月24日）

戸長役場合併ノ利害（前号ノ続キ）（陸羽日日新聞、1881年5月25日）

地租米納論ヲ読ム（陸羽日日新聞、1881年6月17日）

浣華翁ニ答フ（陸羽日日新聞、1881年8月1日）

地方物産興起ノ目的（宮城日報、1881年9月10日）

無根ノ妄説ヲ辨ス（陸羽日日新聞、1881年10月18日）

米価下落ノ原因（陸羽日日新聞、1882年2月9日）

米価下落ノ原因（昨日ノ続キ）（陸羽日日新聞、1882年2月10日）

利息ノ事ヲ論ス（第一）　利息ノ約束ハ人民ノ自由ナルヘキ事（陸羽日日新聞、1882年2月14日）

利息ノ事ヲ論ス（第二）　利息ニ昂低ヲ生スルハ自然ノ傾キニ由ル事（陸羽日日新聞、1882年2月15日）

利息ノ事ヲ論ス（第三）　利息制限法ハ弊害アル事（陸羽日日新聞、1882年2月20日）

読陸羽新聞（上篇）（陸羽日日新聞、1882年2月22日）

読陸羽新聞（下篇）（陸羽日日新聞、1882年2月23日）

奥羽記者ノ商況論ヲ読ム（第一）　巨商特リ富ンデ細商独リ苦ムヤ否（奥羽日日新聞、1883年2月2日）

奥羽記者ノ商況論ヲ読ム（第二）　寄送貧富ノ懸隔ハ自然ニ近邇セサルヤ否ヤ（奥羽日日新聞、1883年2月3日）

奥羽記者ノ商況論ヲ読ム（第三）　一大会社ヲ設クルハ何ノ為ゾ（奥羽日日新聞、1883年2月5日）

商業学校設立セザル可ラズ（奥羽日日新聞、1883年4月20日）

商業学校設立セザル可ラズ（承前）（奥羽日日新聞、1883年4月21日）

（鬼村狂史）宮城師範学校生徒学資給與ノ廃止ヲ論ズ（奥羽日日新聞、1883年10月20日）

（鬼村狂史）宮城師範学校生徒給與ノ廃止ヲ論ス（前号ノ続キ）（奥羽日日新聞、1883年10月22日）

（鬼村狂史）法律学ヲ講ゼントスルモノニ告グ（奥羽日日新聞、1883年10月25日）

（鬼村狂史）法律学ヲ講ゼントスルモノニ告グ（前号ノ続）（奥羽日日新聞、1883年10月26日）

東京大学学位授与式（奥羽日日新聞、1883年11月2日）

商業学校論（第一）　商業学校ノ必要（奥羽日日新聞、1884年1月4日）

商業学校論（第二）　宮城商業学校設立セザル可ラズ（奥羽日日新聞、1884年1月8日）

商業学校論（第三）　宮城商業学校費ハ地方税ヨリ支弁スベシ（奥羽日日新聞、1884年1月10日）

商業学校論（第四）　宮城商業学校ノ費用ヲ地方税ヨリ支弁スルニ付テノ反対ノ意見ヲ駁ス（奥羽日日新聞、1884年1月12日）

商業学校論（第五）　商業学校ノ教科ハ如何（奥羽日日新聞、1884年1月14日）

商業学校論（第六）　結論（奥羽日日新聞、1884年1月15日）

商業学校論（第六）　前号ノ続（完）（奥羽日日新聞、1884年1月16日）

宮城商法会議所会員諸君ニ企望ス（奥羽日日新聞、1884年1月24日）

文部卿ハ商業学校通則ヲ頒布セラル（奥羽日日新聞、1884年2月2日）

文部卿ハ商業学校通則ヲ頒布セラル（承前）（奥羽日日新聞、1884年2月4日）

［社友木村匡氏カ樋渡正太郎氏送別宴席ニ於テ朗読セシ演説記臆書］（奥羽日日新聞、
　　1884年2月9日）

木村氏告別ノ辞（前号ノ続キ）（奥羽日日新聞、1884年2月12日）

（社説）日本鉄道会社ノ開業式ニ付テ感アリ（奥羽日日新聞、1884年7月8日）

（社説）郷友ノ東京ニ留学セントスル者ニ告グ（奥羽日日新聞、1884年7月19日）

［東京ニ於テ宮城縣人ガ学士招待ノ宴ヲ開キタル折社友木村匡氏ガ席上演説ノ筆記］
　　（奥羽日日新聞、1884年7月25日）

（社説）宮城県農事講習所ノ開業式ヲ祝ス（奥羽日日新聞、1884年7月30日）

（社説）日本風俗博覧会（奥羽日日新聞、1884年8月4日）

天下太平（奥羽日日新聞、1884年8月13日）

将来世界ノ幣制ハ一ニ帰スベシ（奥羽日日新聞、1884年8月25日）

（鬼村狂史）殖民地ニ保護政策ヲ行フノ可否（東京輿論新誌、第175号、1884年9月20
　　日）

（鬼村狂史）大蔵省証券（東京輿論新誌、第176号、1884年9月30日）

（鬼村狂史）利息制限法（東京輿論新誌、第178号、1884年10月20日）

（鬼村狂史）英国通商地理協会ノ設立ヲ聞ク（東京輿論新誌、第179号、1884年10月30
　　日）

会計年度ノ改正（奥羽日日新聞、1884年11月6日）

（鬼村狂史）新租税賦課ノ風説（東京輿論新誌、第180号、1884年11月10日）

（鬼村狂史）相場附ノ解（奥羽日日新聞、1884年11月12日）

（社説）都府ノ形勢一変セン（山梨日日新聞、1884年11月12日）

（社説）奥羽戦争ノ短カ、リシヲ惜ム（奥羽日日新聞、1884年11月21日）

（鬼村狂史）商業学校ノ必用（東京輿論新誌、第183号、1884年12月10日）

（鬼村狂史）商業学校ノ必用（承前）（東京輿論新誌、第184号、1884年12月20日）

分業ノ害（仙台義会雑誌、第2号、1884年12月21日）

（鬼村狂史）商業学校ノ必用（承前）（東京輿論新誌、第185号、1884年12月30日）

伊達黄門公二百五十年祭（奥羽日日新聞、1885年5月26日）

伊達黄門公二百五十年祭（承前）（奥羽日日新聞、1885年5月27日）

送別ノ辞（奥羽日日新聞、1885年6月9日）

仙台ノ交通（第一）（仙台義会雑誌、第8号、1885年6月28日）

仙台義会雑誌発刊ノ旨趣ヲ明ラカニス（仙台義会雑誌、第11号、1885年9月27日）

商業学校論　商業学校ノ要用（仙台義会雑誌、第16号、1886年2月28日）

伊達見龍君ノ霊ヲ祭ル（仙台義会雑誌、第19号、1886年5月16日）

文部次官学事巡視随行私記（大日本教育会雑誌、第36号、1886年 7 月31日）

文部次官学事巡視随行私記（第二～第三）（大日本教育会雑誌、第39号、1886年 9 月15日）

文部次官学事巡視随行私記（第四～第六）（大日本教育会雑誌、第40号、1886年 9 月30日）

文部次官学事巡視随行私記（第七～第十）（大日本教育会雑誌、第41号、1886年10月15日）

会計事務上ニ珠算ヲ廃シ筆算ヲ採用スル説（大日本教育会雑誌、第46号、1886年12月30日）

女子ヲ以テ小学教員ニ充ツヘキ説（大日本教育会雑誌、第51号、1887年 3 月18日）

小学校事務ヲ如何スヘキ（大日本教育会雑誌、第54号、1887年 4 月30日）

文部大臣学事巡視随行私記（大日本教育会雑誌、第59号、1887年 7 月18日）

文部大臣学事巡視随行私記（第二、第五十九号ノ続キ）（大日本教育会雑誌、第61号、1887年 8 月13日）

文部大臣学事巡視随行私記（第三、第六十一号ノツヽキ）（大日本教育会雑誌、第62号、1887年 8 月30日）

文部大臣学事巡視随行私記（第四、第六拾二号ノツヽキ）（大日本教育会雑誌、第65号、1887年10月15日）

文部大臣学事巡視随行日記（教育報知、第124号、1888年 6 月23日）

文部大臣第三地方部学事巡視随行日記（第二）（教育報知、第125号、1888年 6 月30日）

文部大臣学事巡視随行日記（第三）（教育報知、第126号、1888年 7 月 7 日）

文部大臣第三地方部学事巡視随行日記（第四）（教育報知、第127号、1888年 7 月14日）

文部大臣学事巡視随行日記（第五）（教育報知、第129号、1888年 7 月28日）

文部大臣学事巡視随行日記（第六）（教育報知、第130号、1888年 8 月 4 日）

文部大臣学事巡視随行日記（第七）（教育報知、第132号、1888年 8 月18日）

文部大臣学事巡視随行日記（第八）（教育報知、第133号、1888年 8 月25日）

文部大臣学事巡視随行日記（第九）（教育報知、第139号、1888年10月 6 日）

文部大臣第三地方部学事巡視随行日記（第九、続き）（教育報知、第141号、1888年10月20日）

文部大臣第三地方部学事巡視随行日記（第十）（教育報知、第142号、1888年10月27日）

文部大臣第三地方部学事巡視随行日記（第十一）（教育報知、第144号、1888年11月10日）

文部大臣第三地方部学事巡視随行日記（第十二）（教育報知、第146号、1888年11月24日）

欧州学事巡視紀事　 2 冊（1889年12月、東北大学附属図書館蔵『木村家所蔵書』）

欧州学事巡視紀事　 1 冊（1890年、東北大学附属図書館蔵『木村家所蔵書』）

普国取調事項筆記　 1 冊（1890年、東北大学附属図書館蔵『木村家所蔵書』）

欧州紀行　 4 冊（1890年、東北大学附属図書館蔵『木村家所蔵書』）

故森子爵の逸事に付て（国家教育、第22号、1894年 2 月23日）

故森子爵の逸事（教育報知、第412号、1894年 3 月10日）

故森子爵の逸事（承前）（教育報知、第413号、1894年 3 月17日）

故森子爵の逸事（承前）（教育報知、第415号、1894年 3 月31日）

故森子爵の逸事（承前）（教育報知、第417号、1894年 4 月14日）

故森子爵の逸事（承前）（教育報知、第418号、1894年 4 月21日）

北海道の教育に就て（北海道教育会常集会にて、1894年 6 月12日、函館教育協会雑誌、
　　第110号、1894年 9 月）

木村匡氏の北海道教育談（上）（教育報知、第435号、1894年 8 月18日）

木村匡氏の北海道教育談（下）（教育報知、第436号、1894年 8 月25日）

（局外逸士）井上前文相と故森子爵（国家教育、第29号、1894年 9 月23日）

故森子爵の外交及兵役論に就て（附：東京事件の観察）（国家教育、第35号、1895年
　　3 月15日）

遠藤監督(慎司)に贈る（1895年、木村匡『覆醬随存』収録）

杉村監督補(時中)を送る（1896年、木村匡『覆醬随存』収録）

杉村外事課長(濬)の朝鮮事変紀念会を祝す（1896年 7 月、木村匡『覆醬随存』収録）

佐藤一景氏の叙勲を祝す（佐藤宅にて、1897年 5 月 4 日、木村匡『覆醬随存』収録）

土屋達太郎伊藤金彌曾根吉彌三氏の郵便局長に任せられたるを祝す（淡水館にて、
　　1897年 5 月27日、木村匡『覆醬随存』収録）

遠藤台南県書記官(剛太郎)を送る（淡水館にて、1897年 6 月15日、木村匡『覆醬随
　　存』収録）

祝辞（1897年 6 月20日、台湾新報、1897年 6 月22日）

木村秘書官の演説（服部弁護士開業披露の席上、1897年 7 月20日、台湾新報、1897年
　　7 月22日）

水野民政局長(遵)非職慰問（淡水館にて、1897年 7 月24日、木村匡『覆醬随存』収録）

平野警保課長(貞次郎)を送る（淡水館にて、1897年 7 月31日、木村匡『覆醬随存』収
　　録）

台北米穀市場開業を祝す（米穀市場にて、1897年 8 月 5 日、木村匡『覆醬随存』収録）

広く台北人士に檄す（台湾新報、1897年 8 月20日）

（丙丁紀念会）命名理由書、丙丁紀念会々規（1897年 9 月 5 日、大園市蔵『台湾事蹟
　　綜覧』第 2 巻、台湾治蹟研究会、1920年、収録）

土居通信部長(通豫)の帰京を送る（淡水館にて、1897年 9 月20日、木村匡『覆醬随
　　存』収録）

役人十誡一名通俗服務紀律（1897年 9 月23日、台湾新報、1897年 9 月25日）

中田(懋)木村(新九郎)両大佐青柳監督(忠次)山本大尉(正勝)を送る（淡水館にて、
　　1897年10月30日、木村匡『覆醬随存』収録）

木村秘書官の朗読演説（台湾新報、1897年11月 2 日）

招魂祭に就き台北市民に告ぐ（台湾新報、1897年11月17日）

木村殖産課長の通報（台湾新報、1897年12月5日）

木村殖産課長の巡回報（第二回）（台湾新報、1897年12月7日）

木村氏の南巡回報（第三回）（台湾新報、1897年12月9日）

木村氏の南巡回報（第四回）（台湾新報、1897年12月11日）

木村氏の南巡回報（五）（台湾新報、1897年12月14日）

木村氏の南巡回報（六）（台湾新報、1897年12月15日）

木村氏の南巡回報（六…七の誤りか）（台湾新報、1897年12月16日）

木村氏の南巡回報（八）（台湾新報、1897年12月17日）

木村氏の南巡回報（八…前の続きか）（台湾新報、1897年12月18日）

木村氏の南巡回報（九）（台湾新報、1897年12月19日）

木村氏の南巡回報（十）（台湾新報、1897年12月22日）

木村氏の南巡回報（十一）（台湾新報、1897年12月23日）

木村氏の南巡回報（十二）（台湾新報、1897年12月24日）

木村氏の南巡回報（十三）（台湾新報、1897年12月25日）

有森新吉氏を送る（小島屋にて、1898年、木村匡『覆醬随存』収録）

岩田清三郎氏を送る（小島屋にて、1898年4月24日、木村匡『覆醬随存』収録）

台湾に於ける「立見将軍」（台湾日日新報、1898年10月15日）

（鬼村狂史）心つくしに就て（台湾日日新報、1898年10月19日）

五十歩百歩（一）（台湾日日新報、1898年11月3日）

五十歩百歩（二）（台湾日日新報、1898年11月5日）

五十歩百歩（三）（台湾日日新報、1898年11月6日）

御聖徳を頌し奉る（台湾日日新報、1898年11月6日）

五十歩百歩（四）（台湾日日新報、1898年11月8日）

五十歩百歩（五）（台湾日日新報、1898年11月9日）

五十歩百歩（六）（台湾日日新報、1898年11月10日）

五十歩百歩（七）（台湾日日新報、1898年11月11日）

五十歩百歩（八）（台湾日日新報、1898年11月12日）

五十歩百歩（九）（台湾日日新報、1898年11月13日）

五十歩百歩（十）（台湾日日新報、1898年11月15日）

五十歩百歩（十一）（台湾日日新報、1898年11月16日）

五十歩百歩（十二、完）（台湾日日新報、1898年11月17日）

商業教育の必要（台北商工会での講演）（台湾日日新報、1898年11月17日）

商業教育の必要（台北商工会での講演・続）（台湾日日新報、1898年11月20日）

始政紀念日の小歴史（台湾日日新報、1899年6月17日）

始政紀念日夜会の紀事（台湾日日新報、1899年6月20日）

鬼村子の朗読演説（台湾商報、第26号、1899年8月11日）

小山鉄道部技師(保政)の卒去を悼む（台北東本願寺別院にて、1899年8月26日、木村
　　匡『覆醬随存』収録）

落葉籠　遭難の記（台湾日日新報、1899年10月21日）

赤十字事業（東門学校に於て述べたる大要）（台湾日日新報、1899年11月26日）

木村匡氏の意見書（台湾協会会報、第15号、1899年12月）

勤労問題と文工倶楽部（台湾日日新報、1899年12月12日）

吾が誤想せる台湾（一）　木村匡君（台湾日日新報、1900年1月28日）

山根鉄道隊長(武亮)を送る（淡水館にて、1900年4月20日、木村匡『覆醬随存』収録）

(鬼村狂史) 公共事業と富豪（台湾日日新報、1900年5月1日）

第五回始政紀念日（所感）（台湾日日新報、1900年6月17日）

新山監督監の死を弔ふ（台湾日日新報、1900年7月11日）

序（1900年11月9日、湯城義文編『台湾交通要覧』博文堂、1901年）

台湾総督府凱旋諸氏を送る（年月不詳、木村匡『覆醬随存』1901年6月、収録）

千々岩警保課長(英一)を送る（年月不詳、木村匡『覆醬随存』1901年6月、収録）

桃生郡教育会に大久保大佐(利貞)の臨席を聞き感を記す（年月不詳、木村匡『覆醬随存』1901年6月、収録）

負債の誡（年月不詳、木村匡『覆醬随存』1901年6月、収録）

給仕訓（年月不詳、木村匡『覆醬随存』1901年6月、収録）

給仕に樹栽を励む（年月不詳、木村匡『覆醬随存』1901年6月、収録）

国語学校卒業証書授与式に於ける祝辞（1901年7月、木村匡『算外飛沫』収録）

三十四新支店長の談話（台湾日日新報、1901年8月11日）

村上旧知事に就て（台湾日日新報、1901年12月5日）

サー、マークス、サミュール君の倫敦市長就任祝宴に於ける祝辞（サミュール・サミュール商会台北支店に送付、1902年、木村匡『算外飛沫』収録）

藤田嗣章君を送る（1902年3月、木村匡『算外飛沫』収録）

小林鼎君の帰郷を送る（台湾日日新報、1902年3月25日）

藤田嗣章君送別紀念図書蒐集に就て（台湾日日新報、1902年3月27日）

藤田嗣章君送別紀念図書蒐集に就て日報記者足下の賛成を求む（台湾日報、1902年3月27日）

平定紀念会に就て（台湾日報、1902年6月7日）

平定紀念会員に檄す（台湾日報、1902年6月16日）

始政第十年祝典私議（台湾日日新報、1902年6月17日）

七年前の銀行業（台湾日日新報、1902年6月22日）

勧業銀行の事業に就て（台湾日日新報、1902年6月25日）

梧陰先生と兆民居士（台湾日日新報、1902年7月13日）

台湾の銀行事業難（台湾協会会報、第47号、1902年8月）

故杉原楽齋翁法会紀念画帖の後に書す（1902年8月24日、木村匡『算外飛沫』収録）

不景気問題　内地人商業の不景気　木村三四支配人談（一）（台湾民報、1902年9月21日）

不景気問題　内地人不景気に就て　木村三四支配人談（二）（台湾民報、1902年9月

23日）

木村三四支配人の「コールマネー」談（台湾民報、1902年10月14日）

（鬼村外史）利息に就て（台湾日日新報、1902年12月28日）

台北倶楽部落成式に於る祝辞（台北倶楽部にて、1903年1月5日、木村匡『算外飛沫』収録）

故水野民政局長の伝の一斑（故水野民政局長銅像除幕式にて、1903年1月18日、木村匡『算外飛沫』収録）

森先生(有礼)と井上子爵(勝)に就て（台湾日日新報、1903年3月29日）

鮫島盛君を弔するの文（台北西本願寺別院にて、1903年4月5日、木村匡『算外飛沫』収録）

水道敷設運動に就て（台湾日日新報、1903年4月10日）

水道の負担及自治の企望に就て（台湾日日新報、1903年4月14日）

葬式の改善に就て（台湾日日新報、1903年4月19日）

木村三四銀行支配人の送金為替談（台湾民報、1903年4月23日）

木村三四銀行支配人の送金為替談（承前）（台湾民報、1903年4月24日）

木村三四銀行支配人の送金為替談（承前）（台湾民報、1903年4月25日）

擬與大島警視総長（台湾日日新報、1903年5月3日）

台湾実業新聞の発行を祝す（台湾実業新聞、1903年5月3日、木村匡『算外飛沫』収録）

領台当時に於ける台北の衣食住（台湾日日新報、1903年6月17日）

台湾統計協会ノ発会式ヲ祝ス（台湾統計協会雑誌、第1号、1903年11月）

台湾の貨幣制度及改革案（大阪銀行通信録、第75号、1903年12月）

柑橘品評会褒賞授与式に於ける祝辞（1904年、木村匡『算外飛沫』収録）

山本英太郎君の米国に行くを送る（台湾日日新報、1904年3月24日）

台湾の普通教育（六月常集会ニ於ケル演説、1904年6月、台湾教育会雑誌、第28号、1904年7月25日）

加藤尚志君の赴任を送る（台北倶楽部にて、1904年7月5日、木村匡『算外飛沫』収録）

国語学校中学部第一回卒業証書授与式に於ける祝辞（麗正会雑誌、第3号、1904年12月5日、木村匡『算外飛沫』収録）

台湾ト四国トノ比較（台湾統計協会雑誌、第8号、1905年1月）

軍国の銀行業に就て（台湾日日新報、1905年1月1日）

学務官僚遭難六士十年祭及台湾亡教育者建碑式に於ける祭司（1905年2月1日、木村匡『算外飛沫』収録）

始政第十年祝典私議の一部実行（台湾日日新報、1905年6月17日）

領台当時の商業に就て（台湾日日新報、1905年6月17日）

台湾神社に対する敬礼に就て（台湾日日新報、1905年10月28日）

本島教育者に一言す（台湾教育会雑誌、第46号、1906年1月25日）

竹下康之君厳父慈母両柱の寿を祝す（年月不詳、木村匡『算外飛沫』1906年4月、収録）

台湾と京都（台湾日日新報、1906年6月17日）

台湾日日新報創立十週年紀念祝典に就ての懐旧（台湾日日新報、1907年5月1日）

予が台湾に赴きたる縁由並懐旧談（台湾日日新報、1907年6月17日）

商人武士道（実業之横浜、第6巻第6号、1909年3月15日）

台湾始政紀念日の小編年史（台湾日日新報、1909年6月17日）

領台当初の婦人と宴会（台湾日日新報、1909年6月17日）

林子平名誉の借金（仙台新報、第35号、1909年8月30日）

明治二十八年の今日を憶ふ（台湾日日新報、1909年10月28日）

台湾警察の由来（台湾日日新報、1910年6月17日）

台湾戸口調五週年記念ニ就テ（台湾統計協会雑誌、第57号、1910年10月）

故能久親王御誕生地の事ども（台湾日日新報、1910年10月28日）

台湾領有当初の財政観（台湾日日新報、1911年6月17日）

長尾氏送別辞（台湾日日新報、1911年8月19日）

送島田法官部長（台湾日日新報、1911年8月29日）

統計趣味ノ養成ニ就テ（台湾統計協会雑誌、第69号、1911年10月）

人は働くべきもの（実業之台湾、第27号、1911年11月）

天長節教育（台湾日日新報、1911年11月3日）

清国革命観（台湾日日新報、1911年11月18日）

軍旗祭に就て（台湾日日新報、1911年11月19日）

木下大東伝（台湾日日新報、1912年1月26日）

兵商一致（台湾日日新報、1912年1月29日）

小松楠彌君の台湾事業小史（台湾日日新報、1912年2月14日）

陸軍紀念日に就て（台湾日日新報、1912年2月23日）

基隆の名物男佐藤一景君の半生涯（1912年3月、『口演集』収録）

台湾日日新報の創立第十五年記念号に寄す（台湾日日新報、1912年5月1日）

台湾特別会計に就ての今昔の感（台湾日日新報、1912年6月17日）

誤解一掃の好機（台湾日日新報、1912年7月23日）

島田法官部長（喜十郎）を送る（1912年8月、『口演集』収録）

長尾倉三氏を送る（1912年8月、『口演集』収録）

山稜に就て（台湾日日新報、1912年8月7日）

本島治水に就て（台湾日日新報、1912年9月10日）

乃木大将逸事（上）（台湾日日新報、1912年9月17日）

乃木大将逸事（二）（台湾日日新報、1912年9月19日）

乃木将軍逸事（三）（台湾日日新報、1912年9月20日）

乃木大将逸事（四 完）（台湾日日新報、1912年9月21日）

乃木大将祭典祭文（台湾日日新報、1912年9月23日）

予ガ直覚シタル統計思想ノ変遷（台湾統計協会雑誌、第81号、1912年10月）

能久親王と日光（台湾日日新報、1912年10月28日）

川上博士の成功（川上君の招宴に於ける演説）（台湾日日新報、1912年11月15日）

乃木大将の遺言と学校（台湾時報、第38号、1912年11月）

奥村連隊長（信猛）を送る（1913年2月、『口演集』収録）

木村徳蔵君の本領（台湾日日新報、1913年4月8日）

銀行者の集団木曜会に就て（台湾日日新報、1913年6月9日）

増澤有、伊藤金彌両君を送る（1913年7月、『口演集』収録）

威仁親王殿下の薨去を悼み奉る（台湾日日新報、1913年7月8日）

有栖川宮と高松宮（台湾日日新報、1913年7月9日）

戸口調査記念号ニ題ス（台湾統計協会雑誌、第93号、1913年10月）

乃木将軍建碑に就て（台湾日日新報、1913年10月8日）

乃木大将遺髪碑（台湾日日新報、1913年11月10日）

瀧本美夫氏を送る辞（1913年12月、『口演集』収録）

高木君の学位を受けたる理由を論ず（実業之台湾、第52号、1914年2月）

金利引下に就て（台湾日日新報、1914年6月16日）

台湾住民として新三博士（藤田、小池、川添)に謝す（実業之台湾、第57号、1914年7月）

努めて手紙を書くの習慣を養へ（実業之台湾、第57号、1914年7月）

大決心を要す（台湾日日新報、1914年8月16日）

梅山玄秀和尚を送る（実業之台湾、第59号、1914年9月）

台湾統計協会雑誌記念号ニ題ス（台湾統計協会雑誌、第105号、1914年10月）

台湾同化会は帝国同化会たるべし（実業之台湾、第63号、1915年1月）

送亀山理平太君（実業之台湾、第64号、1915年2月）

実業協会事業の発展方法に就て（実業之台湾、第65号、1915年3月）

手紙の整理に就て（実業之台湾、第68号、1915年6月）

故水野民政局長法要祭文（台湾日日新報、1915年6月15日）

自證院に就て（台湾日日新報、1915年6月17日）

木村久太郎氏の将来を論ず（実業之台湾、第69号、1915年8月）

藤根農事試験場学監を憶ふ（実業之台湾、第71号、1915年10月）

二十七日間の旅行（実業之台湾、第74号、1916年1月）

辞せる柳生前頭取　放胆で且細心（台湾日日新報、1916年1月26日）

木下将軍と鈴木大佐（実業之台湾、第75号、1916年2月）

桜井台湾銀行頭取を迎ふ（実業之台湾、第77号、1916年4月）

台湾勧業共進会開館式祝辞（台北市民代表として、1916年4月10日、瀧正一編『応用自在祝弔席上挨拶』服部文貴堂、1938年、収録）

樺山伯爵を迎ふ（実業之台湾、第78号、1916年5月）

日本郵船会社参事高柳君の赴任を送る（実業之台湾、第78号、1916年5月）

涼棚閑話（台湾日日新報、1916年5月28日）

回顧二十年　十年後の希望（台湾日日新報、1916年6月17日）

相賀嘉義庁長を評す（実業之台湾、第79号、1916年7月）

故水野民政局長を憶ふ（実業之台湾、第79号、1916年7月）

通俗大学会に関する講演開会辞（台湾時報、第83号、1916年8月）

台湾法院を独立せる裁判所と為す可否の理由（実業之台湾、第81号、1916年9月）

木村匡氏談（台湾日日新報、1916年12月16日）

希望の数々（台湾日日新報、1917年1月1日）

木曜会新年宴会における挨拶（台湾日日新報、1917年1月15日）

台湾の水産と食料の独立問題（台湾水産雑誌、第14号、1917年2月15日）

論台湾水産及食料独立問題（漢文）（台湾水産雑誌、第15号、1917年3月15日）

陸軍大臣に贈るの書に擬す（1917年5月、『口演集』収録）

台湾始政紀念日に就て（台湾日日新報、1917年6月17日）

台湾占領の当初の話（1917年9月、『口演集』収録）

乃木将軍五年祭祭文（台湾日日新報、1917年9月14日）

中川財務局長を送る（実業之台湾、第93号、1917年10月）

大正七年一月名刺交換会開会の辞（1918年1月、『口演集』収録）

支那向輸出の水産に就て（台湾水産雑誌、第26号、1918年2月15日）

台湾時代の故押川則吉氏（台湾日日新報、1918年2月21日）

厦門商務総会総理黄慶元氏一行に台湾を紹介す（1918年3月、『口演集』収録）

厦門医院職員一行を送る（1918年4月、『口演集』収録）

大島前長官追悼会悼辞（台湾日日新報、1918年4月30日）

合併披露に招かれた（台湾日日新報、1918年5月1日）

日日新報成立に就ての記憶（台湾日日新報、1918年5月1日）

軍馬借用問題に就て（台湾日日新報、1918年5月24日）

矢上主計監の愛馬（台湾日日新報、1918年6月13日）

手島検察官長（兵次郎）の死を悼む（1918年7月、『口演集』収録）

星野政敏、飯沼剛一両君を送る（1918年7月、『口演集』収録）

山田陸軍少将（春樹）東陸軍少将（乙彦）を送迎す（1918年8月、『口演集』収録）

井澤氏を送り本間氏を迎ふ（実業之台湾、第104号、1918年9月）

中央政府の台湾に対する政策の無定見（1918年9月、『口演集』収録）

前台銀頭取柳生氏の鋳造建設（由来）（実業之台湾、第105号、1918年10月）

安田繁三郎、八代定太郎二君を送る（実業之台湾、第106号、1918年11月）

東陸軍少将（乙彦）を送る（1918年11月、『口演集』収録）

台湾医学会第十三回大会の開会を祝す（1918年12月、『口演集』収録）

戦後の行政施設（台湾日日新報、1919年1月1日）

鬼村翁徴歌（上）（台湾日日新報、1919年2月13日）

鬼村翁徴歌（下）（台湾日日新報、1919年2月15日）

台北水源地に建てられたる故バルトン氏の銅像除幕式を祝す（1919年3月、『口演集』収録）

青葉の旅より（台湾日日新報、1919年4月26日）

九州より東京へ（台湾日日新報、1919年5月4日）

東京より（台湾日日新報、1919年5月17日）

台北庁長を送迎す（1919年5月25日、『口演集』収録）

所感（宮城教育、第262号、1919年6月）

陸軍飛行将校一行を歓迎す（1919年6月、『口演集』収録）

序（1919年6月17日、大園市蔵『台湾事蹟綜覧』第1巻、台湾治蹟研究会、1919年、収録）

佐田前台湾銀行理事(家年)を送る（1919年8月、『口演集』収録）

物価の将来は？（台湾日日新報、1919年8月26日）

高山新竹庁長(仰)が阿緱に赴任するを送る（1919年9月、『口演集』収録）

二拾五年の回顧（台湾時報、第3号、1919年9月）

木村匡氏より来翰（実業之台湾、第117号、1919年10月）

馬の送別辞（台湾時報、第4号、1919年10月）

二十五年の回顧（二）（台湾時報、第4号、1919年10月）

送増田海軍大佐(高頼)帰東（1919年11月、『口演集』収録）

台湾大学設立論（10）（台湾日日新報、1919年12月4日）

台湾地方制度の制定を望む（台湾日日新報、1920年1月1日）

恐慌来の前徴と商業会議所の設立を論ず（1920年2月、久保島留吉編『台湾経済政策論』台湾之経済社、1920年、収録）

白荘司芳之助君を送る（1920年2月24日、『口演集』収録）

恐慌対応策と経済施設論（実業之台湾、第123号、1920年4月）

小松楠彌君の死を悼む（1920年4月、『口演集』収録）

故小倉文吉君の死を悼む（1920年5月、『口演集』収録）

葬儀改善の要（台湾日日新報、1920年5月30日）

古川清一氏の死を悼む（1920年6月、『口演集』収録）

始政紀念日の思ひ出（台湾日日新報、1920年6月17日）

城東小学校の生徒溺死に就て（台湾日日新報、1920年6月25日）

実業少年義勇団の設立を要す（実業之台湾、第12巻第7号、1920年7月）

岡田陸軍少将(重久)を送る（1920年8月、『口演集』収録）

青木正徳君を送るの辞（大阪銀行通信録、第278号、1920年10月）

台湾自治制と其の宣伝（台湾時報、第16号、1920年10月）

地方自治の根本義（台湾日日新報、1920年10月1日）

教育勅語御下賜前後の事ども（台湾教育、第222号、1920年11月）

森俊六郎君を迎ふるの辞（大阪銀行通信録、第280号、1920年12月）

鶏は「プロパカンダ」の勇者である（台湾日日新報、1921年1月1日）

曾田少将(孝一郎)の朝鮮赴任を送る（1921年2月、『口演集』収録）

稲垣医学博士の帰るを送る（台湾日日新報、1921年2月25日）

新台湾の披露会に於て（1921年4月、『口演集』収録）

故水野大路先生を祭る文（1921年6月14日、大路会編『大路水野遵先生』1930年、収録）

下村総務長官の挂冠に付て（1921年7月、『口演集』収録）

熱の人下村宏氏（台湾時報、第25号、1921年8月）

星一君を紹介す（1921年10月、『口演集』収録）

呉、李両家の結婚を祝す（1921年11月、『口演集』収録）

下永兼敏君の死を悼む（1921年12月、『口演集』収録）

長者の風ある人（清水孫秉・大野恭平編『柳生一義』1922年1月、収録）

樺山伯時代の台湾　軍政を布いて政策確立（台湾日日新報、1922年2月13日）

三島増一君の死を悼む（1922年3月、『口演集』収録）

教育令の公布に就いて（台湾教育、第238号、1922年3月）

征蕃私記に現はれたる樺山伯の事蹟（台湾時報、第32号、1922年3月）

大正協会の沿革に就て（1922年4月25日、小松久吉編『大正協会創立十週年記念文集』1922年、収録）

台湾山林会の発会を祝す（1922年10月、『口演集』収録）

岡戸台銀前支配人送別辞（大阪銀行通信録、第303号、1922年11月）

台湾製茶品評会に於ける祝辞（1922年11月、『口演集』収録）

台北東本願寺別院敬老会に於ける祝辞（1922年12月、『口演集』収録）

故宮殿下は文武兼備の方であつた（台湾日日新報、1923年2月15日）

久米勧銀台北支店長歓迎辞（大阪銀行通信録、第307号、1923年3月）

堀内医学専門学校長(次雄)在職二十五年を祝す（1923年4月、『口演集』収録）

明治天皇が如何に台湾を御軫念遊ばされたかを恐察し奉る（台湾日日新報、1923年4月16日）

新聞隆盛は一は時代進運の賜（台湾日日新報、1923年5月1日）

皇太子殿下の御褒詞を賜はつた台覧馬術の光栄（台湾時報、第46号、1923年6月）

森台湾銀行副頭取(廣蔵)を歓迎す（1924年2月、『口演集』収録）

台湾の新聞へ＝私の希望　社説記者へ（台湾日日新報、1924年6月1日）

台湾神社に奉告す（1924年12月、『口演集』収録）

高雄を自由貿易区に（台湾日日新報、1925年1月1日）

本年に期待する島内の十問題（台湾日日新報、1925年1月3日）

芝山巌三十年祭にあたりて（台湾教育、第272号、1925年2月）

回顧三則（台湾日日新報、1925年6月17日）

今昔の感（四）（台湾日日新報、1925年6月20日）

台銀頭取を辞任した中川小十郎氏　政治趣味の外に一貫した趣味は教育　宗教は鉄眼和尚の感化（台湾日日新報、1925年8月14日）

木村前商工銀行頭取の告別辞（台湾商工銀行総会、1925年11月1日、大阪銀行通信録、
　　第341号、1926年1月）

永住者の優遇が必要（台湾日日新報、1926年1月1日）

北村々誌の序（1926年6月、『村長十年』収録）

遠藤善夫翁の死を悼む（箱泉寺葬儀場にて、1926年6月8日、『村長十年』収録）

中島博士の逸事（宮城縣人、第2巻第7号、1926年7月）

馬追祭を見る記（台湾日日新報、1926年7月27日）

前台湾商工銀行頭取荒井泰治君を追憶す（台湾商工銀行支店長会議にて、1927年3月
　　4日、『口演集』収録）

緒方広志君の死を悼む（高福寺葬儀場にて、1927年4月21日、『村長十年』収録）

木村重景公御墓修繕竣功奉告（細田山墓前にて、1927年5月22日、『村長十年』収録）

高城（畊造）伊丹（栄三郎）二君の宮城県会議員当選を祝す（精養軒での祝賀会にて、
　　1927年10月1日、『村長十年』収録）

小島（真助）高城（畊造）北村（文衛）石垣（真治）四君の宮城県会議員当選を祝す（対橋楼
　　での祝賀会にて、1927年10月16日、『村長十年』収録）

小島真助君の県会議員当選を祝す（広淵小学校での祝賀会にて、1927年10月24日、
　　『村長十年』収録）

昭和戊辰の所感（1928年1月、『村長十年』収録）

巻末に（斎藤荘次郎編『北村郷土読本』1928年3月、収録）

昭和戊辰に当り明治戊辰を想ふ（1928年3月、『村長十年』収録）

俵米品評会に臨み（東北産業博覧会での俵米品評会にて、1928年4月24日、宮城縣人、
　　第4巻第5号、1928年5月）

大沼彦六郎君の死を悼む（林宅寺にて、1928年6月1日、『村長十年』収録）

教育家又は軍人としての林子平先生（仙台龍雲院にて、1928年6月21日、『村長十
　　年』収録）

日本赤十字社宮城支部北村少年赤十字団の発会を祝す（遠藤温先生記念館にて、1928
　　年7月4日、『村長十年』収録）

愛馬思想の普及に関する放送（仙台放送局にて、1928年7月17日、『村長十年』収録）

林子平先生に就て（宮城教育、第350号、1928年8月）

斎藤報恩農業館開館式祝辞（1928年9月25日、『村長十年』収録）

望月内務大臣に贈る書（1928年10月、『村長十年』収録）

加美山やすよ刀自の死を悼む（仙台市火葬場にて、1928年10月3日、『村長十年』収
　　録）

桃生郡須江村小学校新築落成式祝辞（1928年11月5日、『村長十年』収録）

広淵沼干拓成功祝辞（広淵小学校での祝賀会にて、1928年12月1日、『村長十年』収
　　録）

伊澤（平左衛門）一力（健治郎）三島（好子）女史の表彰を祝す（精養軒での祝賀会にて、
　　1928年12月15日、『村長十年』収録）

跋（斎藤報恩会編『斎藤善右衛門翁伝』1928年12月、収録）

佐々木敬太郎翁の詩歌上梓に就て（1929年1月、『村長十年』収録）

玉虫第二高等学校長就任に就て（精養軒での祝賀会にて、1929年1月12日、『村長十年』収録）

遠藤今五郎君の死を悼む（葬儀場にて、1929年1月24日、『村長十年』収録）

釈迦降誕花祭の所感（仙台座での仏教連合会主催釈尊降誕会にて、1929年4月7日、『村長十年』収録）

広島県の生みたる模範的地方官に就て（広島陸軍偕行社での全国町村長会にて、1929年4月17日、『村長十年』収録）

山林会の使命（台湾山林会報、第37号、1929年5月）

平民宰相原敬君の墓を弔するに就て（盛岡公会堂での東北六県町村長会にて、1929年5月12日、『村長十年』収録）

矢本平之助君の銅像（大塩小学校落成式にて、1929年7月15日、『村長十年』収録）

町村長会政調会に出席して（河北新報、1929年7月30日）

小学校教員俸給国庫支弁に就て（宮城県会議事堂での宮城県町村長会臨時総会にて、1929年8月16日、『村長十年』収録）

序（1929年9月、大路会編『大路水野遵先生』1930年、収録）

語りたかつた懐旧談（1929年9月5日、北村吉之助氏追想録編纂室編『白椿集』1929年、収録）

亡弟剛氏に就て（弟剛の霊前にて、1929年9月26日、『村長十年』収録）

牛塚宮城県知事を送る（仙台市公会堂での送別会にて、1929年10月16日、『村長十年』収録）

馬事教育（宮城教育、第367号、1930年1月）

馬の話（河北新報、1930年1月1日）

皇室と町村とを近接せしむるの議（上野精養軒での全国町村長会十週年祝賀会にて、1930年1月28日、『村長十年』収録）

鎌田鹿島台村長(三之助)を論ず（鹿島台小学校での表彰状伝贈式にて、1930年2月8日、『村長十年』収録）

福島県の自治資料（福島市公会堂での福島県知事・同県町村長会長による招宴にて、1930年4月18日、宮城縣人　第6巻第8号、1930年8月）

石崎須江村長(恭三郎)の死を悼む（須江村字欠山葬儀場にて、1930年5月11日、『村長十年』収録）

農村簡易道路政策（宮城県会議事堂での道路保護協会発会式にて、1930年9月18日、『村長十年』収録）

桃生村小学校講堂落成式祝辞（1930年9月28日、『村長十年』収録）

教育勅語を繞る人々（宮城教育、第377号、1930年11月）

弔馬碑建設に就て（宮城種馬所記念祝賀会にて、1930年11月29日、『村長十年』収録）

吉田高等女学校落成祝辞の一節（吉田高等女学校にて、1930年11月30日、『村長十

年』収録)

鹿又小学校落成式祝辞（鹿又小学校にて、1930年12月26日、『村長十年』収録）

宮城種馬所に於て（宮城縣人、第7巻第1号、1931年1月）

村を愛せよ－鹿又村の美挙－（宮城縣人、第7巻第2号、1931年2月）

佐藤欽一君の結婚を祝す（青葉亭にて、1931年2月5日、『村長十年』収録）

佐藤農工銀行頭取(亀八郎)を論ず（ブラザー軒での招待宴にて、1931年2月10日、
　　『村長十年』収録）

坂元蔵之允君を偲ぶ（輪王寺にて、1931年2月15日、『村長十年』収録）

石井強君と社会事業（広淵にて、1931年2月23日、宮城縣人、第7巻第4号、1931年
　　4月）

六無齋と坂本蔵之允君（宮城縣人、第7巻第3号、1931年3月）

田村子爵を一の関町長に推したい－中野岩手県町村長会長(協蔵君)の遺言－（一関に
　　て、1931年3月11日、宮城縣人、第7巻第5号、1931年5月）

津和野の偉人福羽美静先生と町村自治（松江市での全国町村長会にて、1931年4月14
　　日、宮城縣人、第7巻第9号、1931年9月）

飯野川橋の竣功及地元の責任（飯野川橋上にて、1931年5月6日、宮城縣人、第7巻
　　第6号、1931年6月）

故前宮城県会議長亘理晋翁に就ての思出（1931年5月12日、宮城縣人、第7巻第7号、
　　1931年7月）

福定無外和尚を論ず（1931年6月7日、『村長十年』収録）

満洲殖民協会仙台支部に就て（西公園公会堂にて、1931年6月28日、『村長十年』収
　　録）

町村神社政策（養賢堂での氏子総会にて、1931年10月10日、宮城縣人、第7巻第12号、
　　1931年12月）

満洲事変戦死者合同慰霊祭祭文（追廻練兵場にて、1931年10月12日、『村長十年』収
　　録）

町村図書館整理拡張案（宮城県図書館創立五十年記念式にて、1931年10月13日、宮城
　　縣人、第7巻第11号、1931年11月）

町村林業政策（宮城県山林会総会にて、1931年10月30日、宮城縣人、第8巻第1号、
　　1932年1月）

第二回慰霊祭に於ける祭文（追廻練兵場にて、1931年12月18日、『村長十年』収録）

野田眞一君の公益事業に就て（野田眞一君公益事業落成式にて、1931年12月25日、宮
　　城縣人、第8巻第3号、1932年3月）

伊達伯爵に呈する書（温故会の名にて、1932年、『村長十年』収録）

府県知事と農工銀行（宮城農工銀行招宴にて、1932年1月10日、宮城縣人、第8巻第
　　2号、1932年2月）

第三回慰霊祭に於ける祭文（仙台市公会堂にて、1932年1月21日、『村長十年』収録）

第四回慰霊祭々文（仙台市公会堂にて、1932年3月7日、宮城縣人、第8巻第4号、

1932年 4 月）

斎藤小牛田農林学校長に就て（同校長勤続二十五年祝賀会にて、1932年 3 月20日、宮城縣人、第 8 巻第 4 号、1932年 4 月）

宮城号を送る辞（宮城野原にて、1932年 4 月24日、宮城縣人、第 8 巻第 6 号、1932年 6 月）

佐藤信淵先生の地方事業に就て（1932年 5 月、『村長十年』収録）

第五回慰霊祭々文（仙台市公会堂にて、1932年 5 月 7 日、宮城縣人、第 8 巻第 6 号、1932年 6 月）

松雲公と地方事業（金沢市公会堂にて、1932年 5 月18日、宮城縣人、第 8 巻第 7 号、1932年 7 月）

伊達宗重公の銅像に就て（瑞巌寺にて、1932年 5 月27日、宮城縣人、第 8 巻第 7 号、1932年 7 月）

阿刀田第二高等学校長（令造）の三特長（同校長就任祝賀会にて、1932年 6 月 3 日、宮城縣人、第 8 巻第 8 号、1932年 8 月）

第六回慰霊祭々文（西公園公会堂にて、1932年 7 月 7 日、『村長十年』収録）

満洲殖民に就て（宮城縣人、第 8 巻第 8 号、1932年 8 月）

秋田市に旅行しての所感－佐藤信淵先生の地方事業に就て－（宮城縣人、第 8 巻第 9 号、1932年 9 月）

武田陸軍中尉の慰霊祭（宮城縣人、第 8 巻第 9 号、1932年 9 月）

町村社会事業観（宮城県社会事業大会にて、1932年 9 月 8 日、宮城縣人、第 8 巻第10号、1932年10月）

佐藤郁二郎君の静平なる生活（宮城縣人、第 8 巻第10号、1932年10月）

懐旧一則（宮城教育、第400号、1932年10月）

満洲移民諸君を送る（精養軒での送別会にて、1932年10月 2 日、宮城縣人、第 8 巻第11号、1932年11月）

第七回慰霊祭文（東二番丁小学校講堂にて、1932年10月 7 日、宮城縣人、第 8 巻第11号、1932年11月）

リットン報告書を読む（西公園公会堂にて、1932年10月 8 日、『村長十年』収録）

佐藤貴族院議員の当選に就て（佐藤君の招宴にて、1932年10月12日、宮城縣人、第 8 巻第12号、1932年12月）

国民更生運動の試験（東北帝国大学集会室での国民更生運動打合会にて、1932年10月13日、宮城縣人、第 9 巻第 1 号、1933年 1 月）

佐藤貴族院議員当選祝賀会にて（ブラザー軒にて、1932年10月20日、宮城縣人、第 9 巻第 1 号、1933年 1 月）

若柳高等女学校落成式に就て（1932年10月27日、『村長十年』収録）

台湾山林会に希望す（台湾の山林、第79号、1932年11月）

木村陸軍中将（恒夫）に就て（西公園公会堂にて、1932年12月、宮城縣人、第 9 巻第 3 号、1933年 3 月）

貴族院議員と農村（宮城縣人、第9巻第3号、1933年3月）

祭文（宮城縣人、第9巻第3号、1933年3月）

為政者の公正なる態度と教員の実力開拓（帝国教育、第621号、1933年3月1日）

安田中将(郷輔)の帰省を送る（公会堂にて、1933年3月24日、『村長十年』収録）

帝国発明協会宮城県支部の設立に就て（宮城県会議事堂にて、1933年3月25日、宮城
　　縣人、第9巻第5号、1933年5月）

簡易松島繁栄策（パークホテルにて、1933年4月1日、宮城縣人、第9巻第5号、
　　1933年5月）

神職諸君の覚悟を促かす（宮城県会議事堂での東北神職大会にて、1933年4月24日、
　　『村長十年』収録）

北村小学校落成式々辞（北村小学校にて、1933年5月19日、『村長十年』収録）

木村家祖慰霊祭に於て（木村一是宅にて、1933年6月20日、『村長十年』収録）

鹿又武三郎君を悼む（1933年7月7日、『村長十年』収録）

三辺愛知県知事を論ず（1933年7月26日、宮城教育、第411号、1933年9月）

銷夏法（宮城教育、第410号、1933年8月）

伊達愛国連盟総長を迎ふ（仙台市公会堂にて、1933年8月4日、宮城縣人、第9巻第
　　9号、1933年9月）

町村と放送（宮城縣人、第9巻第9号、1933年9月）

帝国軍人後援会表彰状並殉国相伝碑授与式祝辞（1933年9月5日、宮城縣人、第9巻
　　第11号、1933年11月）

兵事功労者表彰式に於て（宮城県会議事堂にて、1933年9月5日、『村長十年』収録）

防空救護団創立式祝辞（仙台市公会堂にて、1933年9月15日、『村長十年』収録）

鉄道殉職者弔魂碑除幕式祝辞（松島にて、1933年10月13日、『村長十年』収録）

東北女子職業学校創立三十周年記念（東北女子職業学校にて、1933年10月27日、宮城
　　縣人、第9巻第12号、1933年12月）

町村社会事業と都市のそれとの比較（社会事業大会にて、1933年11月15日、宮城縣人、
　　第10巻第1号、1934年1月）

海軍協会宮城県支部発会（仙台市公会堂にて、1933年11月26日、宮城縣人、第10巻第
　　1号、1934年1月）

国民更生講習会（宮城縣人、第9巻第12号、1933年12月）

馬魂碑除幕式（1934年1月6日、宮城縣人、第10巻第2号、1934年2月）

宮城農工銀行招待会に於ける話（ブラザー軒での宴会にて、1934年1月19日、宮城縣
　　人、第10巻第3号、1934年3月）

故仙台市長鹿又武三郎君逸事の二三（宮城縣人、第10巻第2号、1934年2月）

故昌伝庵住職大石竪童師を偲ぶ（昌伝庵にて、1934年2月5日、宮城縣人、第10巻第
　　3号、1934年3月）

奉天戦の回顧に依り得る教訓（仙台放送局JOHKより放送、1934年3月9日、『村長
　　十年』収録）

卒業式祝辞（宮城県師範学校にて、1934年3月23日、宮城教育、第418号、1934年4月）

市町村吏員養成所卒業生に（1934年3月31日、宮城縣人、第10巻第6号、1934年6月）

勤皇と町村長（名古屋市公会堂にて、1934年5月17日、『村長十年』収録）

町村自治（仙台中央放送局JOHKより放送、1934年6月2日、『村長十年』収録）

鹿又武三郎君過去の未来記（瑞鳳寺にて、1934年6月29日、宮城縣人、第10巻第8号、1934年8月）

人間「赤木」（ブラザー軒での赤木社会局長官送別会にて、1934年7月14日、宮城縣人、第10巻第9号、1934年9月）

台湾に御料林の御設置を願ふ議（台湾の山林、第100号、1934年8月）

陸軍教導学校と市町村（仙台教導学校にて、1934年9月2日、宮城縣人、第10巻第10号、1934年10月）

渋谷徳三郎と星亨（精養軒での渋谷市長再任祝賀会にて、1934年9月8日、宮城縣人、第10巻第11号、1934年11月）

奉仕委員（宮城県奉仕委員総会にて、1934年9月28、宮城縣人、第10巻第12号、1934年12月）

農村道路に就て（道路保護協会総会にて、1934年10月1日、宮城縣人、第10巻第11号、1934年11月）

東北救済最後の覚悟（東北六県町村長大会にて、1934年11月20日、『村長十年』収録）

橘田（九一）南（寛寿）両奉仕委員の光栄に就て（1934年11月22日、『村長十年』収録）

佐々木精一君の死を悼む（1934年12月31日、『村長十年』収録）

佐藤亀八郎君を論ず（農工銀行招宴にて、1935年1月19日、『村長十年』収録）

尾崎保夫君の結婚に就て（対橋楼にて、1935年2月25日、『村長十年』収録）

政府米払下その他に就いて（河北新報、1935年3月2日）

町村に於ける小学校教員の地位（宮城県師範学校卒業証書授与式にて、1935年3月22日、宮城教育、第430号、1935年4月）

仙台基督教育児院に就て（同院落成式にて、1935年3月26日、『村長十年』収録）

菅野伝君の既往及現在（涌谷城山にて、1935年4月20日、宮城縣人、第11巻第6号、1935年6月）

奥海兵作君を弔ふ（神職養成所にて、1935年4月27日、『村長十年』収録）

瑞巌寺盤龍方丈論（瑞巌寺津送式にて、1935年5月7日、宮城縣人、第11巻第9号、1935年9月）

北上川改修落成（飯野川にて、1935年5月19日、宮城縣人、第11巻第7号、1935年7月）

徳富蘇峯翁を論ず（蘇峰会宮城支部発会式開会の辞、1935年5月23日、蘇峰会宮城支部編『徳富蘇峰先生講演　日本歴史上に於ける伊達政宗公の位置』1935年、収録）

三郡水利工事遂行に就て（桃生郡和淵小学校にて、1935年6月22日、『村長十年』収録）

地方官の進退と東北鎮守府長官（ブラザー軒にて、1935年7月7日、『村長十年』収録）

小西皆雲の事を記す（1935年9月、宮城縣人、第11巻第10号、1935年10月）

日支事変と町村（JOHK放送、1935年9月18日、宮城縣人、第11巻第11号、1935年11月）

町村の奉仕委員に就て（奉仕委員大会にて、1935年10月8日、『村長十年』収録）

海藤静夫君を論す（海藤静夫君招宴にて、1935年10月23日、『村長十年』収録）

今井彦三郎君の落成式（望雲閣入仏式にて、1935年11月3日、『村長十年』収録）

農学寮の意義（1935年11月23日、『村長十年』収録）

諸葛孔明と井野知事及佐藤頭取（1936年1月9日、『村長十年』収録）

われ等の総選挙観⑥　良心的なる人に投票さす可きである（河北新報、1936年1月29日）

選挙粛正運動、政治道徳教育綱領（1936年2月、『宮城県町村会九十年史』2012年、収録）

選挙粛正最後の十分間（JOHK放送、1936年2月19日、『村長十年』収録）

消防組の進歩に就て（1936年4月24日、『村長十年』収録）

役馬共進会褒賞授与式祝辞（宮城県立斎藤報恩農業館にて、1936年5月2日、『村長十年』収録）

仙台基督教育児院の現在及将来（1936年5月23日、『村長十年』収録）

シユネーダー博士とモツド博士（ブラザー軒でのシユネーダー博士送別会にて、1936年6月6日、『村長十年』収録）

シユネーダー博士の日本同化（ブラザー軒での一般市民の送別会にて、1936年6月6日、『村長十年』収録）

新に旧知事公となつた井野君（ブラザー軒での送別会にて、1936年6月18日、『村長十年』収録）

増田繁幸翁の逸事（1936年9月、『村長十年』収録）

ラヂオHK生活改善講座　東北振興と生活改善（河北新報、1936年9月16日）

日本赤十字社支部病院と町村（石巻赤十字病院にて、1936年10月20日、『村長十年』収録）

無形の時間塔（仙台市立工業学校にて、1936年11月6日、『村長十年』収録）

佐藤亀八郎君の死を悼む（斎藤報恩会講堂にて、1936年11月15日、『村長十年』収録）

荘司益吉君方の神井水の保存に就て（1936年12月、『村長十年』収録）

佐藤運三郎君の死を悼む（松音寺葬儀場にて、1936年12月15日、『村長十年』収録）

刑務所も学校なり（宮城刑務所にて、1936年12月25日、『村長十年』収録）

木村座長の挨拶（東北振興町村長連盟大会にて、1937年1月22日、富田広重編『東北振興町村長連盟大会経過並状況報告書』1937年、収録）

古川町選挙の一新（承前）（宮城縣人、第13巻第5号、1937年5月）

昭和十三年を迎ふる辞（宮城県町村長会総会にて、1938年1月11日、宮城県町村長会

事務所編『第十七回町村長会総会報告』1938年、収録）

ボース論（宮城縣人、第14巻第2号、1938年2月）

大宮司雅之輔論（宮城縣人、第14巻第3号、1938年3月）

新卒業生に餞す（宮城県師範学校卒業式にて、1938年3月22日、宮城教育、第467号、1938年5月）

青年学校制と故森子爵（宮城縣人、第14巻第4号、1938年4月）

県営電気事業に対する町村の希望（1938年4月23日、宮城県町村長会事務所編『第十七回町村長会総会報告』1938年、収録）

観心院禅尼に就て（宮城縣人、第14巻第5号、1938年5月）

宮城師範学校の卒業式（宮城縣人、第14巻第5号、1938年5月）

菅公と菅原通敬君（宮城縣人、第14巻第7号、1938年7月）

片倉影綱公の蘇峰翁（宮城縣人、第14巻第8号、1938年8月）

宮城県立教員保養所に就いて（宮城縣人、第14巻第9号、1938年9月）

斎藤荘次郎君の北堂の死去を悼む（宮城縣人、第14巻第10号、1938年10月）

坂元村と伊達宗康村長（坂元小学校にて、1938年11月10日、宮城県町村長会事務所編『第十七回町村長会総会報告』1938年、収録）

森先生と陸軍（1938年11月17日、南国史叢、第4輯、1939年、大久保利謙編『森有礼全集』第2巻、宣文堂書店、1972年、収録）

例言（1938年12月、木村敏先生遺稿刊行会編『北邨存稿』1939年、収録）

故森子爵と図書館（森文相追思会にて、1939年2月12日、宮城縣中央図書館月報、第7巻第3号、1939年3月）

満蒙開拓少年義勇団に就て（宮城縣人、第15巻第3号、1939年3月）

師範学校改革論（師範学校卒業式にて、1939年3月22日、宮城教育、第479号、1939年5月）

満洲農業移民論（宮城縣人、第15巻第4号、1939年4月）

宮城県警防団の創立（宮城縣人、第15巻第5号、1939年5月）

故斎藤善右衛門翁と故安田善次郎翁（第15回故理事長記念会にて、1939年7月25日、斎藤報恩会時報、第152号、1939年8月）

神宮大麻並暦頒布に就て（宮城縣人、第15巻第12号、1939年12月）

本社提唱東北精神昂揚運動　各方面から讃辞の嵐　木村匡氏（河北新報、1940年1月4日）

索　引

《事項索引》（主要箇所に限る）

【あ行】

青葉倶楽部	211
秋保電気(株)	209
英吉利法律学校	22
伊勢神宮不敬行為	244
伊藤博文内閣(第1次)	30
梅屋敷	91
『エコノミスト』	240
援助問題	163, 168
『奥羽日日新聞』	22, 236
嚶鳴社	44
大阪会議	237

【か行】

海軍兵学校	16
会計法	33-35
開拓使官有物払下げ事件	238
嘉義銀行	118, 128, 149
学事巡視	31
葛西大崎一揆鎮圧	11
風越峠	207
片為替問題	71
『河北新報』	210
上北電気(株)	210
勧業債券	86
関東大震災	161
官立宮城師範学校	14
機関銀行	88
北村木村君頌徳碑	15
北村公民図書館	205
北村小学校	15, 17
北村道路展覧会	207
北村道路保護組合	207
義務教育説	57
木村匡先生記念館立教堂	208
木村匡先生頌徳碑	264

木村三兄弟	17, 257
教育ニ関スル勅語(教育勅語)	29
共済会	74, 79
共同運輸会社	21
金解禁	223
銀行家	1-3
銀行合同	158-160
金融恐慌	223
久保田譲欧米視察一行	35-37
啓発会	192
行金費消事件	79
高等商業学校	32
国際連盟	191
国体教育主義	242
国民精神総動員運動	228
五・四運動	191
国会期成同盟結成	236
国家総動員法	232
近衛文麿内閣(第1次)	228

【さ行】

妻妾論	243
斎藤報恩会	201
サミュエル商会	80
三・一独立運動(万歳事件)	191
三一法	192
三会堂	226
三十四銀行	68
三十四銀行京都支店	89
三十四銀行台北支店	67-89
三大事件建白運動	254
三民主義	183
山陽貯蓄銀行	109
三陸地震大津波	223, 225
閑谷黌	253
始政紀念日	41
下検査	39-40

自由民権運動	21	台北中央公会	173
彰化銀行	97, 118, 128, 149	『台報』	75
小学教則伝習学校	14	大路会	174
商業学校設立論	239	台湾議会設置請願運動	191-194
商業銀行主義	78, 88	台湾銀行	71, 82, 164
商法講習所	20-21, 243	台湾銀行東京支店	161
昭和恐慌	223	台湾実業協会	173
諸学校令	29, 243	台湾事務局	41
植民地主義的統治	57	台湾商工銀行	95-111, 115-172
辛亥革命	183	台湾商工銀行創立10周年祝賀会	156
新民会	193, 196	台湾商工銀行東京支店	161
崇聖会	174, 186	『台湾商報』	53
据置貯金	131	『台湾青年』	196
青年団	229	台湾総督府官吏疑獄事件	59-61
西門青年会	232	台湾総督府評議会	196
成立学舎	15	台湾地方行政制度	197
全国道府県町村長会長会議	224	台湾貯蓄銀行	82, 93-95, 160, 201
戦後反動恐慌(1920年恐慌)	155	台湾同化会問題	175-183
漸進主義	57	『台湾日日新報』	55
全仙台商店連盟	218	台湾文化協会	193
仙台義会	25	『台湾民報』	55, 75
『仙台義会雑誌』	25-26	高野高等法院長罷免問題	61-62
仙台米騒動	222	竹駒神社馬事博物館	199-200
仙台懇親会	25	地方官会議	237-238
仙台市社会事業協会	204-205	通俗講演会	190
仙台商工会議所	218	手形貸付	85, 139
『仙台日日新聞』	22, 236	統一的教育説	57
仙台百貨市場	214	同化主義	190
(株)仙都ビルデイング	211-220	東京英語学校(日本学園)	22
箱泉寺	257, 264	東京工業学校	69
蘇峰会宮城支部	205-206	『東京輿論新誌』	236
		同床異夢	180, 183
【た行】		東北金属工業(株)	209
		東北興業(株)	225
大正協会	174-198	東北振興運動	225-228
大東商行	73	東北振興調査会	225-227
『大日本教育会雑誌』	31	東北振興町村長連盟	226-228
大日本帝国憲法	29	東北振興電力(株)	226
台北学校父兄会	174	東北大凶作	223
台北公会	173	東北大冷害	223
台北商工会	173		

索 引　295

東北特殊鋼(株)	209-210

【な行】

内外投資(株)	209
内地延長主義	191, 193
内地延長主義の統治	57
内地コルレス網	126-128
新高銀行	120
日興商事(株)	209
日清講話条約(下関条約)	41
二・二六事件	223
日本勧業銀行	85-86
日本共同銀行	68
日本中立銀行(中立銀行)	68
日本郵船会社	21

【は行】

廃刀論	243
派出所戦術	126
林銑十郎内閣	228
腹切り問答	228
反百貨店運動	217
ヒトラー・ユーゲント	233
一人一業主義	116
百二十一銀行	68
広田弘毅内閣	228
『福島毎日新聞』	22, 236
藤崎(藤崎呉服店)	215
布政使衙門	41
仏学塾	25
文官試験規則	48
文官任用令	48
文官分限令	65
丙丁会(平定紀念会)	54
法三号	193
簿記法講習会	23

【ま行】

三越	210
三越仙台支店(仙台三越)	218-219

三越誘致阻止運動	213-218
三菱商業学校	18-21
三菱史料館	19
宮城県町村長会	204
宮城商業銀行	214
『宮城日報』	236
明治義塾	21
明治十四年の政変	21
明六社	185, 243
桃生郡教育会	204-205
桃生郡振興連盟	230
桃生郡連合青年団長	205, 228

【や行】

約束手形金償還請求敗訴問題	71-72
『山梨日日新聞』	236
融通手形	85, 139
郵便汽船三菱会社	21
養賢堂	12
預金銀行主義	88
吉田高等女学校(聖和学園高等学校)	
	220-223

【ら行】

ラテン通貨同盟	240
『陸羽日日新聞』	22, 236
立教学堂	12
輪王寺	257
連合自衛策	82
朗読演説	250-251
六三法	192
六三法撤廃期成同盟	192
六無会	205-206
盧溝橋事件	223
ロシア革命	191

《人名索引》（主要箇所に限る）
（カッコ内は雅号等）

【あ行】

明石元二郎	190
安立綱之	110
荒井泰治	3, 25, 80, 93, 102-103, 169
粟野伝之丞	255-256
安東貞美	190
祝辰巳	62-63
池田成彬	2
伊沢修二	61
伊沢多喜男	167
伊沢平左衛門	212, 221
石塚英蔵	68
板垣退助	178-179, 237
一瀬粂吉	69
伊東次郎丸	213
伊藤博文	238
伊藤祐敬	39
井上馨	238
井上毅	246
井上準之助	2
井上清七	79
伊能嘉矩	255
今川淵	182
岩崎久弥	19
岩崎弥太郎	18
岩下清周	2, 19-20
内ヶ崎作三郎	255
内田嘉吉	167
遠藤温	259
遠藤裕太	124
遠藤良吉	258
大石正巳	21
大木喬任	29
大久保利通	237
大久保初雄	14
大隈重信	238
大島久満次	42, 45
大槻如電	14
大槻文彦	14
大山彦熊	120
岡崎栄松	213
岡橋治助	68
岡松参太郎	96
奥山十平	25
小倉文吉	100-101

【か行】

賀田金三郎	93
加藤弘之	185
金沢有馬	200
金子圭介	93, 102
鹿又武三郎	213
樺山資紀	41
川崎軍治	167, 169
河村重固	36-37
顔雲年	196
神田孝平	185
韓哲卿	102
魏清徳	182-183
北原碓三	200
木戸孝允	237
木下宇三郎	190
木下周一	44
木下新三郎（大東）	43-44
木村恵奈	16
木村景直	11
木村愿	255
木村重景	12
木村剛	15-16
木村太郎	112
木村力	112
木村敏（北邨）	14-15, 23
木村（西村）婦し	114

索 引　297

木村格	112-113
串田万蔵	2
久保田譲	28-29, 35, 69, 250-251
黒田清隆	238
桑原伊十郎	96-98, 102, 107, 109-111
ケネー,F.	239
洪以南	9
呉鶯旂	107
古賀三千人	3, 7, 107
辜顕栄	196
呉時英	182
小島徳太郎	75
呉汝祥	107
五代友厚	238
児玉源太郎	58
児玉敏尾	160
ゴッシェン,G.J.	239
後藤新平	26, 58
後藤伝策	75
木場貞長	47
小林勝民	75
小林清蔵	253
小松楠弥	74, 93, 102
小山健三	68-73, 116
近藤喜恵門	93-94

【さ行】

西郷隆盛	237
西郷従道	238
斎藤荘次郎	208, 258
蔡培火	193-194
坂元蔵之丞	213
阪本鉟之助	42
坂本素魯哉	3, 7, 159
相良長綱	59
佐久間左馬太	212
佐久間俊一	212
柵瀬軍之佐	102
佐々木栄助	213
佐々木勇之助	2

佐藤郁二郎	25
佐藤謙太郎	96-97
沢井市造	91
鹽井正仁	74
四竈孝輔	213
柴原亀二	61
渋沢栄一	2
清水良策	257
志村源太郎	85
下村宏	250
謝汝詮	190
蔣渭水	193-194
徐慶祥	195-196
白石廣造	15
白石時康	25
新村出	98
杉浦篤三郎	59
杉山輯吉	61
鈴木九三	124
須藤義衛門	16, 27
関口隆正	97-98
瀬崎真一	75
蘇雲英	102
曾我純太郎	124

【た行】

高北四郎	165, 172
鷹取田一郎（岳陽）	253-254
高野孟矩	61-62
高橋是清	2
高見順	42
田尻稲次郎	241
伊達政宗	11
館森萬平（鴻）	65
田村佐太郎	74
辻新次	29
津田真道	185
寺内寿一	228
寺田勇吉	36, 49
田健治郎	82, 191, 232

土居通豫	61	樋渡正太郎	251
遠田寛	72, 79	深井英五	2
栃内正六	247	福沢桃介	116
戸水汪(萬頃)	64, 72-73	福沢泰江	114
戸水昇	64	福沢諭吉	18, 185
富田鉄之助	3	福田八興	74
豊川良平	2, 21	藤原銀次郎	80
鳥居忱	175	ペスタロッチ,J.H.	239
		星廉平	213
		堀内次雄	189
		本多光太郎	257

【な行】

永井荷風	42		
永井久一郎(禾原)	42		
中江兆民	25		

【ま行】

中川小十郎	158	マクラウド,H.D.	240-241
中島鋭治	27	松岡辨	57
中橋徳五郎	68	松村鶴吉郎	75
中上川彦次郎	2	馬淵永義	89
中村啓次郎	75	三島敏教	61
中村小太郎	115	水野遵(大路)	41, 45, 61, 246
中村純九郎	59	三戸徳助	73
中村正直(敬宇)	185	三好徳三郎	73, 111
中村是公	62-63	宗像幹司	124
新元鹿之助	190	邨松一造	3, 6, 94, 107
西周	185	森有礼	29-30, 185, 242-249
西野文太郎	243	森下岩楠	19
西村茂樹	185	森春喜	123, 124
沼間守一	44		
乃木希典	177, 198, 246		

【や行】

		安田乙吉	92-93, 102
		安田善次郎	2

【は行】

萩原孝三郎	75	矢野二郎	20, 32
橋本白水	171	山県有朋	238
馬場辰猪	21	山口清	94, 160, 165
浜尾新	27-29	山口透	189
浜弘一	39	山口宗義	61
浜田国松	228	山下秀実	3, 6, 93, 103
原邦造	213	山田久右衛門	213, 220
日野一郎	112-113	山田甚助	225
檜山鉄三郎	61	山本達雄	19
樋脇盛苗	180	矢本平之助	229

油井守郎	25
吉井桃磨呂	213
吉田つぎ	221
吉田由右衛門	221-222

【ら行】

藍高川	102
李延禧	160, 165, 175-176, 182-185, 196
李景盛	175
李春生	175
李智物	182
劉克明	181-182
廖了以	97
リンカーン,A.	237
林献堂	178, 183, 193
林子瑾	102, 107
林清月	182-183
林望周	73
林熊徴	196
林烈堂	107
ルーズヴェルト,T.	231

【わ行】

渡辺豊蔵	199

【著者紹介】

波形　昭一（なみかた　しょういち）

（経歴）　1941年、新潟県十日町市生まれ。早稲田大学大学院商学研究科博士課程単位取得を経て70年獨協大学経済学部専任講師、82年教授。87年、商学博士（早稲田大学）。2012年、獨協大学を定年退職、名誉教授。

（主要著書・論文）『日本植民地金融政策史の研究』（早稲田大学出版部、1985年）、『近代アジアの日本人経済団体』（編著、同文舘出版、1997年）、『近代日本の経済官僚』（共編著、日本経済評論社、2000年）、『民間総督三好徳三郎と辻利茶舗』（編著、日本図書センター、2002年）、「植民地台湾における地場普通銀行の経営分析―1905 ～ 1913年の嘉義銀行と彰化銀行を事例に―」（『獨協経済』第86号、2009年）、「第一次大戦後の金融危機と植民地銀行―昭和金融恐慌下の台湾総督府と島内動向の視点から―」（和田春樹ほか編『岩波講座　東アジア近現代通史4』岩波書店、2011年）。

植民地期台湾の銀行家・木村 匡

2017年1月17日	印刷
2017年1月24日	刊行

著　　　者	波形昭一
発　行　者	荒井秀夫
発　行　所	株式会社　ゆまに書房
	〒101-0047　東京都千代田区内神田2-7-6
	TEL 03-5296-0491　　FAX 03-5296-0493
組　　　版	有限会社　ぷりんてぃあ第二
印刷・製本	株式会社　シナノ

©Shoichi Namikata 2017. Printed in Japan　ISBN978-4-8433-5111-6 C1023

定価：本体2,800円＋税

落丁・乱丁本はお取替致します。